鉄人文庫

平成の[illegible]伝

平成の裏仕事師列伝

鉄人文庫

平成の裏仕事師列伝

もくじ

第2章　五体不満足な裏仕事師たち

第3章 男と女の経済学

◆本書は月刊『裏モノJAPAN』（小社刊）の連載「平成の裏仕事師列伝」、同誌別冊『平成の裏仕事師列伝07』（07年11月）を加筆、修正、再編集し、一冊にまとめたものです。◆各記事の初出は、それぞれのタイトル部分に記しています。◆登場人物の年齢、年代等は初出時のものです。

仁義なき戦い

平成の裏仕事師列伝　第1章

平成の裏仕事師列伝……01

盗難食品流通屋

日本の食卓を裏で支える怪しい運び屋

取材＋文＝横濱龍之介
フリーライター

「平成の裏仕事師列伝07」07年11月

ＡＴＭ強盗、金属窃盗団。近年、金目のブツを根こそぎ奪う手荒な盗みが横行しているが、その類でも理解しがたい犯罪がある。『食品窃盗』だ。

佐藤錦に代表されるサクランボをはじめ、ササニシキやコシヒカリなどの白米、さらにはアワビやウニ、シャケなど、収穫シーズンになると、必ずと言っていいほど新聞テレビで被害例が報道されるのは、皆さん、ご存じのとおりだろう。

疑問に思わないか？　農作物や海産物を盗んで、いったい、どれだけの金になるのか。苦労やリスクを考えると、とても割に合った犯罪とは思えない。

「それは認識不足いうもんです。今の日本の食品業界は盗品がなければ成立せんぐらい、大量に

上は佐古田本人。パッと見はヤクザ系だが、
口調は意外に丁寧である

出回ってるのが現実なんですわ」

かく語るのは、盗難食料品を仕入れて小売業者などに卸す、この道5年のブローカー、佐古田英治（仮名45歳）だ。

六平直政似の恰幅よい風体は、いかにも裏稼業然としているが、無邪気な笑顔からさほどの悪意は感じられない。さしあたって年商を尋ねてみたところ、驚くべき数字が返ってきた。なんと1億円を優に超えるというのだ。

貴金属やブランド品ならまだしも、取り扱ってる商材は、あくまで食品である。どれだけの分量を売り捌いたら、そんな売り上げになるのか？

妻の借金がきっかけで闇のブローカーに

問屋や生産業者から仕入れた食料品をトラックで運ぶこと25年。盗難品を扱う以前の佐古田は、ごく普通の食品流通会社に勤務していた。

が、その間、同業他社へ転職を繰り返すこと6回。食品業界の裏の裏まで知り尽くしたこの男は、単なる運び屋とは経験値が全く異なる。

「ミートホープ（食肉偽装事件）や不二家（表示偽装事件）が、何かと話題になったけど、産地偽装に賞味期限操作なんて、ドコでもやってることでね。ほら、この前も宮崎県で行政処分を受けたウナギの業者さんがおったでしょ？　台湾製を国産品と偽ってた。そこのオーナーも言うてたけど、国が本腰を入れて調査したら、何も食えなくなりますよ」

消費者が安いものを求める以上、値下げのためにはゴマカシも仕方ない——。単なる言い逃れにしか聞こえないが、それが現実らしい。

「たとえば某ソーセージ工場では、ウサギの肉を使ってました。色がキレイになって、客受けはええんやね。工場は稼働率がすべてやから、牛肉や豚肉が足りひんって機械を遊ばせておくわけにもいかん。一度動き出した偽装は企業が倒産するまで止まらんです」

だからといって、自身が盗品ブローカーになっていい理屈はない。いったい、佐古田は何がキッカケで現在のような裏街道を歩み始めたのか。

「恥ずかしい話、バクチです。といっても私じゃなく、妻がパチンコにハマりましてね。気付いたら800万の借金をアチコチに抱え、毎日のように街金に追い込まれてた。ほんま、女房殺して自分も死んだろか、思ってました」

街金の督促とギャンブル狂の妻に、精神が蝕まれる毎日。そんな地獄の生活に劇的な変化が訪れたのは、今から6年前、平成13年のことだ。

ある日、利息の延滞を願いに出向いた金融屋で、佐古田は意外な相談を持ちかけられる。アメリカ産の牛肉を国内産と偽造して捌いてくれないか——。

「金融屋系列の商工ローンが抱えていた食肉業者が倒産してもうてね。倉庫に大量の牛肉が残ったんです。私が食品業界の人間だってのは連中も知ってましたから、ナンボか銭になればと話を振ってきたというわけです」

果たして、そのシノギは恐るべき利益を産んだ。1トン近くの国産偽装肉をスーパーや量販店に分散して流したところ、800万ほどの大金に化けたという。佐古田の顔が利く小売業者に絞ってサバいたため、特に疑われることもなかったらしい。

「取り分は金融屋と折半でしたんで、借金は一気に半減しました」

何か、あまりに話が簡単すぎないか。いくら知人の業者に八方手を尽くしたといっても、そんなタイミングよく牛肉を欲しがる店があるのか？

「皆さんの考える以上に、現場は淡々としてますよ。スーパーや量販店さんは、客寄せのための特売品を常に欲しがってる。仕入れ予算にそういう臨時枠もあって、普段から扱っとるから何も疑われない。それに、いざ偽装が問題になったら、全部コッチのせいにすればOKやと思っとるから」

まるで狸と狐の化かしあいだが、消費者と市場の需要供給が一致していれば、誰に迷惑がかかるワケでもないのも事実だ。

「肉を腐らせるよりマシやないですか」

それが食品業界共通の認識なのだと、佐古田は言う。

密漁アワビを捌き実力を認められる

普段と同じように食品を卸すだけで、報酬は会社の日当の数百倍。一度、裏ルートに手を染めた佐古田に、もはやマトモな仕事は眼中になかった。

残りの借金400万を一刻も早く返したい。その一心で再び金融屋の元へ足を運ぶと同時に、仲間数名に声をかけた。肉でも魚でも野菜でも、コネが多い方が仕事は円滑に進められる。そこで、佐古田と同じく多重債務に苦しんだり、会社に不満のある同業者たちを誘ったのだ。

「最初は渋い顔されましたけど、400万の話をしたら、3人が話に乗ってきた。今から6年前ですけど、当時は海産物の倒産品ばかり扱ってました」

かつて『世界の魚の値段は日本人が決める』と言われたほど、我が国では膨大な魚介類が消費されていた。が、肉食文化や外食産業の波に押され水産業は急速に衰退、バタバタと業者が倒産していくと、反比例するかのように、佐古田の仕事は繁盛していく。

「倒産品だけじゃなく、余剰品をタダ同然で仕入れて、通常の7掛けぐらいで小売に卸す。まさしく引く手数多で全国をトラックで駆け回りました。金融会社に利益の半分をピンハネされても、最初の1年間に1人1千万、4人で4千万儲かりました」

アジやマグロに、カニやエビなど、あらゆる水産物を運ぶ毎日。しかし、これではごく普通のブローカーと変わりない。佐古田が本格的な裏街道を歩み出すのは、独立してからちょうど1年が過ぎた頃だ。

ある日の深夜、いつもの金融屋から指示が入り、4トントラックで京都の舞鶴港へ出向くと、目の前に驚くべき光景が広がっていた。

「大量のアワビが水揚げされてましてね。何トンあったか忘れてしもたけど、とにかく異様だった。ウェットスーツを脱いだ男たちの背中に、モンモンがギッシリ詰まってたんです。金融屋から『密猟品はイケるかぁ？』って聞かれてとても断れる雰囲気やなかった」

もっとも、コトは単純ではなかった。

地元近海の水揚げ品、世界や全国から送られてきた陸送品など、通常、市場に集荷された水産物は、品揃えの場でセリにかけられ価格が決まる。その場に、大量のアワビを出せば、一発でお縄だ。

さらには冷凍設備も不十分であり、すぐに別の仲買人か小売業者に渡さなければならなかった。想定では総額500万はくだらない分量だが、買い叩かれるのも致し方ない。

「仲間や近隣の運び屋に声をかけ、8時間で全部サバきました。金額は350万で、私らの取り分が120万。色めき立つヤクザ連中をナダめるのに苦労しました」

いずれにせよ、この一件で改めて実力を認められた佐古田は、いよいよ密漁品売買にのめりこんでいく。

とにかく安全運転は守らなアカン

新たにデコトラを購入、同業者仲間の運転手を2名増員し、さらには鮮魚を生きたまま運べる中古の活魚輸送車も用意した。

「一番大変なのは、なんだかんだで輸送作業でしてね。ヤバイ物を運んでいるわけやから、事故はもちろん、交通違反なんかも絶対にアカン」

　中国産を国産袋に詰め替えた冷凍食品、ロシアの密漁船から入ってきた蟹類、サクランボやササニシキの米俵も大量に運んでいたから、事が発覚すればシャレにならないだろうが、たかが交通違反をそこまで恐れる必要はあるのか。警察にしても、荷物が盗品とは気付かないのではないか。

「いっぺん、盗品イチゴを摘んでたときに、スピード違反で××県警に切符を切られましてな。免許証番号を控えられるので、もし、その直後に農家が盗難届けを出して、捜査の手が迫ったらお陀仏ですわ。けどね、悪魔っておるんですね。違反の翌日に××大震災が起きて、そのゴタゴタで容疑をかけられずに済んだん

佐古田の倉庫にて。箱だけ別に用意しておき、中身を入れ替えて運ぶ。取引量は最大でも1日5トンに制限

です。ただの偶然かもしれへんけど、とにかく安全運転は守らなアカン」

仮に怪しまれた場合『知らぬ存ぜぬ』で通すのが仲間内での決まりだ。

荷台の品物は、直接電話で売り込まれたものを買っただけで、売主の素性は知らないという理屈。法的には、盗品と認識せずにブツを運ぶだけなら罪には問われず、事実いまのところ検挙者はゼロらしい。

が、万が一、警察に疑われ、取調べでも受けたときには、逃げきれないだろう。

「そこなんですわ。いくら気張っても所詮素人やから、芋づる式に捕まる怖さがある。せやから今は、運び屋と呼ばれる外部ドライバーも雇ってるんです。主に長距離専門で金はかかるけど、連中もプロやから安全ですわ」

現在（当時平成19年）は、政府主導のもと規制緩和が実施され、長距離ドライバーの数が飛躍的に増加。流通業界は著しい買い手市場となっており、彼らの収入は減る一方だ。

が、佐古田からの仕事なら報酬は約2倍。仮に1千キロ走って相場7〜8万円のところを、倍の15万が支給される。これだけ破格な条件ならば、誰もがキッチリ仕事をこなすだろう。

「ドライバー連中には無線のグループがあって、ネタは全て限定メンバーに回してます。もちろ

ちょうど積荷作業が終わったところ

んクチが堅く、腕の立つ人間ですよ。そのおかげで私らも蟹の積荷から解放されて、ほんま助かりました。アレ、手袋してても指先が凍傷になりそうなんや」

なにより移動距離が数百キロオーバーの運搬は、やはり本職の長距離ドライバーには敵わない。まさに互いの利害が一致した格好だが、実は一度だけ、大きなトラブルに見舞われたことがある。

ある外部ドライバーがサクランボを運送中、東海地方の某所で交通事故に巻き込まれ、荷物の5分の1を潰してしまった。果物の中でも特にデリケートなため、ちょっとした接触で売り物にならなくなってしまうという。

「ドライバーも被害者なんやけど、危険料込みの報酬を貰ってるわけやからね。すぐに窃盗団の人間と話をつけて50万払ってもろた。というのも、そのときは、たまたま連中が現地で雇った運転手でしてね。可哀想に『指なくすか、戸籍売るか、金払うか』って脅されたらしい。それにしても、サクランボを盗む窃盗犯が暴力団なんて、妙な時代ですわ」

ちなみに、このときも積荷は警官に確認されている。が、遠く離れた山形県の盗難事件を、東海エリアの地元警察が思いつくはずもない。現場が遠かったのが、不幸中の幸いだった。

本物の漁師がヤリ手密漁屋に

盗品売買の仕事を請け始めて5年。現在、佐古田は新たな仕入ルートを開拓し、年商は冒頭で述べた通り1億数千万円、利益は7千万円に膨れ上がった。仲間に分配しても、2千万ほどの現金が残る計算だ。

ちなみに、仕入れルートは金融屋のほか、ヤクザ絡みの窃盗団に卸業者の不良従業員、中には元漁師だった変わり者までいるという。

「せや、今からちょうど集配に向かうから一緒に来てみますか。漁師出身の現役密漁屋に会わせますよ。直接、話を聞かせてもらった方が現場の雰囲気もわかりやすいやろうし」

密漁屋に直接取材できるとは、願ってもない展開。ぜひ同行させてもらおう。

高速を乗り継ぎ、瀬戸内海の某港まで約1時間。現場の港町は、いかにも田舎の漁村といった雰囲気で、カモメの他に生物の気配はない。

港の中心部から程離れた某商店の門をくぐると、2人の中年男性が一升瓶と湯飲み茶碗を抱えていた。密漁屋の福田孝明、和孝（仮名）兄弟である。両者ともに歳は40代半ばといったところか。佐古田同様、真っ黒に日焼けした顔が印象的だ。

なぜ2人は密漁屋になったのか。聞けば、元々は正規の漁師だという話だが。

「そうそう。これでも昔は、地元の漁業組合で正規の第一種共同漁業権を持ってたんや。けど、他人の漁場で操業したり、違反行為を繰り返してたら資格を剥奪されてもた。それでヤケになったのが始まりやな」

傍若無人としかいいようがないが、漁師だけに気が荒いのも仕方ないのだろう。仕事場を追われた兄弟は、その後、生活のため、チンピラ仲間に声をかけ、密漁団を結成する。

手法はワイルドそのものだ。辺りが漆黒に包まれる深夜にタンクを背負って潜水、アワビやサザエ、ナマコなどを網に放り込む。

作業は、15人ほどで一斉に海に飛び込み、1時間ほどで終了。体力、瞬発力勝負のため、泳ぎの苦手な現役ヤクザに足を引っ張られることもしばしばだ。

「初心者に水の中はやっぱり難しい。ナマコ獲り、小型底引き網、ナマコ潜水器といった道具を使うんやけど、慣れるまではやっぱり足手まといや。あんまりありえへん話やけど、海上保安庁に捕まっても面倒やんか」

平成16年、日本全国での密漁摘発件数は1254件に達した。むろんこれは氷山の一角であり、被害は年々急増、当局も取締りを強化している。

が、海上では、万が一、事が発覚しても、収穫物を海中に投げ捨ててしまえば摘発されにくく、たとえ捕まっても現行法では最大で懲役6カ月、罰金10万円と罪が軽い。一晩の作業で数百万という密漁が後を絶たないわけだ。

サザエ漁の真っ最中に阪神淡路大震災が

瀬戸内海の密猟兄弟は、時に、別グループの獲物を横取りすることもあるという。

「事務所から港を見張ってると、時折、エアボートを持ってくる連中がおってね。見つけたらコッチも手漕ぎボートで静かに近づく。海水浴シーズン以外は99％密漁やから。で、こんもりと盛られた収穫物を双眼鏡で確認したら、タイミングを計って、インフレーターホーンを鳴らす。タンクのエアを利用した警笛器なんやけど、1・5キロ先ぐらいまで届くデカイ音が出るから、連中は蜘蛛の子散らすように逃げ出すで」

たとえ相手がヤクザだろうと、その間にゴッソリ横取り。逃げ出した連中に仕返しされた経験はないという。

「ヤクザなんかより気になるのは、やっぱり海上保安庁やな。なんぼ罰金が安い言うても、絶対に捕まらんよう船のエンジン改造には金かけてる。巡視艇よりは常に速いスピードで走れるんや」

日産プレジデントのエンジンを搭載し、推定速度は不明だという彼らの船。急発進すると、舳先が持ち上がり、船体が90度近くまで傾くほどのハイパワーだ。

むろん、船に投資ができるのも収穫の換金先、佐古田あってのもの。付き合いはかれこれ2年になるらしい。

「ワシらは、ガキの頃から素潜りしてたし、船にも乗ってたから、キャリアは40年になる。なんぼ保安庁に追っかけられたかて、逃げ切れる自信はある。ただ、いっぺんだけ、ヤバイことがあったわ」

平成7年1月17日。関西地方の人間なら誰しも忘れられない、阪神淡路大震災当日のことである。

早朝5時46分、淡路を震源地に震度7を記録した大災害は、甚大なる被害をもたらした。ちょうどこのとき、兄弟はサザエ漁に没頭していたという。

「海の中やから地震なんか気づくわけないがな。そしたら、突然、何艘もの巡視艇が巡廻してきてな。『コッチに来い！』『津波が来るから危険です！』って警告しよる。あんまりシツコイんで、まだ薄暗い中、船はあきらめて泳いで逃げたわ。陸に着いたら、地面は割れてるわ、家は傾いてるわで、ほんまに腰が抜けたで！」

こんな濃い連中が密漁を働いている限り、被害は一向に減らないだろう。

盗品の米はネット通販で売る

密漁兄弟の街を出た後、車中で佐古田が言う。

「あの兄弟は、地元の漁業が打撃を受けるほどの乱獲まではせぇへんから賢いんですわ。時折、ニュースにも出るんですが、窃盗団の中にはサザエやアワビを業者にサバけず、海や山中に捨てるバカがおりましてね」

なぜ、そんな無謀な行動を起こすのか。理解に苦しむが、佐古田が扱う商品はサザエやアワビなどの高級品以外に、宍道湖や全国の湖から揚がるシジミ、北海道十勝川のシャケから季節の野菜や果物まで、多岐に渡る。

ならば自分もと、流通事情を知らない連中が後先関係なしに突っ走った結果、不法投棄が増えるのだという。都会の人間が関心ないだけで、被害は拡大の一途を辿っているのだ。

「料金もね、わざと高めに設定しておくんですよ。そっちの方が逆に売れるんです」

「中国や香港では、日本産の干しナマコが食材や漢方薬として重宝されるの知ってます？　日本の数少ない食料輸出品なんですけど、これが年間79億円にもなるんやから。どう考えても正規の漁師だけの仕事やない」

他にも変わったところでは、高級料亭などにも直接の卸先をもっており、ヒラメやフグ、ウニなどの高級品を卸している。漁業は水物。天候や釣果に左右され、契約した漁港や魚屋から毎度イイ品が揚がるとは限らない。そこで、佐古田みたいに便利な業者が重宝されるのだ。

「あと、今はね、インターネット通販が絶好調なんですよ。ずばり狙いは米なんですわ」

魚介類や果物は、基本的に保存が利かない。仕入れた物は即座にサバかなければ商売にならないだろう。

一方、米ならば、盗品を格安で買い取った後、しばし自分の倉庫に寝かせ、ネット通販で全国のユーザーにバラ撒くことが可能だ。ただし、それは机上の空論。わざわざサイトから購入する者がいるとは思えない。

「私もそう思ったけど、女房がまたパチンコにハマリ始めましてなぁ。そんなにヒマなら余っと

密漁兄弟から仕入れた品は、その後間もなく、別の水産会社に運び込まれた

る米でも売ったれやーって、怒鳴りつけたら、驚いたことに、ネットにHPをオープンさせたんです。それが、お取り寄せランキングで上位に入ったりするんやから、わからんもんです」

収穫後に農家の倉庫から盗まれる米は、事前の出荷検査を受けていない。ゆえに、脱穀前、精米前の玄米なら、どこに流しても現行の農水省のチェック体制では確認不能。立場上は、未検査の計画外流通米としての扱いになり、自由取引ができる。そこで適当な稲穂の写真を撮り、魅力的なキャッチコピーと一緒にネットショップを開いたという。

【合鴨を使って害虫駆除したお米です。もちろん有機肥料を使っておりますので、安心です】

嘘八百を並べても、メインユーザーである20～30代の主婦に米の厳密な違いなどわからない。新米という点においては間違いないのだから、銘柄に関係なく美味しく炊けるそうだ。

「今は炊飯器の性能もええから、ブランド米じゃなくてもご飯は美味い。料金もね、わざと高めに設定しておくんですよ。そっちの方が逆に売れるし、そもそも原価を割ったりすると同業者から怪しまれるからね。最近は女房も忙しくて、パチンコ行く暇ないって嘆いてましたわ」

奥さんの開き直った作戦が功を奏し、現在、月の利益は100万超。他の通販業者の事情は知らないと前置きしながら、現在のウェブショップは無法地帯だと佐古田は断言する。

一年手塩をかけて育てた農作物に、数年かかった養殖の海産物。生産者の苦労は計り知れず、今のところ窃盗団に有効な対策は地道な見張りぐらいしかないという。

自給自足を忘れた日本の数少ない食品業界は確実に崩壊の一途を辿っている。

平成の裏仕事師列伝……02

誘拐ビジネス屋

フィリピンだからこそ成立する元ヤクザの卑劣なシノギ

取材＋文＝北野ナツヲ
フリーライター

「平成の裏仕事師列伝07」07年11月

2007年5月下旬、お笑いタレントの長井秀和が、フィリピンで美人局に遭った。

新聞報道によれば、知人男性とマニラ市内でナンパした現地女性とホテルへ。ところが翌日、滞在していたホテルに警察が現れ、女性が17歳の未成年だったと長井と知人の2人を連行。拘束されて事情聴取を受けているところに日本人通訳が現れ、1100万円を払えば示談すると持ちかけられたため、長井の奥さんが金を振り込んだのだという。

記事は、現地ではこうした被害が相次いでいるため、一連の出来事は少女と両親、さらに警察、通訳までがグルになった美人局だったのではないかと結んでいた。

『平和ボケしてる日本人は、金になるんだ』

長井の報道を読み、フィリピンで取材した男の言葉がよみがえった。男は、日本で暴力団員としてある程度の地位を得ていたものの、仕事で失敗。組を追われてフィリピンへ密航。現地で【誘拐ビジネス】に手を染めている人物だった。

鋼材運搬船に乗り込みフィリピンへ密航

私はこの道、15年ほどのフリーライターである。お堅い経済コラムから風俗ルポまで、依頼があれば何でもこなすが、特に多いのが裏社会関連の記事だ。

それには裏組織とのコネクションが必要不可欠なわけで、せっせとツテを辿っては人脈を広げてきた。

その中に個人的に仲良くなった男がいる。某組織の中堅幹部で、本職では下の若い衆に鬼と恐れられているが、不思議と私とはウマが合った。仕事抜きで一緒に食事することもあるし、何度か我が家

「平和ボケしてる日本人は、金になるんだ」

を訪ねて来たこともある。

彼の遊び方は半端じゃない。休暇となれば日本を飛び出し、飲み打ち買いまくる。中でも年に1度は出かけるお気に入りの渡航先が、フィリピンだ。

彼があんまり熱心に誘うものだから、実は私も2度ほどお供したことがある。打つはしないが、他の2つに関して、お金を使えば相当なことまでできることを、身を以って知った。

今夏、久し振りに渡比したとき、彼は「ネタになるだろ」と、私に1人の男を紹介してくれた。それが自称【誘拐ビジネスマン】片山亮二（仮名38歳）である。

こっちに来てから、もう7年（07年現在）になるよ。まあよくある話だけどさ、日本でヘタ打って、逃げてきたってわけ。

何したかって？　……うちの組はニセブランド品で稼いでたのよ。最初は香港でコピー商品を作らせて、日本で売ってたんだ。コピー商品って言っても本物と見分け付かないスーパーコピーだろ。飛ぶように売れてさ。

あんまり美味しいもんだから欲かいたんだな。フィリピンやシンガポールにも販売ルートを拡大しようと組の金を借りたら、間に入った現地のブローカーに持ち逃げされちゃってさ。

2千万ぐらい返せない額じゃないけど、上の連中がカンカンなんだ。それまでオレがどんだけ組のために働いてきたかなんて、これっぽっちも考えてくれない。もう何もかも嫌になっちゃってさ。

かといって、日本にいればシメられるのは確実だろ。かき集められるだけの金を持って、高飛びすることにしたんだ。

暴力団組織の捜索力は、ある面、警察より優れている。そこで、いったん東北の故郷に出向き、その足で九州に逃げたと思わせるため、馴染みのソープ嬢宅に滞在。数日後、朝イチの普通電車で太平洋側の某港に戻り、フィリピン籍の鋼材運搬船に乗りこんだのだという。

当時、片山には内縁の妻子がいたが、あえて家族には一言も打ち明けなかった。事情を知れば、家族が組織からどんな目に遭うか知れないからだ。

いや、代わりに金を返せって責められてるよ。彼女の実家は資産家だから、義父さんが金を出したんだろうな。相当、憎まれてるよ、オレ…。

けど、彼女はお嬢様で、一緒に逃げるって選択肢は最初からなかったんだ。フィリピンに来たところで、生活設計なんかないんだからさ。

にしても、逃げるときの鋼材船ってのが凄かった。油だらけで税関検査の人間も入りたがらないっていうのは本当だね。列車に人が轢かれたの臭いがするんだ。鉄の錆びたようなさ。

そこに、役人の臨検があったときのためにワイロ用の20万を持って身を潜めてたわけ。外洋に出て船が揺れると油で床が滑ってさ。フィリピンに着いたときは全身、油まみれだったよ。

骨を埋める気なら腹を括れ

フィリピンに着いた片山は、安宿に身を沈める。が、いつ何時、日本から追っ手が来ないとも限らない。そこで華僑のブローカーに金を渡して事情を話したところ、男は片山の元に1人の役人を連れてきた。

フィリピンはホントに金次第なんだ。ブローカーが連れてきた役人にワイロを渡したら、「ノープロブレム」って握手されたよ。役に立つかどうかわからないけど、役人に知り合いができれば、ちょっとは安心だろ。

それより問題は金だ。こっちの物価は日本に比べて10分の1くらいだけど、持ってきた分はすぐ底をついちゃってさ。

スモーキー・マウンテンって聞いたことあるだろ？　マニアの北のバカでかいゴミ捨て場のことで、そこはいつも自然発火して煙ってるのよ。

近づくだけで鼻がひん曲がりそうに臭いんだ。街の連中も、側を通るのに専用のマスクしてるぐらいでさ。けど、そこにバラック小屋建ててゴミ拾いしてる連中がうじゃうじゃいる。

こっちじゃビニール袋やペットボトルなんかが貴重品で、買い取ってくれる業者がいるわけ。

1日拾ってやっと何十円になるぐらいだけど、子供も学校に行かないでゴミ拾いしてるんだ。

オレも金になるならって何日か通ってみたけど、とても堪えられる臭いじゃない。で、とりあえず拾ったゴミを買い取り業者のとこに持ってって、何か仕事がないか聞いてみたのよ。そしたら、ゴミの中から日本製のものを目利きしてくれって。ゴミでもメイド・イン・ジャパンは高く売れるらしいんだ。

買い取り業者の下で仕事を得、とりあえず生活費の心配はなくなった片山は、安アパートを借りる。と、そのころから街で頻繁に日本人観光客から声をかけられるようになった。

『すみません。どこかいい店は知りませんか』

男ばっかでマニア市内をウロウロしてる連中は、結局、女がほしいわけ。こっちから日本人にで、何軒かのゴーゴーバーに話を付けて、客引きするようになったんだ。

これが客からも店からもチップもらうから、稼ぎはバカにならない。そのうちメイド雇って、声をかけて、いい店を紹介しましょうか、って。

いい暮らしができるようになってさ。2年ぐらいそんな生活やってたかな。そしたらあの華僑がいきなり現れて言うんだ。

『ここは金さえあればどんなことでもできる国だ。お前は日本人だろ。もっと儲ける方法がある。骨を埋める気なら腹を括れ』

確か、日韓のワールドカップがあった年の秋だったよ。

片山は悩んだ。

華僑のシンジケートに入ることは、つまり裏稼業に戻ることを意味する。足を踏み込んだら、二度と逃げるなど不可能だろう。

今のままで十分、暮らしていける。手を付けた若いメイドを妻にして、子供が2、3人いるフツーの生活。そんな将来がオレに合ってるんじゃないのか——。

しかし、片山は悩んだ挙げ句、腹を括る。

正味、3時間の仕事で年収の10倍以上の金が

日本人の頭で考えれば、バカなことだと思うよ。だけど、ここはフィリピンなんだ。実際、金さえ積めば、役人も警官もコントロールできるのよ。この国じゃ、どんな手段を使ってでも稼いだ者勝ちだからな。

それでも、シノギが『誘拐ビジネス』って聞いたときはぶったまげたよ。だって日本で身代金誘拐って言えば、一世一代の凶悪犯だろ。大抵は捕まっちまうのがオチだよ。けど、もう後戻りはできなかった。

最初は某商事会社の商社マンだったな。フィリピンの支店長代理かなんかで、確か××ホテルに住んでてさ。1カ月、尾行して行動確認したんだけど、隙がないのよ。朝晩はドライバー付き

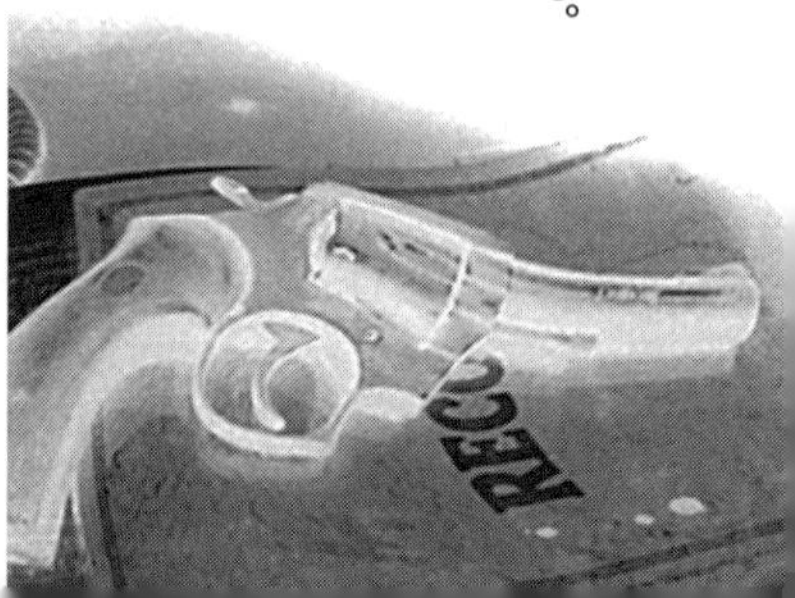

の車で送り迎え。外出するときは必ずボディガードが付く。

で、オレはそいつを誘い出すのが役目。商社マンは服装で相手を判断するとこあるから、イタリア製の高級スーツにネクタイしてさ。商社マンが住んでるホテルのロビーで「日本人の方ですか？」って声かけたんだ。もちろん、仕事終わりでボディガードがいないのを確認してからな。

自分は大手ゼネコンの技術担当者で、実は内々で進めてるプロジェクトの下見に来たはいいが海外は初めてでして、なんて自己紹介したら、向こうからバーでお酒でもいかがですかって誘ってきたよ。敏腕商社マンとしてはコネつけりゃ仕事が取れるってソロバン弾いたんだろ。

だからオレは酒がそこそこ入ったところ、「せっかく来たので、お酒よりいい店があれば案内してもらえませんか」って外に連れ出したわけ。

玄関口に横付けした車にパッと連れ込んだから、ベルボーイも何も気づかないよ。で、支店長代理をそのまま郊外のアジトに連れてって、『命が欲しかったら500万用意しろ』って脅したんだ。

500万なんて大した金じゃないと思うだろ。確かに日本人の、それも大手会社の幹部をやってる人間にはどうってことのない額なんだ。その支店長代理も、自分の会社に電話してすぐ500万を用意してきたし。

仲間が金を受け取ったのを確認して、はい解放。いざやってみれば拍子抜けするほど簡単だったな。

念のため言っておくと、フィリピン人の稼ぎっておっそろしく低くて、平均年収が日本円にして30万っぽっちなんだ。それが正味3時間、拉致っただけで10年分以上の年収が転がり込んだから、誘拐がビジネスになるはずだよ。

これ以後、片山は、主に人質の誘い役を担当することになる。大きな企業の幹部に狙いを定め、1～2週間、行動を確認した後、実行に移すのがパターンだ。

ただ、そうそう年中やってるわけじゃないよ。仮に500万取れば、半分をボスの華僑が取って、残りの250万を実行役の4人で分ける。それでも60万。普通のフィリピン人の1年分の倍だ。年に5、6人誘拐すれば贅沢し放題で暮らせるよ。

手口は色々だな。車で通勤してる相手なら、人気のない1本道で前後を車で挟んじゃうとか、女を差し向ける場合もあるし。で、無人島や山の中や、そのときどきで適当な場所に連れてく、と。

いつだったか、現地法人の海老養殖会社の支店長がいたな。さらって会社に身代金要求の電話をかけたら、そんな金はないって突っぱねられてさ。だから、本人に日本の家族に連絡させて700万円を振り込ませたんだ。

こっちの口座に直接、振り込ませたら万が一、足が付くだろ。で、いったん本人の口座に振りこませて、そっから引き出しに行かせて現金を用意させるわけ。

金額は相手の懐具合を見て決めるんだけど、百万単位なら間違いなく出すね。千万単位になると警察に駆け込むのが半分いる。世話してる警官ならなんとかなるけど、日本企業が騒ぎ出せば、いくらワイロをもらってても警察だって動かざるを得ないからその辺は考えてるよ。他には、鉄道会社の人間もいたし、通信会社の技術者とか。要は、ある程度大きな会社の幹部とか、替えの利かない技術者だな。

警察を入れても人質の首を切り落とす

誘拐ビジネスに就いて3年目、転機が訪れる。ボスの華僑が中国に帰ることになったのだ。そこで片山はまたも決断を迫られる。これを機に、誘拐ビジネスから身を引くか、それとも後を継ぐか——。

ここでも片山は後者を選ぶ。

要領は完全にわかってたし、ボディガードとしても頼りになる右腕みたいな現地の人間もできてたんで、いっちょ自分でやってやろうじゃないかと。

やり方もターゲットもそれまでと同じだけど、ちょっと脅し方にアレンジを加えたんだ。例えばさ、ある食品メーカーの日本人社員をさらうだろ。そしたら、日本の本社に直接、身代金を要求する。

『御社の××氏の身柄を預かっている。少女とセックスしたいと言うので少女を用意してやったのに、金を払わないから、誘拐した。命が惜しかったら日本円で３００万円用意しろ。警察に通報すれば即座に殺す』

念のため、裸の人質と少女の2ショットを撮らせて送ってもいいし。するとさ、何も言わず金を出すよ。

警察に連絡して事件が公になれば、人質が生きてようが死んでようが少女買春がクローズアップされて騒ぎになるのは間違いないからな。300万をケチって企業のイメージが下がったら取り返しが付かないだろ。

この方法は最高でも500万ぐらいに抑えるのがミソだから、以前より忙しくはなったかな。今は年に10人はやってんじゃないか。

面白いのは、時には思わぬ誤算が生じることだな。ある飲料メーカーの現地法人幹部をさらったとき、会社に電話したら300万も出せないっていうわけだ。だから、人質の悲鳴を聞かせて「警察を入れても、こいつの首を切り落としますよ」って脅したら、二つ返事で要求に応じてきたんだ。そんときの金が結局3千万。ボロいだろ。

片山がフィリピンで【誘拐ビジネス】を始めて5年。拉致った数は40人を超える。

そのうち9割が日本人で、残りはアメリカ人だそうだ。

「アメリカ人は合理的だから簡単に金を出すんだよ。こっちに滞在してる人間はたいてい誘拐保

険に入ってるから、自分の腹は痛まないしな」

対し、絶対に狙ってはいけないのが中国人。泣き寝入りせずに国際問題に発展させ、国を挙げて仕返しする、というのがボスだった華僑の忠告だ。


日本を離れてわかったことだけど、日本人はホント、平和ボケしてんだよ。危機管理ができてない。フィリピンの治安が悪いってのは散々言われてるはずなのに、オレが日本人だってだけで簡単に信用しちゃうしな。


いま、片山は豪奢な自宅を建て、現地人の奥さんと2人の子供がいる。元兵士だったボディガードも雇い、贅沢な暮らしを謳歌しているという。

だが、金を持ち、歳を取るごとに気になっているのが日本に残してきた娘だと言う。しかし、パスポートのない片山が日本に帰ることは許されない。

日本人をカモにし、悪態をつくことで、自分をハジき出した日本の国に復讐しているつもりなのだろうか。

平成の裏仕事師列伝……03

イラン人薬物密売グループの日本人女プッシャー

彼女が不良外国集団の一味に加わった理由

取材＋文＝藤塚卓実
裏モノJAPAN編集部

「平成の裏仕事師列伝07」07年11月

さても憂うべきかな、嘆くべきかな。いま、世間は空前の薬物ブームである。

かつては、ヤクザ、芸能人、水商売関係者など、ごく一部の特別な遊びであった違法ドラッグも、現在では一般人にまで幅広く浸透。サラリーマンや主婦が連日のように逮捕され、中高生が校内でクスリのやり取りを、なんて報道すら珍しいことではなくなった。

こうした惨状を招いた原因の一つは、イラン人の薬物密売グループの出現だと言われている。

90年代初頭より、彼らは、繁華街の路上に立ち、無差別に通行人に声をかけまくった。

――オニーサン、何が欲しいの？　エス、ハッパ、L、エクスタシー、ヘロイン、あへん、何でもあるよ――。

誰が呼んだか、まさにクスリのコンビニである。

購入者は、売人から携帯番号の書かれたメモを手渡され、以後の取引は電話1本でOK。時に粗悪なブツを掴まされたり、値段を釣り上げられることもあるが、ヤクザや売人に顔をつなぐ手間がない分、カタギの人間には重宝な存在と言えよう。事実、イラン人を介し、イリーガルドラッグは瞬く間に、そしてあっけなく一般層の手に届くようになった。

一方、取り締まる側の警察にとって、イラングループは実に厄介な存在だ。名前を偽り、所在や携帯番号を頻繁に変え、絶えず捜査を攪乱する。たとえ一味の下っ端を捕まえても、肝心なことには堅く口を閉ざし、組織の全貌を掴み切れぬケースも少なくない。

警察庁によれば、06年度、薬物の密売に関わり、逮捕されたイラン人は81名。一時期より減少傾向にあるとはいえ、その勢いはいまだ衰えてはいない。

まさかこんな今どき風の彼女がイラン人密売グループの主要メンバーだとは誰も気づくまい

パクられる寸前にシャブを止める

「あ、どうも。初めまして」

07年8月末、午後5時。都内のカラオケボックスで対面した竹下リカコ（仮名28歳）は、一見、現役キャバ嬢かと錯覚してしまうほど派手な女だった。

ロングヘアに濃い目のメーク。細身の体には、ボディラインを強調するように、ピタリと紫のキャミソールが張り付いている。まさかこんな今どき風の彼女が、イラン人密売グループの主要メンバーだとは誰も気づくまい。

「まあ、そうでしょうね。普通、イラン人が日本人を仲間に引き込むことなんてあり得ないですから。あの人たちって、同胞意識がものすごく強いし」

都内、横浜、埼玉を股にかけ暗躍する薬物密売グループ。そこにリカコが所属するようになって2年近くが経つ。現在の月収は60万。リスキーな仕事に携わっている割には、物足りない額だが。

「グループのボスは月3、400万くらい儲かってるけど、平のメンバーならどこもそんなもんじゃないですか。イラン人って、意外とお金にシビアなんです。グループ内のネタを個人的に買うときでも、全然安くしてくれないし。社員割引きみたいなものがあってもよさそうじゃないですか」

リカコが初めて覚せい剤の味を知ったのは、今から10年前。地元・横浜で、キャバクラ嬢として働いていたころだ。高校時代の友人から「やせ薬だよ」と勧められ、スプーンで炙った白い煙をストローで吸引したのが始まりだった。

そのときはイマイチ効き目がわからなかった。が、何度か繰り返すうち、徐々にシャブの良さを理解していく。お、何だコレ。やたら元気が出るし、お腹も空かない。いいじゃん。スゲー楽しいじゃん。

クスリにハマっていく者が誰でもそうなように、やがてリカコも、当初、男友だちから分けてもらっていたシャブを自力で入手しようと考え始める。結果、真っ先に頭に浮かんだのは、いつも駅前でタムロしているイラン人だ。

「あの人たちが、路上でクスリ売ってるのは何となくわかってたんで、声かけたんです。エス買いたいんだけどって。すんなり手に入りましたよ」

冒頭でも述べたように、イラン人との取引は、2度目からは電話で場所や時間を指定して行われる。街頭で買うより格段に安全になったこと、末端価格が0・6グラム1万円と格段に安かったこともあって（07年当時は0・2グラム1万円）、リカコはますますシャブにのめり込んでいく。

オニーサン、何ほしい？ ハッパ、スピード、エクスタシー何でもあるよ

ところが、そんな状況も長くは続かない。半年後のある日、クスリを共同購入していた女友だちが、別れ話のもつれから彼氏にチクリを入れられ、覚せい剤所持の現行犯で捕まったのだ。

「それで私も一時期シャブを止めたんです。多分、事件のことをどこかで知ったんだろうけど、駅前にいたイラン人たちも、パッタリ姿を消しちゃったし」

選択は間違いではなかった。後に逮捕された友人から聞いたところによると、事件の直後、警察はリカコに内偵を入れ、行動を逐一監視していたらしい。

しばらく、クスリのない平穏な生活が続いた。注射はやらず、炙り専門だったためか、禁断症状に苦しむこともほとんどなかった。

3千万の値が付く客付き携帯

半年後、リカコはシャブを再開する。ほとぼりも冷めたころだし、最近仕事も忙しい。何となく、景気づけに一発入れたくなった。

以前付き合いのあったイラン人の携帯に連絡を入れたところ、彼女の知らない、別のイラン人が応答した。相手はエディと名乗ったが恐らく偽名だろう。アラブ・イスラム系の国には欧米風の名前などない。

「そのエディが言うんです。この番号はもうすぐ使えなくなるから、今後は今から教える新しい番号にかけてくれって」

同じことが何度か続いた。新しい売人と取引を始めて数カ月ほど経つと、決まって別の売人が電話口に現れ、その都度、新しい番号を教えられるのだ。

そのうち、ヤザニというイラン人と個人的に親しくなった。歳は32。横浜、町田近辺を縄張りとするグループのボスだ。

「自分で言うのもなんですけど、会った瞬間、彼に一目惚れされたんです。で、プライベートの番号を教えてもらったから、ちょくちょく会うようになって」

会う場所は、ヤザニの自宅アパート。2人でシャブを炙り、いつもガン決まりのまま、延々トランプ遊びに興じた。ただし、セックスはしない。好きでもない男と寝たところで、ロクなことにならないのは職業柄さんざん知り尽くしていた。

「だから、シャブもタダでいいって言われたけど、極力自分で買うようにしてました。よくネタ欲しさに売人と寝る女がいるけど、私、ああいうのすっごく嫌なんです。彼も優しい人なので、『リカコがして欲しくないことは、やらない』って言ってくれたし」

そんなヤザニとの交流を通し、リカコはイラン人密売グループの内情を少しずつ理解していく。

●イラングループは、横浜、都内、名古屋、大阪など、全国の至る所に存在し、横のつながりはあっても、あくまで互いに独立した組織である。

●どのグループも、通常、ボスを含めて3～7人のメンバーで構成されている。

●活動期間は長くて3年ほどで、その後は顧客の電話番号の入った携帯を新たなボスに売却し、みなさっさと帰国してしまう。

●携帯は安くて500万、高くて3千万の額で売買され、その額は、2カ月分のクスリの売り上げを目安に決める。

「それくらい、クスリの密売って儲かるんです。出会って2年半後にヤザニもイランに帰っちゃうんですけど、そのとき、2億円は稼いだって言ってましたから」

2億の稼ぎ。その凄さを目の当たりにしたのは、リカコが23歳のとき、ヤザニのたっての願いで、単身イランへ出かけたときだ。運転手付きの黒塗りベンツで空港に現れたヤザニは、彼女をプール付きの大豪邸に連れて行き、そこで10数人の親戚を紹介した。

聞けば彼ら、現在はみな仕事を辞め、ヤザニの出資で事業を興したらしい。ヤザニ自身も、いまではタクシー会社、レストランを経営するひとかどの実業家である。来日するまでは、単なるテヘランのチンピラだったというのに。

まさにジャパニーズドリーム。彼らが危険を顧みず、はるばる異国で違法ドラッグを売りさばく意味がよくわかる気がした。

別グループを襲撃し縄張りを拡大

ヤザニの帰国を境に、リカコは本格的にイラン人コミュニティに入り込んでいく。ヤザニの後を継ぎ、新たなグループを結成したハッサンから、シャブのソムリエを頼まれるようになったのだ。

「自分でも不思議なんだけど、昔から人よりネタの質がわかるんです。それをハッサンがヤザニから聞いていたみたいで声がかかったんです」

フルーティな匂いがするかしないか。色は薄いピンクかどうか。塊をコップの水に浮かべたとき、サーッと水面を走るか沈むか。シャブの善し悪しを調べる方法は昔からいくつもあるが、リカコの場合は、体に入れた瞬間、効きの長短から、クスリが抜けたときの状態までハッキリわかるらしい。クスリの元締め（＝イラン人）からブツを仕入れるのはハッサンの役目だ。リカコは、毎回、彼が持ち帰った5、6種類のサンプルを味見し、その中から最良のシャブを選び出した。これはちょっと効きが弱いよ。これは混ぜモノが多いし、味も苦いから返品して。あ、でもこっちは結構良いんじゃない？　抜けも緩やかだよ。

彼女のテイスティングは的確だった。ハッサン一味は、良質なネタを提供することで顧客の信頼を獲得し、順調に売り上げを伸ばしていく。

「とはいっても、私は一銭ももらってませんよ。たまぁに、ネタを買う際オマケしてもらう程度で。向こうにしたら、あくまで親しい常連客の1人という感じだったんじゃないかな。ま、それでもソムリエは普通に楽しかったし、全然いいんですけどね。みんな、メチャメチャ優しいし」

だが、所詮は不法滞在の身で、違法行為を生業とする集団。いつもいつも陽気な笑顔を浮かべているわけではない。

ある日、一味がクスリの保管所として使っているアパートを訪れると、ハッサン以下数名が興奮気味に話し込んでいた。何事かと尋ねる彼女に、彼らは仰天の事実を口にする。

なんと昨夜、更なる顧客獲得のため、ハッサン一味が大宮のイラン人グループを襲撃、連中の客付き携帯を根こそぎ強奪したというのだ。

「後々わかってくるんですけど、携帯を巡ってグループ同士が襲撃し合うのは、別に珍しいことじゃないんです。新聞沙汰にならないだけで、殺されちゃう人もかなりいるみたい。実際、私も彼らの車の中に日本刀とか拳銃が隠されてるのを見ましたし」

その後、ハッサンたちは池袋の韓国人グループも潰し、縄張りを1都2県に拡大。ほぼ3年間、やりたい放題、荒稼ぎを続けた。

信頼できる人間か試すためブツの仕入れを

リカコが26歳のとき、チャーリーと名乗るイラン人が、ハッサンの縄張りをそのまま譲り受け、また新たなグループを結成した。現在、彼女が主要メンバーとして活躍する組織である。

加入のキッカケは偶然だった。元々いたメンバーの1人が売り上げをチョロまかしてクビになり、欠員が出たのだ。後釜を誰にするか。白羽の矢が飛んだのがリカコだった。彼女がハッサンの下でソムリエをしていたことは、チャーリーも知っている。その腕が確かなことも。

ある日、チャーリーはリカコを呼び出し、1通の分厚い封筒を手渡して言った。

――その中に150万入っているから、ちょっとシャブの仕入れをしてきてくれないか。先方にはお前が行くことは伝えてあるから、頼むよ――。

おかしな話である。なぜチャーリーは自分で仕入れに行かないのだろう。そんな重要な仕事をどうして私に？　しかも、預かった封筒には万札が１６５枚。１５０万じゃなかったっけ？

あれこれ疑問を抱きつつも、待ち合わせ場所に出向いた。元締めの乗ってきた車の中でブツと金を互いに確認し、無事、取引は完了。余った15万は、そのままそっくりボスに返した。

「結局、チャーリーに試されてたんです。金をネコババしないか。信頼できる人間かって。ハッサンたちにアイツは大丈夫って言われてても、やっぱり念を押したかったんじゃないかな。日本人だということもあるし」

1週間後、リカコは水商売を辞め、正式にチャーリー一味のメンバーとなった。

メンバーにはそれぞれ役割が決められている。ネタの買い付けや、パケ作りはボスのチャーリーが、ブツを保管用のアパートに運ぶのはサニーで、客からの電話注文はトムが一手に引き受ける。

リカコに与えられた仕事は、ソムリエと他にもう一つ、ブツの受け渡し役だ。池袋の保管所に待機し、客から注文があれば、実際にブツを持って取引現場へ出向くのである（横浜や大宮にもそれぞれ同様の担当者がいる）。ギャラは給料制で月60万だ。

女性歌手K・Tが常連客を通してシャブを

仕事は多忙を極めた。昼の12時から夜中1時ごろまで、受付役のトムか

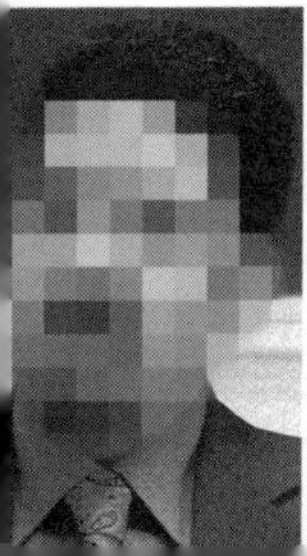

現在のボス・チャーリーは常にスーツを着用。池袋のマンションにて

らひっきりなしに連絡が入り、その間は、ガソリンスタンドの裏にシャブ2パケを届け、お次は本屋の駐車場へマリファナを4パケ持っていく、といった具合。活動は分刻みで休む暇もない。客との取引場所はすべて池袋周辺に限られてはいるが、それでもいちいち現場と保管所を往復するのはかなりの重労働。ましてや持ち運ぶモノがモノなだけに、ストレスも半端ではない。

さらに、神経を遣う仕事があった。

待機所には客のニーズに合わせ、シャブからエクスタシーまで様々なクスリが大量に保管されていた。例えばシャブなら、3万のパケ（0・6グラム）が20コ、2万のパケ（0・4グラム）が50コ、1万のパケ（0・2グラム）が30コ、エクスタシーなら50錠といった具合で、リカコは、それらをいつ誰にどれだけ売ったかを逐一、ノートに書き込まねばならなかった。ボスは保管所の在庫量をすべて把握しており、毎日、売り上げ金と食い違いがないかチェックを入れるのだ。

「数が合わないと、すごく怒るんですよ。場合によっては、足りない分は自腹を切ってでも埋めろって言われるし」

イラン人の金管理は、我々が想像するよりはるかに渋い。交通費、食費の類がすべて自分持ちなのは当たり前。保管所のトイレットペーパーでさえ、レシートがなければ経費として認められない。メンバー自身が購入するネタ代も、一切割り引きがないのはすでに述べた通りだ。

「最初はビックリしましたよ。マジな話、そこらの会社より厳しいかも知れないですからね」

薬物の密売グループの一員として、日に何十回も取引現場に足を運ぶリカコ。これまでに一度も危ない目に遭ったことはないいんだろうか。長らく活動を続けていれば、縄張り荒らしの一つや職質の一つに出くわしても何ら不思議はないのだが。

「ないです、ないです。うちのボスや他のメンバーって軍隊の元教官や軍人上がりばっかなので、他のグループからも一目置かれてるんですよ。警察にしても、私がイラン人だったら職質なんて日常ごとだろうけど、日本人でしかも女だから、暗い路地をうろついてても、全然怪しまれないですね」

相手に安心感を与えるという意味では、取引現場に現れる客にとっても、同じことが言えるかもしれない。

リカコは、常に客に対して正直であることを心がけている。売り物のネタに不満があれば、必ず「今回ちょっと質が悪いんだよね」と申し出て、逆に良いブツなら、予算の許す限り多めに買うことを勧める。

大したことではないかもしれない。が、その小さな気配りで信用を得ているのも事実。客の中には、取引の最中、自らの素性を打ち明ける者も少なくないらしい。匿名性を重んじるこういった場では、ちょっとあり得ない展開である。

「まあ、大半は建築関係、水商売ですね。あとはミュージシャンや雑誌の編集者も結構いるかな。そういえば、この前、芸能界を引退した女性歌手のK・Tっているじゃないですか。実は彼女も私の客でしたよ」

何でも、K・Tのマネージャーが、常連客の1人を通して、何度かシャブを大量に買い漁っていったことがあるらしい。

「まだテレビに出てるときから、ポン中丸出しな目をしてたけど、まさか私の所に引きにくるとはねぇ。あのコ、完全にシャブでおかしくなっちゃったんですよ」

ボスの客を横取り、独立を目論む

チャーリーの下で密売業を始めてそろそろ2年。実は彼女、近々グループを抜け、独立をしようと目論んでいる。

「今さら言うなって感じですけど、どうせ危ない橋渡るならもっと稼ぎたいってのが本音ですから。やっぱ、それには独立するしかありませんよね」

問題は、客集めとネタの仕入れルートをどう確保するかだが、リカコはすでに半年前から準備を始めていたらしい。

まず客は、チャーリーのグループから少しずつ横取った。口が堅そうな常連を厳選して、取引現場で会うたびに「今度から、自分で商売始めようと思ってんだ。良かったら携帯の番号交換しない？」と営業をかけたのだ。

果たして、リカコは声をかけた客の大半から快諾を得る。中には『相手がイラン人じゃなく、お前だからこそ今まで信用して取引を行っていたんだよ』と言ってくれる者までいたという。

にしても、危険な行為だ。なんせ、人を殺してでも客付き携帯を奪い合う連中。もし裏切りがバレたら、それこそタダでは済まないんじゃ？

「大丈夫です。こういう商売をやってれば、客と突然連絡がつかなくなるなんてことはザラにあるし、横取りした数も10人ちょっとで、多くないですから。バレる心配はまずありません」

グループを抜けるのも、さほど難しいことではない。カタギに戻りたいと言って、後任の人間を紹介すれば簡単に了解してくれる。密売に携わりたいと考える在日イラン人は、想像以上に多いようだ。

肝心の仕入れルートも、どうにか当てがついた。

「タイミングよく、知人のツテで、シャブの元締めをやってる某組長さんを紹介してもらったんです。卸値はちょっとここでは秘密ですが、イラン人ルートとほぼ同じくらいで安いのは確か。これを上手く客に回していけば、月２００万の利益が出そうなんです。……甘いかな？」

現在、リカコは同じくチャーリー一味で働くサニー（42歳）と交際をしている。日本人の妻と6歳の子供がいる既婚者というが、サニーは、独立の話を知っているのか？

「まだ彼には話してないけど、いずれ言うつもりです。ボスには内緒でイラン人ルートも活用したいですしね。へへへ」

屈託のない笑顔を見せつける彼女に思わず手を合わせたくなった。どうかヘマだけは踏まないように。

独立後、活動拠点を池袋から高円寺周辺に移すというリカコ。お気をつけて～

平成の裏仕事師列伝……04

インチキ霊媒師

救われたくばあるだけの金を差し出しなさい

取材＋文＝秋島ユタカ
フリーライター

月刊「裏モノJAPAN」06年10月号

「オーラの泉」というテレビ番組がある。スピリチュアル・カウンセラーの江原啓之と美輪明宏が霊視・鑑定しながらゲストの素顔や人生に迫るトーク番組だ。

2人が相手の背後に視線を向け、「うんうん…今ね、亡くなったお父さんがお金を大事にしなさいとおっしゃってます」「守護霊は、スペイン人のダンサーね」なんてことをもっともらしい顔で語り、ゲストも神妙な顔で聞き入る様子は、実にうさん臭い。

が、あまりの人気に07年4月より、放送時間が深夜からゴールデンタイムへ移動。当時のテレビ朝日の看板番組となった（09年3月14日放送終了）。さほどに、関心を呼んだ理由は何か。うさん臭いと思いつつも、人は何かを信じすがりたいのだろうか。

こうした、人間が持つ神秘な世界への畏怖の念を悪用した商売が、【霊感商法】だ。あたかも霊感があるような振りをして「ご祖先の崇りです。このままだとご家族にもっと悪いことが起きますよ」などと不安を煽り、法外な値段で商品を売りつけたり、バカ高い祈禱料を騙し取る、というのがよくある手口。怪しげな宗教団体と結びついていることも多く、80〜90年代にかけて統一協会関連で社会問題となったのは記憶に新しいところだろう。

ここに1人の男がいる。吉田光男（仮名）、35歳。東北地方で霊感商法を仕掛け、年間5千万円ほど稼いでいる人物だという。

オレたちが相手にするのは
神秘の世界を信じるというより
依存しちゃってる人間

いまどき悪い霊がとりついているなんて作り話に大金を払うヤツがいるとは、にわかに信じがたいが、「オーラの泉」を見て、〈心が洗われた〉〈優しい言葉に感動した〉〈お蔭様で救われました〉と感想を寄せる視聴者が存在するのも、また事実だ。

「世の中には、目に見えないモノを信じる人間と信じない人間がいるの。オレたちが相手にするのは、神秘の世界を信じるというより、依存しちゃってる人間だよね。そういう連中は、金を出すことで救われてるわけ」

男に、悪の手口を明かしてもらった。

全てを知り尽くしていた不倫相手をカモに

待ち合わせた東北新幹線某駅近くのファミレスに現れたのは、焼けすぎた肌に短パンとポロシャツを身につけた男だった。見た目は、裏仕事師というより街角のナンパ師。こんな軽そうな男を信用して金を吐き出す人間などいるのか。

疑念が顔に出たらしい、吉田はニヤリと笑い、口を開いた。

「順を追って話すけど、商売は2人でやってるんだ。オレはターゲットの選定と情報収集担当で、もう1人が霊媒師役だよ」

吉田がこの商売に手を染め始めたのは、04年秋ごろのこと。4年勤めた自衛隊を退官後、フランチャイズの外食店を出すも失敗に終わり、当時は借金の取り立てから恐喝まがいの示談交渉まで、金になれば何でも引き受けた。その合間にテレクラに通い、もっぱら女でストレスを晴らす毎日を送っていたという。

きっかけは、ほんの思いつきだった。自分でも霊感商法に発展するとは考えもしなかったと話す。

「ある日、テレクラで知り合った馴染みの女とラブホに行ったら、『今度、引っ越した家が古くてジメジメしてる。なんか気味が悪い』って愚痴るんだ。それ聞いて、金になるんじゃないかってピンときた。旦那は一部上場企業のエリートで、実家は信越の方の大地主だって聞いてたから、うまくすりゃ、小金にありつけるんじゃないかって」

吉田はとっさに、口からデマカセを言う。

『あの橋本龍太郎も頼りにしてたっていう有名な霊媒師の先生を知ってるから紹介してやろうか。予約がいっぱいで、なかなか視てもらえないんだけど、オレのコネでなんとかしてやるから、一度、鑑定してもらったら?』

もちろん、そんな霊媒師は実在しないしコネもない。が、その時点で5年の付き合いがあり、吉田は彼女の性格から資産、家族構成までを知り尽くしていた。女が目に見えないモノを信じやすいことを見抜いていたのだ。

どうせなら、お香も売りつけよう

吉田の読みどおり、その女、渡辺加世子(仮名)は、話に興味を示す。霊媒師の素性を尋ねることもなく、ぜひとも視てほしいと懇願してきた。

「あいつは昔、ある新興宗教団体にハマってたことがあるんだよ。旦那が浮気したとかで疑心暗鬼になってさ。夫婦仲が改善して自然に足が遠のいたっていうけど、一度でもそういう体験があると他人への依存心も強いし、霊とか祟りとか、不思議な力を信じやすいんだよね」

さっそく吉田は、仕事先で知り合ったヤミ金業者の山下（仮名）に相談を持ちかける。15歳年上で裏社会とのつながりもある山下とは馬が合い、仕事はもちろん家族ぐるみで付き合う仲だという。

「とりあえず山下さんに霊媒師をやってもらうことにしたんだ。おもしろいオッサンでさ、昔、テレクラのサクラのバイトをやってたとかで、女の声が出せるのよ。だから、五條菊水先生っていう婆さんの霊媒師に化けることにしてさ。名前は適当に、山さんがそのとき読んでた時代小説から取ったよ」

顔を合わせればボロが出るし、万一の際に足が付きかねない。そこで吉田は女に、先生は東京に住み、高齢のため直接会うのは不可能。霊視はネットで買った身元不明のプリペイド式携帯で行い、その他の相談はお付きの者がメールで解答すると説明した。

「ただ、霊視するだけじゃせいぜい取れても5万がいいとこだろ。それじゃ旨味がない。どうせなら、お香を売りつけようかって話になってさ」

最初のターゲットは、
5年間付き合った浮気相手

電話鑑定の日。山下の事務所に吉田も詰め、加世子からの電話を待った。ＢＧＭには、般若心経を流していた。

約束の時間どおりに電話が鳴り、山下の霊視が始まった。

《疑念を抱かぬよう、吉田さんからあなたのことは何も伺ってませんので、まず、お名前と生年月日を教えていただけますか》

《いやいや、あなたはご両親から愛情をかけてもらえず、非常に苦労されましたね。ええと、家族は５人。男のお子さんがひとり、女のお子さんがふたりいらっしゃいますね。…ああ、古い家にお住まいのようですね。庭に大きな木が植えてあるのが見えます》

女が名前を名乗っただけで、生い立ちや家族構成、家の様子を次から次へと言い当てていく。半信半疑だった加世子の相槌が、驚きに代わり、次第に畏敬の念が含まれ始めた。

もちろん山下に霊感などあるはずもなく、吉田が彼女から聞いたことを口にしているに過ぎない。が、効果は抜群だった。

《家相に障りがあるようですね。北から風を通しなさい。お香を授けますから、１日１回、それをお焚きなさい》

家の悩みもたちどころに解決し、鑑定料５万円にプラスして、元値９００円相当の線香に20万の値を付けた。

引っ越すまで誰も住んでなかった家だから、湿気が多いのは

和紙に自作の落款を押した
特製のお香を20万で売りつけた

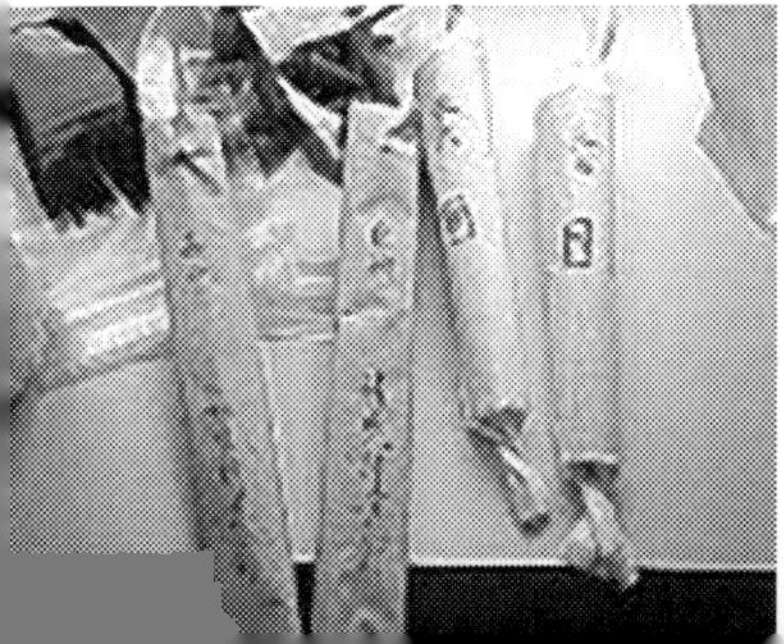

当たり前。風を通してお香を焚けば、気分が晴れるのは当然だ。こんな話に相手はポンと20万もの大金を出したのだろうか。

「二つ返事だったね。結局、前の宗教で仏壇だの何だのって買わされてるから、金を出すのに慣れてるんだよ。それにオレたちもそれなりに準備はしたしね。こっそり新居を見に行ったり、百均で買ったお香を、東急ハンズのキットで自作した落款を押した和紙に包んだりさ」

不登校の次女が電話口で泣き出した

すっかり五條菊水先生を信じた様子の加世子を見て、吉田はまだまだ引っ張れると確信する。そして、以前、次女が不登校で困ってると漏らしたのを思い出し、山下から電話をかけさせた。

《今晩は。突然で驚いたかもしれないね。おなたがお子さんのことで悩んでるのが見えたんですよ。私が話してあげますから、その子を電話口にお呼びなさい》

思いもかけぬ電話に驚き、それでも彼女は山下の言うがまま、次女に携帯を持たせた。

《私のところに、あなたが悩んでる思念が伝わってきましたよ。小学5年のときに大事な友達とケンカして、それがわだかまりになって学校へ行けなくなっちゃったんだね。可哀想に。だけどね、あなたは短気なところもあるけど、本当はすごく優しい子なの。亡くなったおばあちゃんがあなたのことを心配していますよ。学校に行けるように念を送りますから頑張るんですよ》

父方のお婆ちゃん子だったという次女は携帯を握りしめたまま泣き出した。山下が大好きなお婆ちゃんとダブったのか、翌日から学校に通い始めたらしい。

「山下が言ったのは全部、加世子がベッドの中でオレに話したことばかりなんだ。もともと頭のいい子らしいし、学校に行くきっかけが欲しかったときだったんじゃないの。単にタイミングが合っただけでさ」

この一件で、加世子ばかりでなく、家族一同がインチキ霊媒師を信じ込む。中でも子煩悩の旦那はよほど感動したのか、山下を先生と呼び出したほど。

まもなく、旦那から祈祷の依頼が持ち込まれる。ヘッドハンティングの話に乗るべきか断るべきかを見てほしいというのだ。

「もちろん引き受けたよ。携帯の前で正座させて、香を焚かせて、うんちゃらかんちゃら適当な経文を読んで《その話を受けなさい》って。で、祈禱料として300万円いただいた」

霊媒師に自分の人生を任せる方もどうかと思うが、うんちゃらかんちゃらで他人の人生を左右することに怖さはないのだろうか。

「そんなの知ったこっちゃない。それより、転職先で失敗したら、今度は『強力な悪霊が憑いてます』って浄霊代を

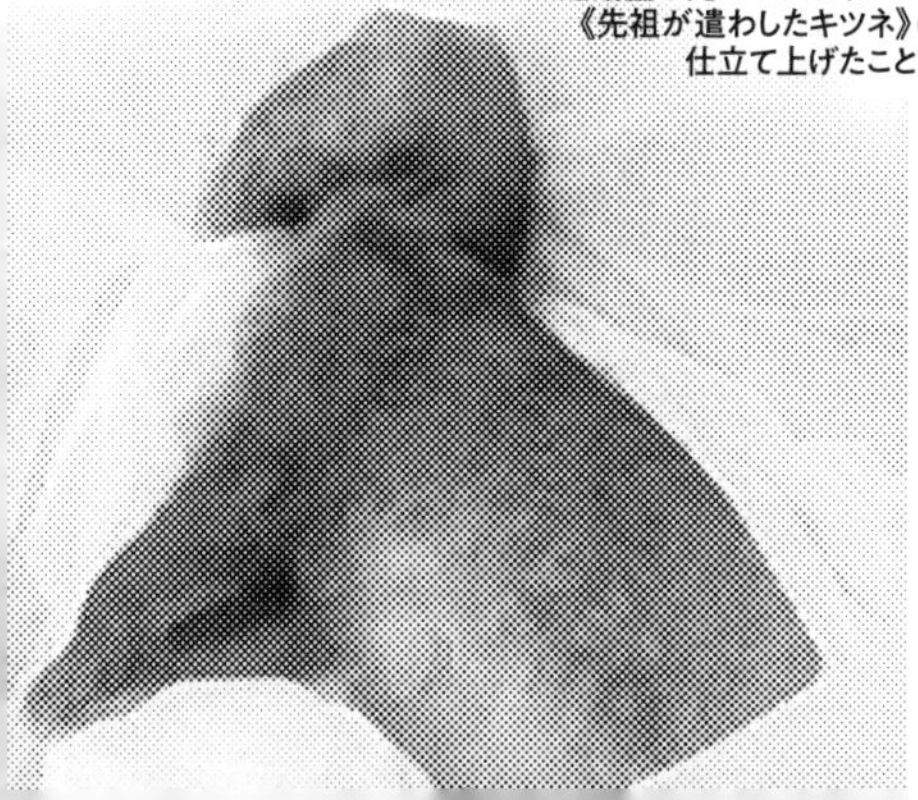

道路脇で死んでいたイタチを《先祖が遣わしたキツネ》に仕立て上げたことも

ふんだくるつもりだったのに、あの旦那、運が強くてさ。新しい会社で売り上げ伸ばしたとかで追加で50万のお布施をもらったよ。あれにはビックリしたね」

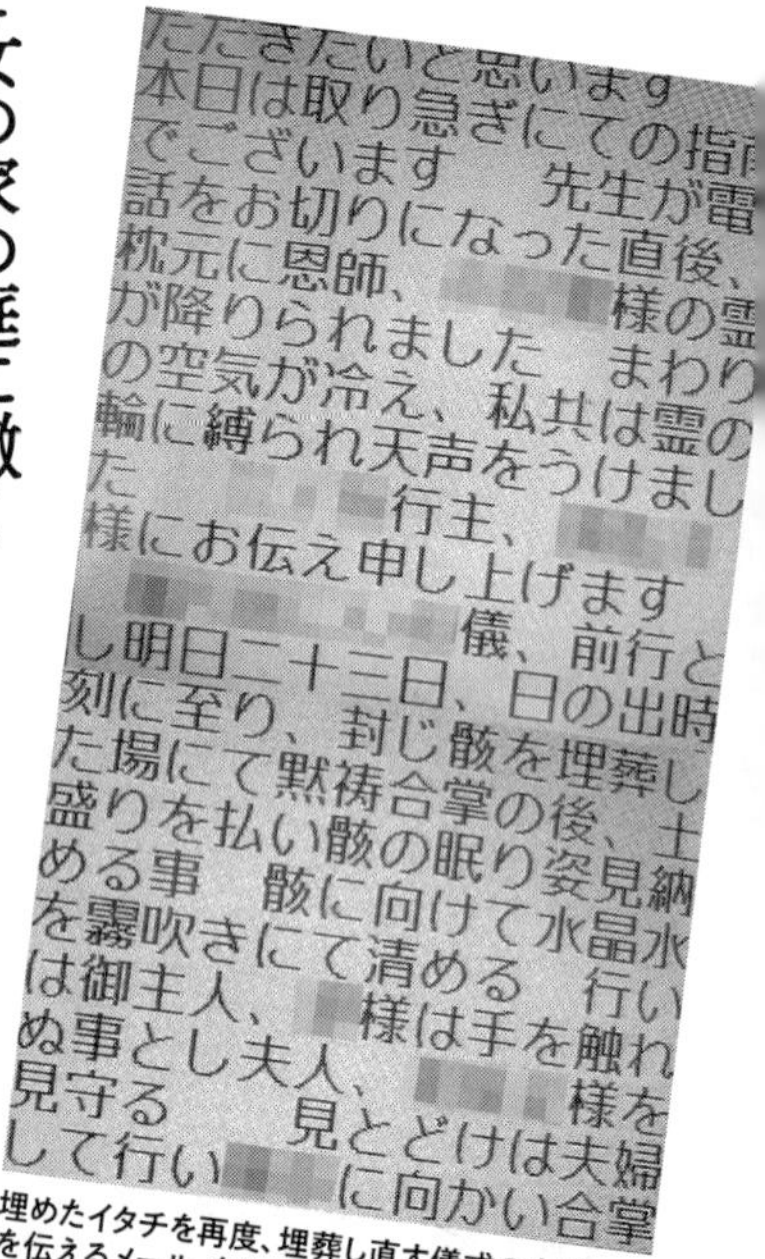
ただきたいと思います
本日は取り急ぎにての指南
でございます　先生が電
話をお切りになった直後、
枕元に恩師、[redacted]様の霊
が降りられました　まわり
の空気が冷え、私共は霊の
輪に縛られ天声をうけまし
た　[redacted]
[redacted]行主、[redacted]
様にお伝え申し上げます
[redacted]儀、前行と
し明日二十三日、日の出時
刻に至り、封じ骸を埋葬し
た場にて黙祷合掌の後、土
盛りを払い骸の眠り姿見納
める事　骸に向けて水晶水
を霧吹きにて清める　行い
は御主人、[redacted]様は手を触れ
ぬ事とし夫人、[redacted]様を
見守る　見とどけは夫婦
して行い[redacted]に向かい合掌

埋めたイタチを再度、埋葬し直す儀式の方法を伝えるメール。もちろんデッチアゲだ

潰した豚のレバーを女の家の庭に撒く

ますます篤くなる一家の信心を見てるうち、吉田らはさらに欲をかき、リサイクルショップで購入した念珠や観音像を高価で売りつけることを企む。

それなりの口実も用意した。霊媒師を装った山下に《禍々しきもの、近づいてくる気配あり》と、予言メールを送らせ、加世子の家の庭に豚のレバーを撒いたのだ。

「足で踏みつぶして、臭いをしみ込ませるようにしてさ。生肉だろ、そりゃ、すごい悪臭が出て効果バツグンだよ」

《菊水先生、庭に異臭が漂ってるんです。あれが先生のおっしゃってた禍々しきものでしょうか》

異変に気づいた加世子がさっそく電話で不安を訴えてきたのをこれ幸いと《家族全員、念珠を身につけなさい》と提案、1つ200円の念珠を5個宅配便で送りつけ、120万を巻き上げた。

「オレは関与してないことになってるから、これまでどおり加世子と会っても、極力、霊媒師の話題は持ち出さないようにしてたんだ。でも、さすがにそのときはバカ高いモノ売りつけられたとか愚痴が出るかと覚悟してたのに、あの人は本当に凄い先生だねって。完全に信じ切ってたね」

次に吉田たちは、加世子の家と信越の旧家である旦那の実家とに、同時にレバーを撒くことを思いつく。山下に予告メールを送らせ、吉田は信越へ。あらかじめ用意したミンチ状のレバーを、山下と連絡を取り合い丑の刻（午前3時）に、せーので庭に投げ込んだ。

「その日のうちに加世子が震えた声で相談の電話をしてきたよ。このときは、元値3千円の三面観音像を300万円で売りつけてやったよ」

2年間で3千万を搾り取った

吉田は、どうすれば加世子の不安感をあおることができるか、常に頭をめぐらせていたという。不安は金に化けるからだ。

「ドライブ中、偶然、イタチの死体を見つけたときは小躍りしたよ、いい小道具だって。さっそく山下に《禍々しき事の前兆あり》ってメール打たせて、加世子の家の庭にイタチを投げ込んだ」

パニクって電話をかけてきた加世子に、イタチを庭に埋めることを指示。さらに頃合いを見て、浄霊のため儀式に乗っ取り埋葬し直すよう命じた。

「普通の人はイタチなんて見たことないから、《先祖からの使者であるキツネの亡骸》ってことにしてさ、塩を盛って庭の北西の角に埋めろとか、いろいろそれらしいことさせたわけ。ほら、これがそのあと菊水先生宛に届いたお礼のメールだよ」

これで浄霊料として500万円を請求。すっかりマインドコントロールされた加世子一家は、せっせと金を吐き出し続ける。

「といっても、もうあいつの家には金がない。2年で3千万近く引っ張ったからね。だから今度、加世子に会ったとき、善意の第三者を装って、オレからも、旦那の実家にカネを無心してくるよう言いくるめなきゃなんないんだよ。

オレ、よくわかんないけど浄霊料を支払わなきゃバチが当たるんじゃないの、なんて脅してさ。セックスで満足もさせてあげなきゃならないし、けっこう大変だよ」

こんな悪い男に引っかかったのが運の尽きか。せめて彼女が一刻も早く目を覚ますことを祈らずにはいられない。

《夫婦は互いに助け合うべし。ときには自ら泥にまみえ…》

霊感商法に味を占めた吉田らは、加世子以外のターゲットも探し始めた。

「もちろん、誰でもいいというわけじゃない。この詐欺が成功するかどうかは、騙す相手の情報をどれだけ収集できるかにかかっているのよ。だから、見ず知らずの相手じゃダメなんだ」

吉田は特技を生かし、出会い系サイトでカモを物色することにした。人妻に狙いを付け、アポったらさりげなく生い立ちや悩み、懐具合を探っていく。中でも一番大事な点は、霊媒師を信じそうかどうかの見極めだ。

「出会い系サイト使って浮気してる時点で、今の生活に不満や悩みを持ってるってことだろ。だから2、3度会って、イケそうなヤツと思ったらポロっと『知り合いに霊媒師がいる』みたいなこと言ってみるわけ。で、乗ってきたらこっちのもの」

家相を見てほしい、金運がアップする祈祷をしてほしいなど、たわいもない依頼がほとんどだ。山下は、霊媒師関連のDVDや本をマネて《家の四隅に盛り塩を配し、この祈祷文を唱えなさい》などと指示。祈祷料として5万を頂く。

たいていはそれで終わりだが、ときには祈祷した途端、家族の病気が治ったり、子供が大学に受かったりというタイミングにぶつかることもある。と、一気に信頼度はアップ。加世子のときと同様、吉田が探り出した情報を元に、物品を売りつける。

「念珠なんか、いくつ売ったかわからないよ。値段は相手の懐具合を見て決めるから、下は1万から最高で30万かな。中には、季節ごとの祈祷を頼んでくる几帳面なヤツもいるしね。ただ、金持ちばかりじゃないわけよ。旦那がリストラに遭って生活費にも事欠くような女もいる。そういうのは、別の使い道があるんだ」

まずは山下が《夫婦は互いに助け合うべし。ときには自ら泥にまみえるもよし》の返答を出す。

次に吉田がフリーのケータイアドレスから、人妻専門風俗の求人メールを女に送りつける。霊媒師の話を聞いたばかりの女は、夫を助ける方法はコレだとばかり飛びつく。

「といっても、試したのが5人で成功したのは3人だけどな。もともと出会い系で知り合った男と簡単にやる女なんだから、エッチして金になるならラッキーぐらいの感覚なんじゃないの」

吉田が送りつけるメールの風俗店とは話がついており、女性が働くことになればバックマージンが入るのだという。

50万を払えば、2年間浄霊指南のメールが届く

女だけではなく、ときには男を引っかけるケースもある。かつての仕事先で知り合った、雑貨販売会社の二代目社長が格好のカモだった。

「いまだにバブルの頃の生活が忘れられなくて夢ばかり追いかけてるバカ男でさ、じゃあオレたちが悪夢を見せてあげましょうと」

親の資産を元に、いくつかの事業を手がけは失敗してきた二代目社長は、おいしい話に目がない。そこで吉田が、霊媒師の言うとおりにしたら仕事運が付いたと吹聴し、社長の気を引いた。

「紹介してくれって向こうから言わせて、菊水先生の番号を教えたよ。当然、山下には社長の情報を教えてあるから、家族構成も事業のことも知ってる。それをいちいち言われてマジで驚いてんの」

簡単に霊媒師のペースにハマった社長は、必死の形相で仕事運を尋ねる。が、返ってきたのは不吉な答えだ。

《いまは仕事の展開を考えるときではありません。あなたに禍々しきモノが近づく気配があります。肝に銘じよ》

と、翌日、社長の住む自宅マンションのベランダに、カラスの死体が…。

「屋上から紐に付けてヤツの部屋のベランダにカラスを降ろしたんだ。ヒモを引きあげれば証拠は残らないしさ」

さらに用事を作って社長宅に出向き、隙をみて排水溝に新聞を詰め込む。悪臭を漂わせるためだ。予言どおり、次から次へとおかしな出来事が起こり、ほどなく社長は霊媒師を頼ってきた。その先は、祈禱料に物品、浄霊代と、あるだけむしり取るだけだ。

「なんやかんやと1千万近く引っ張ったよ。いろんな金融会社から借りたみたいで、さすがにこれ以上は無理だろうな。円満に縁を切ろうと思って山下に《5の月に大きな試練あり》って予言させたら、何を勘違いしたのか夜逃げしちゃってさ」

いまもその社長の行方は不明だという。

最近、吉田は、ナンパした女たちを中心にメールによる浄霊指南を始めたそうだ。

「50万払えば、2年間、菊水先生から指導メールが届くってわけ。《邸宅内には右足から入るべし》とか《朝の陽の光をとり入れるべし》なんて、どうでもいいようなものなんだけど女はそういう

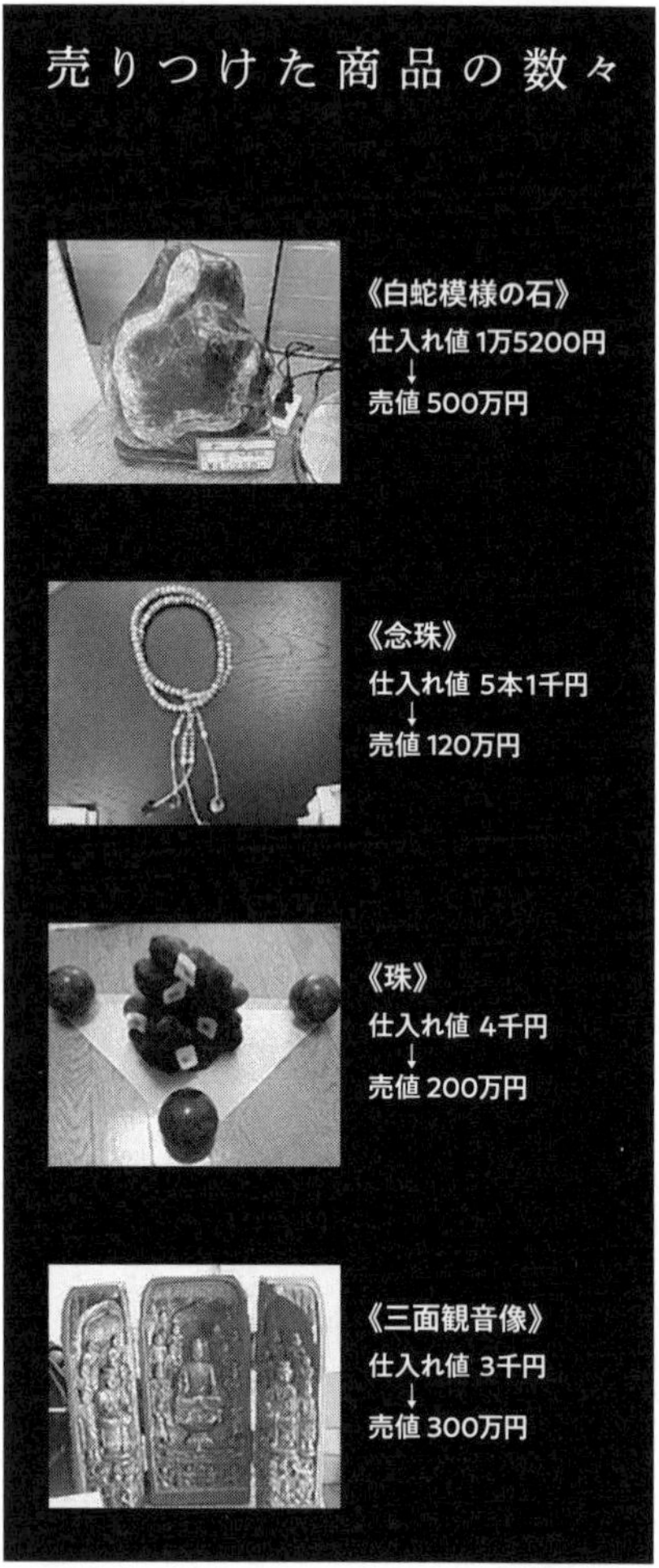

の好きだろ。意外に評判良くてさ。こんな商売ができるのも『オーラの泉』が霊媒師の市民権を獲得してくれたお蔭だよな」

裏側を知ってしまえば、これほどバカげた話もない。が、何も知らずに信じ、心の安静を保つ人間にとっては有り難いものなのかもしれない。

人に弱さがある限り、そこにつけ込む霊感商法が廃れることはないだろう。

平成の裏仕事師列伝

インチキ霊媒師 それから

1千万で仲がよくなった若夫婦にとってインチキ霊媒師は人生の恩人か？

取材＋文＝秋島ユタカ
フリーライター

インチキ霊媒が何年も続けられるほど世の中は甘くない。すでに廃業していても不思議ではないと吉田の携帯番号をプッシュすると、意外や元気な声が返ってきた。

「六條菊水先生は今も頑張って稼いでるよ。えっ、六條じゃなくて五條だった？　まぁそんな細かいことはいいからさ」

1年ぶりに会った吉田は、さらに日に焼けた顔をほころばせる。金持ちのカモを引っかける手段として、最近ゴルフを始めたのだという。

「昨日も校外のゴルフ場に行ってきたよ。平日の昼間だってのに、うじゃうじゃいるんだよ、セレブ気取りの主婦たちがさ」

レストハウスに陣取った吉田は、女だけのグループを見つけるや声をかける。

『よかったら一緒に回ってもらえませんか？』

メンバーが集まらなかった、急に時間ができた等々、口実は何でもいい。ブランド品を身につけた物腰の優しい男に誘われて、断る女たちはそういないとか。

「昼間からゴルフ場で主婦連中をナンパする男なんて、冷静に考えたら怪しいに決まってる。けど、ハンディはシングルだし、それなりに場を盛り上げもするから、オレって年増女には好かれるのよ。するとさ、中には色目使ってくるのもいるんだ」

昨日は、美容室のオーナーと常連さんのパーティに混ぜてもらったという吉田。何でも、美容室のオーナー女性がフォームを教わるフリして胸を押しつけてきたのだそうだ。

しかし、会話の流れからして女性オーナーが霊媒師にハマる性格じゃないと判断した吉田は、彼女をカモに仕立てるのをあっさり断念する。無茶をして怪しまれたら元も子もない。

「ゴルフって18ホール回るのに3、4時間かかるだろ。そんだけ一緒にいれば大ざっぱな性格や個人情報もわかるのよ。でもまあエステだなんだで手入れしてるから見た目若いし、楽しむ相手としてはちょうどいい。菊水先生には悪いけどな（笑）」

鋭い目つきの吉田だが、笑うとえくぼの浮かぶ優しい雰囲気に一変する。このギャップが女性たちの気を引くのかも知れない。悪いことを散々聞かされているのに、さほど吉田が悪く思えないのは持って生まれた性分だろう。

そういえば、5年間付き合ってたというセフレの加世子さん一家はどうなったのか？

「ああ、あんときの祈禱料もキッチリ払ってもらったし、いまだに加世子一家は金づるだよ。っていうか、いまは加世子より旦那が菊水先生にハマっちゃってさ」

ヘッドハンティングの際、インチキ霊媒師に相談してうまくいったのが運の尽き。何かというと、まずは菊水先生こと山下にお伺いを立てる様になったらしい。

「笑っちゃうのは、新しい事業所を任された旦那が、今後の展開をどうすればいいでしょうって相談してきたときだよ。そんなことを霊媒師に聞く支所長もどうかと思うけど、聞かれた先生もビックリだよな」

機転を利かせた山下は、とっさに《東方の大陸に光明が射しています》と答えたそうだ。直前に、08年の北京オリンピック関連番組を見ていたためだが、それがドンピシャ。支社を挙げ中国への営業を強化した途端、うなぎ上りで受注が増えたのだという。

「単にタイミングの問題なんだろうけど、それでまた旦那が感激しちゃって、ポンと200万出して永代祈禱を頼んできてんの」

旦那さんの稼ぎがよくなったことで、再び吉田たちは加世子一家からむしり取ることを画策しているらしい。とりあえず、いまだに続く加世子との情事で、娘が留学したいと希望しているのを聞きつけた吉田。次なる一手は、「時期を見計らって菊水先生からメールさせようと思って。《予兆あり。大きく羽ばたかせるには娘さんを狭い日本に閉じこめておくべきではない》とかな」

相変わらずな吉田と山下のインチキ振りだが、今年に入り、加

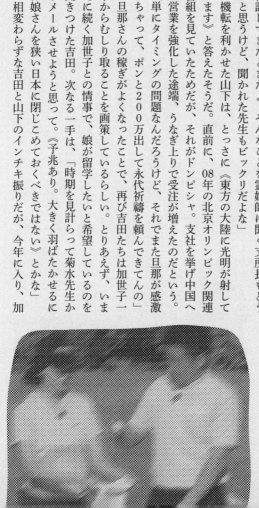

世子一家より強力なカモが出現したらしい。ゴルフ場で捕まえた在日韓国人の若奥さんだ。

「ユン・ソナみたいな美人で、どんなに口説いても身持ちは堅いんだ。なのに、知り合いに有名な霊媒師がいるって言ったらゼヒとも紹介してくれってせがむんだ。あっちの人は信心深いから目に見えないモノを信じやすいのかね」

それまでの話で、その若妻が、日本人の実業家と結婚したのに子供ができずに悩んでるのがわかっていた吉田は、菊水先生の連絡先を教える。

さっそく連絡した若妻が日本名と生年月日を口にすると、先生はしばし沈黙の後、絞り出すような声で答えた。

《あなたの先祖代々の方々は、幾度もの戦を体験されておられますね。大変過酷な時代を過ごされてきた方々のようにお見受けしました。おおー……。あなたの周囲にご先祖様方が昔に殺めた人たちの思念を感じます。彼らの思いが子孫繁栄を妨げているのです》

朝鮮半島は太古の大昔から民族同士での争いや、外からの侵略に耐えてきた。長年鎖国していた日本に比べれば、過酷な歴史を背負っている。

歴史好きな山下ならではの回答だったが、これが若奥さんの琴線に触れたらしい。電話口で号泣したそうだ。

「最初にいた友だち連中ってのが、『この人、旦那ともギスギスしてセックスレスなのよ』なんて言い出す始末でさ。でも、それだけお膳立てが揃えば十分だろ。見事にハマってくれたよ」

《霊を清め、鎮めなければ子宝に恵まれないでしょう》と、電話口で適当な祈禱の言葉を並べまくって200万円ふんだくったのをきっかけに、線香だ念珠だ、滅多に出ない有り難い観音様だと金を引っ張った。

挙げ句、いまは《上弦の三日月の夜に旦那さんと契りを交わしなさい。あなたと旦那さんの霊の位は、あなたの方が上位なのであなたが上になって責めなさい》などと、メールでセックス指南まで始めたそうだ。

「ありえない？　まあ、普通はな。けど、いったん信じ込むと周りが見えなくなるんだよ。その奥さんだっていままでそんな形でしたことはなかったので主人も驚いたようですが、満足してくれたみたいです。どうもありがとうございますなんてお礼のメールをよこしたからね」

吉田らの指南で仲がよくなった夫婦は、その後もインチキ霊媒師の発言を鵜呑みにする。

「あんまり素直に言うことを聞くもんだから、山下のヤツも調子に乗って《月のものに構わず本日丑三つ時に契りなさい》とか《本日は野外での交わりに光明の兆し》なんてメールをせっせと送ってるらしくてさ。週に4日も5日もセックスしてりゃ、そのうち妊娠するんじゃないの。となれば謝礼は相当期待できるよ」

自分で事業方針を決断できない経営者も、仲が壊れそうだった若夫婦も、菊水先生を恩人と思い込んで騙されてるとは微塵も思っていない。

お金の価値は人それぞれ。金で悩みが解決するなら、彼らの存在もまた必要悪なのだろうか。

平成の裏仕事師列伝……05

トランジット密航ブローカー

200万で日本へ出稼ぎに行かないか。住む場所も仕事も紹介するぜ

取材＋文＝北野ナツヲ
フリーライター

月刊「裏モノJAPAN」06年1月号

まずは左ページの新聞記事を見てほしい。要約すれば、05年11月初旬、日本の『寄港地上陸許可制度』を悪用し、自国から百人以上を密入国させていたインド人ブローカーが摘発されたというものだ。『寄港地上陸許可制度』とは聞き慣れない言葉だが、日本で航空機や船を乗り継ぐ（トランジット）旅行者に、72時間以内に限って空港内から出るのを許可するシステムである。せっかく日本に来たなら、ついでに観光やショッピングを楽しんでもらおうと考えた政府は、ビザなしでも外出ＯＫと、積極的にアピールしていたようだ。

簡単な審査で入国できることに目を付けた容疑者は、５年の間に１００人以上ものインド人を手引きし、２億円以上を荒稼ぎしていたのだという。

新聞には『密航者からの手数料として2億円を稼いでいた』
なんて書いてあっただろ。
あんなのはウソっぱちだよ。

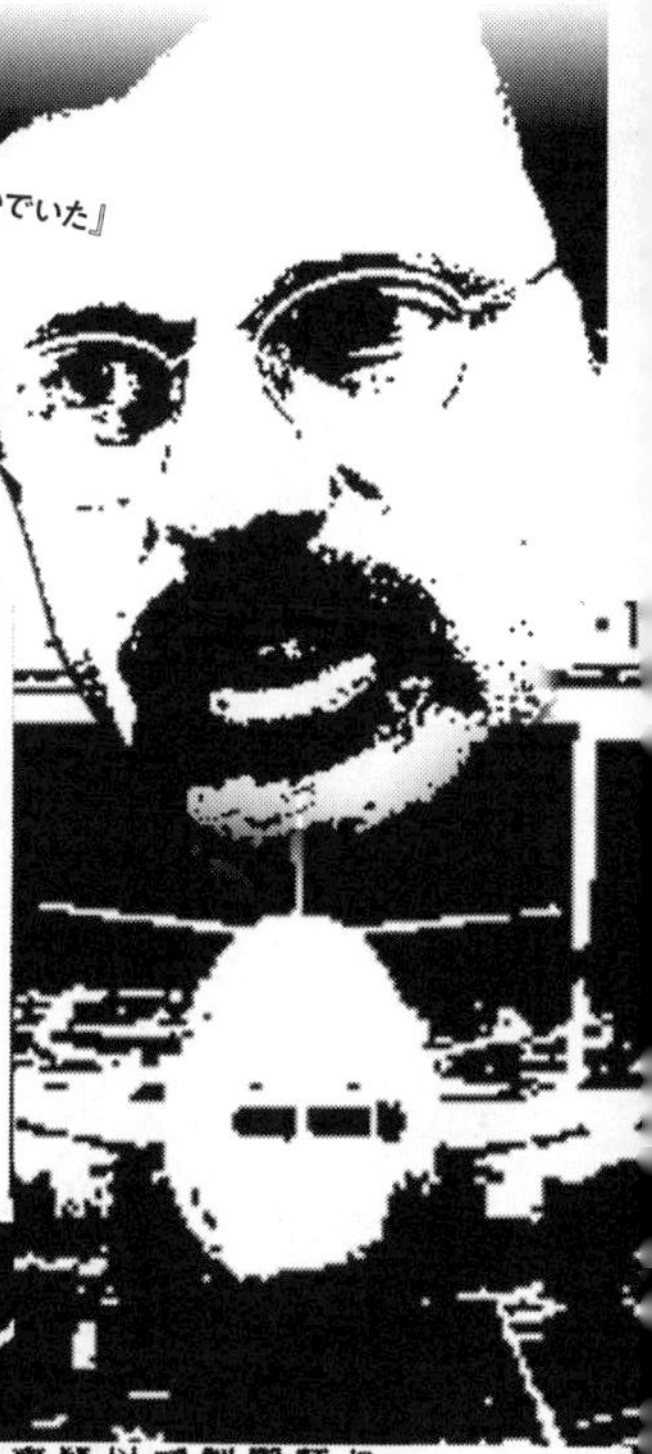

乗り継ぎ悪用、密入国
インド人100人手引き
容疑の男逮捕へ

旅行中に日本を経由する外国人に72時間に限りビザなしで上陸を認める「寄港地上陸許可」制度を悪用し100人に上るインド人を不法に日本に入国させ、数千万円の報酬を得ていた疑いがあるとして、栃木県警など捜査当局は、栃木県上三川町上三川、無職サトパル・シング容疑者(43)を出入国管理法違反(営利目的の集団密航助長)の疑いで逮捕する方針を固めた。

役、日本の受け入れ役などと10人前後のグループで、密航者らが成田空港から日本に入国する際に手引きを繰り返し、報酬を得てきた疑いがもたれている。密航者らは、日本で乗り継ぐ旅行者を装って入国審査をかいくぐり、その後、栃木県内などに滞在し、働いていたという。

2人以上の集団密航者を営利目的で不正に上陸させた場合、1年以上10

栃木県警は東京入国管理局と合同で9月、同県内の工場で工員として働きながら不法に滞在していたとしてインド人ら28人を摘発。その後、シング容疑者を不法就労助長と不法入国幇助の疑いで逮捕した。その捜査の過程で、シング容疑者が多くのインド人を不法に入国させていた疑いが浮
った。

「寄港地上陸許可」は、旅行者に便宜を図る

行者に、72時間に限って空港や港の外に外出することを認めている。そもそもは買い物や休息などが想定されていたが、「ビザなしで手軽に入国でき、3日間の観光を楽しめる制度」としても利用されている。

寄港地上陸制度 「ビザ不要」の裏つく

法務省入国管理局によると、04年に「寄港地上陸」の許可を受けたのは

を確認して許可する。ビザの取得は義務づけられていない。空港や港があ

ある都内まで広げられることもあるという。

政府は2010年までに、年間の外国人旅行者を1千万人以上に倍増させる「観光立国」を掲げている。今回の事件は寄港地上陸制度を悪用された形だが、「手軽な観光」

に役立っている制
あるため、法務省
ザ取得を義務づけ
に慎重な意見もあ

一方、同省は03
万人いた不法滞在

乗り継ぎ悪用、100人密入国
インド人ブローカー逮捕

日本の空港で国際便を乗り継ぐ際、外国人にビザ(査証)なしで最長72時間の入国を許可する「寄港地上陸」制度を悪用し、インド人のブローカーの男が100人以上を不法入国させていた疑いのあることが6日、東京入国管理局と栃木県警などの調べでわかった。県警は、男が1億円を超える報酬を得ていたとみて、入管難民法違反(営利目的の集団密航助長)の疑いで捜査している。

男は、同県上三川町、サトパル・シン容疑者(43)。同県警などの合同摘発で、9月27日に同法違反(不法残留ほう助)容疑で逮捕され、10月18日には同法(不法就労助長)容疑で再逮捕された。

調べによると、シン容疑者は2000年6月〜8月ごろ、成田空港からインド人ら5〜150人前後を入国させようとし、1人以上を不法入国させた疑い。1人につき100万〜200万円の成功報酬を受け取ったとみられる。

インドと北京、香港、バンコクなどを往復する航空チケット、パスポートを用意し、複数の経由地とした成田で密入国を図るケースが多かった。

「いや、捕まった男は単なる使いっ走り。切り落とされたトカゲのシッポだ。本体に影響はない」

目の前に座る、強面の40代前半と思しき男が言い放つ。

自称某指定暴力団の幹部で、今回捕まった容疑者を雇っていたという人物だ。

男によると、トランジット密航は単独犯ではなく、世界中のマフィアとネットワークを組んだ組織的犯罪という。

知られざる密航ブローカーの実態とは?

平均的なインド人の200年分の年収

新聞には『密航者からの手数料として2億円を稼いでいた』なんて書いてあっただろ。あんなのはウソっぱちだよ。

確かに、ヤツが密入国させた人間たちから2億円以上の金が動いてるけど、ヤツの懐に入ったのはせいぜい2割じゃねぇか。まあ、それでも平均的なインド人の200年分ぐらいの年収だけどな。ニュースを見て驚いたのは、半年も内偵されてたってことだよ。うちらが知ったのは2カ月ぐらい前かな。ヤツが密航者を働かせてた工場長のとこへ、刑事が聞き込みに来たらしいんだ。だから用心して、ヤツに成田のアジトを引き払わせたのに、茨城や栃木の新しい根城に刑事が来たみたいでさ。

まあ、オレたちは本名も使わないし、トバシの携帯番号しか教えてないからヤツが知ってることは少ない。うちらにたどり着くのはまず無理だろうな。

他に使ってるインド人もいるし、パキスタンにブラジルにロシアに中国。ルートはいくらでもある。うちらとしてはヤツに振り込ませてた口座、もちろん架空口座だけど、それを1つ潰せばいいだけの話なんだ。

あいつの下には、いま23人いて、月100万からの金が入ってきたけど、まあ、仕方ない。ああ、いきなりそんなこと言ってもわからねぇか。最初から話さないとな。

そもそもトランジットを利用する密航法を考え出したのは在日の中国人なんだ。『寄港地上陸許可制度』が出来たのが97年だから、その直後ぐらい。当時は中国マフィアが日本に進出し始めたころで、いくらでも人手が必要だった。

で、そのうち仲間割れが起こった。最終的に日本の某組織に属してる華僑が、その中国人の両腕を切り落としちゃってね。しばらくそいつがやってたけど、帰国することになったんでうちの組織が受け継いだわけ。オレがタッチし始めたのは5年前からだ。

娘を金持ちに売り密航費用を捻り出す

手口は笑うほど簡単だぜ。例えばインドなら、まず、現地の窓口係が密航者を勧誘する。「200万で日本へ出稼ぎに行かないか。住む場所も仕事も紹介するぜ」って。希望者はいくらでも集まるよ。

インドって、今は世界的にＩＴ業界に強いってイメージがあるだろ。正規に日本に住んでるインド人ＩＴ技術者は１千人を超えてるって言うしな。けど、実態は、アメリカと12時間の時差があるのを利用して下請けを任されてるだけなんだ。実質的な公用語は英語だし、発注したらアメリカが夜の間に仕上がるからな。

それになんたって賃金が安い、ニューリッチとか呼ばれるＩＴ技術者で月収２、３万。普通のサラリーマンは２、３千円だぜ。中国の半分で済む。

おまけに世界で一番失業率が高いから、日本がいくら不景気って言ってもレベルが全然違うんだ。けど、出稼ぎに行こうと思っても、日本政府はアジア人の入国に関して厳しいから正攻法じゃビザは出ない。うちらに頼るしかないワケだよ。

金？　ああ、日本で稼ぎながら返してもらえればいいから半分でいいって説明すると、必死こいて集めてくるよ。親戚から借りまくって、兄弟を丁稚奉公に出して、中には人身売買じゃないけど娘を金持ちのところに預けたりしてさ。

で、人数が10人ぐらい揃ったら観光ツアーを装って、出発だよ。現地の人間が添乗員役で、最初はタイに２泊、中国にも何日か滞在して、いよいよ日本に来る。

成田空港の入管にはトランジットを利用して２日間日本観光をしたいって申請するんだ。『インド→タイ→中国→日本→インド』なんて旅行スケジュールと帰りのチケットを出してな。するとさ、入国審査よりチェックが全然ユルいわけ。普通ならパスポートをパソコンで確認するはずなのに目認なんだ。

あとは、出迎え役がトラックに詰め込んで茨城や栃木の工場に押し込んじまう。新聞には主犯格みたいに書かれてたけど、ヤツも元々は密航者だよ。現場を仕切るのは同胞の方がスムーズにいくから手伝わせてたんだけど、意外に使えてさ。インドは金次第でいくらでも融通が利くってんで、パスポートを3つ作って、名前を使い分けてたな。

入国させた外人は北関東の工業団地に

これまでにも日本への集団密航はしばしばニュースとなってきた。昭和の時代は、海外渡航規制のあった韓国人が、平成以降は中国やベトナムから難民船（ボートピープル）で乗り付ける方法がポピュラーだった。

が、90年代に入り、我が国のスクリーニング制度（難民性の審査）が廃止されたため、武器やドラッグの密輸と同様、コンテナに密航者を詰め込んで密入国する手口が編み出される。

「以前は、『密航＝船』というイメージがあったから、港で上陸許可をもらうのに比べて空港はラクショーだったわけ」

05年に開催された愛知万博で来日した外国人が33人行方不明となったニュースを覚えているだろうか。

インドネシア人のダンサー20人を筆頭に、セネガル、インド、スリランカ、パキスタン人などが特定ビザで入国したが、依然行方をくらましたままだ。

日本人が認識しているか否かにかかわらず、いまだこの国は世界的には稼げる場所であるらしい。

連れてきた連中は茨城とか栃木の工業団地があるだろ。その周辺の下請け工場へ世話してやる。4畳半に2段ベッドを2つ入れたタコ部屋が基本だけど、住むとこも用意してね。大手企業は、賃金の安い中国に工場を移転できるけど、中小はそうもいかない。おまけに、日本人は3Kだなんて言って工場仕事を敬遠するから、人手がなくて困ってるわけ。水銀を使うメッキ工場に始まって、印刷やら食品加工、コンビニの弁当工場とかさ。景気悪くて金にならないから夜勤は特にだ。

それに家屋の解体な。ホコリが立たないよう水をぶっかけて、ユンボでバーンと壊して、あとは廃材をトラックで運ぶ仕事なんだけど、ああいうのも日本人はやりたがらない。たいして技術もいらないし、言葉が通じなくてもいいから低賃金の外国人は大歓迎なんだよ。問題は金だ。例えば茨城県は、最低賃金が時給700円くらいとかって決まってるから、10時間働いて7千円とする。と、まずそこから借金の返済分を引く。100万の元金に同じ額の利息をのせるから、本人の取り分は日に3500円ぐらいだ。

安すぎると思うだろ。けど、国じゃ月に2千円しか稼げない連中なんだぜ。日に3500円なら月にすりゃ9万だ。家賃はいらないから2万で自炊して、7万を地下銀行で送金したとすると、2年足らずでうちへの支払いが終わる。それだけじゃなく、本国での借りを返して、かつ何十万かの貯金もできるんだよ。

半数以上は、もっと稼ぎたいってそのまま残るね。うちらは鬼じゃないから、回収できれば賃金はそっくり渡すし、他に行きたきゃ行ってもいい。帰るのも本人の自由だよ。不法滞在してましたって入管に申し出れば強制送還されちまうから金もかからないからな。どうだい、こんないい話、ないだろ?

ただ、途中で逃げたらタダじゃ済まない。本人を探すのは面倒だから、同室の連中から取り立てる。最初に「誰か逃げたら連帯責任だぞ」って釘を刺しといて、残ったヤツらに残債分を上乗せするんだ。お蔭でうちらが取りっぱぐれたってケースはないな。

平気でウソをつく女、真面目に働く男

日本での不法就労者といえば、これまでは東南アジアの女性がメインと思われてきた。が、意外や組織が手引きするのは男性ばかりだという。

実は今年（06年）8月にフィリピンのダンサー6人を入れようとして失敗したんだ。トランジットはパスポートと航空チケットを目で確認するだけのはずなのに、なぜか個室に連れて行かれたヤツがいたんだ。

警察が今回の件を内偵してたから審査が厳しくなってたのもあるんだろうけど、その女、以前、日本で強制送還になったグループにいたのを黙ってたわけ。問いつめても、自分は関係ないって

言い張ったらしいよ。

確かに、ニーズは高いけど、女はリスクが大きいんだ。スレてるのが多くて平気でウソをつく。そのくせ仕事先でペチャクチャ喋るし、捕まれば口を割る。まるっきりいいことない。

その点、男は国で家族が待ってるだろ。真面目なんだよ。そりゃ中には、誘惑に負けちまうのもいるにはいるが、女に比べりゃトラブルも少ない。額は小さくなっても、うちらは継続的に回収できればいいの。一昨年ぐらいから男メインだよ。

そういえば去年の暮れだかに、茨城でインド人グループの諍いで人が殺される事件があったんだ。その中に、例の捕まった男が連れてきたインド人がいたとか言ってたな。

それが内偵のとっかかりになった可能性もあるし、誰かがチクったのかもしれんしな。恐らく現場じゃいろいろあるんじゃないの。ヤツは同胞をネタに金儲けしてたわけだし、それを逆恨みした人間がいたとしてもおかしくない。

まあ、うちらは連中の内輪もめにクビを突っ込まない主義だから知らないけどな。

入国するのは成田とは限らない

法務省入管管理局の調べによると、05年の不法残留者は4万1175人にも上るという。そのうち注目すべきは『不法上陸』で、04年の700人台から992人に急増している。

しかもこれは、事件として発覚した数字でしかない。潜在的事案を加えれば、いったいどれほ

どの人数がトランジットで密入国しているというのだろう。

本当は『寄港地上陸許可制度』を利用して密航するのは、一般人が知らないだけで新しい方法じゃないんだ。当然、入管だって手口はわかってる。でも、自分たちが作った制度なんだし、こんなに逃げられてますなんて発表できずにいたわけだ。

だって、うちらで入れたの去年だけで100人以上はいるし、この5年間で数えたらどうだろ。500や600じゃきかないんじゃないかな。

いまは、ヤツが捕まったからインド人ルートがピックアップされて、成田空港がどうのって言われるだけで、他にも色んな国のルートがあるんだ。現地の窓口と現場のしきりに同胞の人間を使うのは同じでも、入国するのは成田とは限らないし。

ま、オレらは金だけ回収して、いちいち現場には顔を出さないからどんな人間が関わってんのか知らんけどな。ヤツは例外で、長かったから何度か会ったことある。それ以外はいいとこチラ見したことがあるぐらいだよ。

偽名を使ってトバシ携帯で連絡が付けば仕事はできる。キッチリ指定した口座に金を振り込んでくれればそれで十分だろ。会いでもすりゃ、メンが割れてヤバイだけだからな。

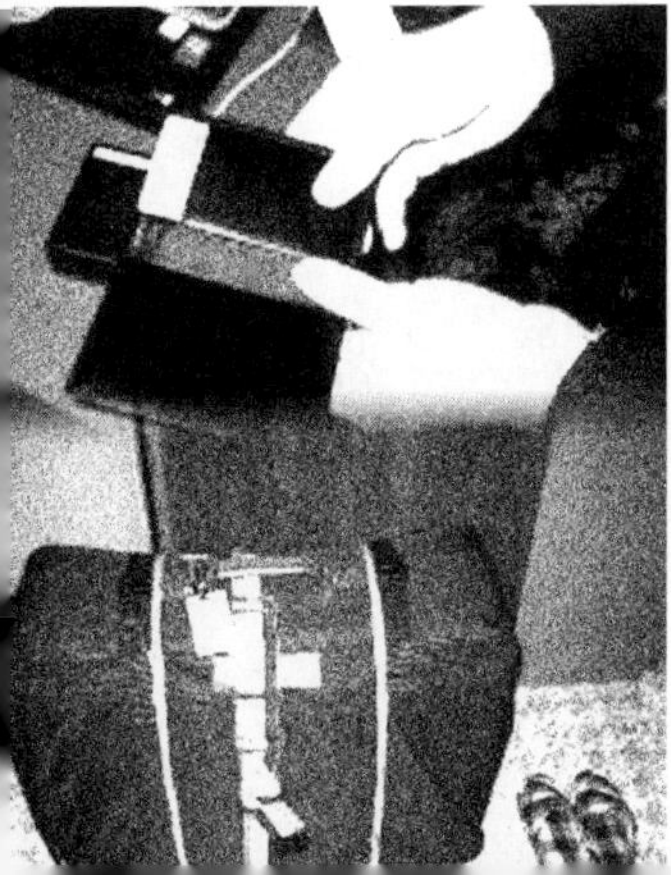

使えるのはロシアと中国。ブラジル人はダメだな

これだけニュースになっちゃうと、今後、インド人を入れるのは難しいかも知れんな。いや、密航者にもお国柄ってのがあってさ、闇雲に工場にぶち込めばいいってもんじゃないわけよ。

例えば、中国人はタコ部屋でも文句言わないから工場に入れてもいいけど、それだけじゃもったいない。金のためならどんなことも躊躇しないから、ヤバ系の仕事に使えるわけ。ヤミ金の滞納者をさらわせてもいいし、カード詐欺やスキミングも言われた以上に工夫するしな。

ロシア人も意外と遣い出がある。車関係に強いし、日本人は白人に弱いから、盗みもイケるのよ。例えば、箱根や熱海の高級旅館に泊まらせて、枕探しさせるとかな。

もう帰国したから話すけど、去年（05年）、ゴルフ場の貴重品ロッカーにCCDカメラを仕掛けて暗証番号を盗む手口が流行っただろ。実は、あれをロシア人の3人組にマネさせたんだ。

アジア人なら真っ先に疑われるだろうけど、その連中は金髪だったから全然、疑われなかったみたいでさ。「取った金は折半だ」って言い含めたら、トータルで2千万ぐらい振り込んできた。自分たちがどれだけ稼いだかは問いつめてないけど、ニコニコ顔で帰ってったよ。

逆に使えないのはブラジルだな。工場に入れればサボることしか考えないし、仲間割れはする。計画性がないから、窃盗系は無理。せいぜい、クスリ漬けにしてプッシャーに仕立てるぐらいが

セキの山なんだ。

外国人犯罪が増加する一方で、日本国内の体感治安は低下を続けている。自分たちの私腹を肥やすために、国を売るような行為に手を染めることを、どう思っているのだろう。

罪悪感を感じるかってことか？　ないない、そんなもの。国を危険に巻き込んで私腹を肥やしてる第一人者は、政治家じゃん。うちらなんて可愛いもんよ。年にほんの4、5千万儲けさしてもらってるだけなんだから。

それに、働き手のない零細企業は助かり、職のない異邦人も喜び、金の入るオレたちも嬉しい。まあ、犯罪の被害者になった人は気の毒だけど、圧倒的にメリットの方が大きいわけ。

オレが言うことじゃないんだろうが、日本政府はもっと海外からの出稼ぎを受け入れないと本当に国がダメになっちゃうと思うよ。

世界で失業者の多いトップ2がインドとブラジルで、ビザがあるなしにかかわらず、どんどんヤミで入ってきてるわけ。

うちらは密航させても住むとこや仕事の仲介もしてるから管理できてる。なのに、正規に働けず犯罪に手を出さざるを得ない連中は掃いて捨てるほどいるからね。

ま、オレたちは法律を破ってるかもしれないけど政府の手が回らないところで国を助けてる必要悪なんだよ。

トランジット密航ブローカー それから

平成の裏仕事師列伝

取材＋文＝北野ナツヲ
フリーライター

空路がダメなら海に戻りゃいい。漁協の漁労長が釣船で密航アシスト

「え、トランジット？　あれはもう全然やってないよ」

久しぶりに会った某組織の幹部氏は、いともあっさりそう宣った。１年余りの間に、氏を巡るビジネス状況は大きく変わったようだ。

あんたに話したのはインド人ブローカーが捕まった後だったろ。あれで、日本の空港の取り締まりがグンと厳しくなったんだよ。特に東南アジアからの入国は、厳戒態勢って言いたくなるぐらいにさ。

それでもしばらくは空港関係者を引っ張り込んで、トランジットラウンジと通じる関係者入り口を使ったりもしたけど、とにかく警備が半端じゃなくて。

もともと成田なんかは警察ＯＢが主体となった子会社を作って警備を任せてるんだけど、成田も関空も、事件後、防犯カメラを高性能なのに換えたんだ。

ほら、よくハリウッドのスパイ映画なんかであるだろ。遠隔操作で、豆粒ぐらいにしか写ってない人物とか手荷物をズームアップできるような高性能のカメラが。ああいうのが導入されたわけ。いくら関係者を取り込んだところで、そんなので四六時中、見張られたら身動きとれなくてさ。

トランジット密航から手を引いたなら、今は何の仕事でシノいでいるのか？　聞けば幹部氏は「密航だよ」と笑う。

あのなぁ、トランジットは密航の一つの手段でしかないわけ。説明しただろ。それまで船で人を入れてたけど、トランジット制度ができて手軽に使えそうだからこの方法に切り替えたって。そのトランジットがダメになりゃ、また元に戻せばいいだけの話でさ。

って言ってもさ、トランジットが使えないのは日本だけなんだ。中国本土はオリンピック騒ぎでテロ対策だなんだってうるさいけど、香港の空港は、いまだに袖の下次第でどうにでもなる。南アメリカでもアフリカからでも、とりあえず香港までは空輸して、そっから船に乗り換えるんだ。ただ、対馬海峡は対北朝鮮だなんだかんだで常時、自衛隊が出たり入ったりしてるから厳しくてさ。香港からずーっと南に下って、長崎の方から入るんだ。

あの辺も自衛隊の哨戒機が1日4回は飛んでるけど、逆に言えば取り締まりはそれだけ。それを避けりゃなんてことない。パナマ船籍かなんかの貨物船に詰め込んで、無人島の陰かなんかで小舟に乗り換えりゃ、わからないよ。海上保安庁がレーダーで監視してるとか言ってるけど、釣船までは感知しない。まして木造船だったらさ。

中国地方の日本海沿岸は、タイやヒラメ、トビウオ、カニ、アワビなど、時期に応じた海の幸に恵まれたエリアである。しかし漁業後継者は育たず、過疎化が進むばかり。

「そこの漁労長が手助けしてくれるんだ。オヤジもじいちゃんも、そのまた父親も漁師っていう筋金入りの海の男でさ、その辺の海域のことならなんでも知り尽くしたヤツなんだ。頼もしいだろ」

漁労長といえば、仲間の信頼も篤い、地域のリーダー的存在だろう。そんな人物が密航などに手を染める？　にわかには信じられない話だが…。

もちろん、正攻法で行ったらヤツだってクビを縦には振らなかっただろうよ。近所でも評判の人格者で、いまどき珍しい正義感の強い男だしな。

といって、簡単になびくようなヤツをスカウトしてもダメなんだ。そういうのに限って口が軽くて意気地がないって相場が決まってるだろ。だもんで、漁労長が引き受けざるをえない、よんどころない事情ってのを作ってやったわけ。

そいつには2人の子供がいるのよ。次男はまだ中学生で、オヤジの後を継ぎたいなんて言ってる孝行息子で、長男は大阪の大学生。となれば、ターゲットは都会で一人暮らしの長男だよな。

いくら真面目でも年頃の大学生だ。酒も飲めば遊びもする。大阪の若いのに頼んで、ちょいと交通事故を起こしてもらったんだ。長男がバイクに乗ってるときにワザと前で急停車して、ベンツのオカマを掘らせたわけ。それも、向こうがコンパ帰りで酒酔い運転のときを狙ってさ。後はまあ、なるようになったよ。え、具体的な手口？

基本は、酒臭い息をしてるようだしお宅も大変でしょうから修理費用さえ出してくれればいいですって警察を入れない。で、限定モデルだから修理にこれだけかかった、後遺症が出た、なんて金をせっついてさ。

当然、親に泣きつくわな。けど、漁師じゃ蓄えだって知れてる。金を借りようにも使い古した漁船じゃ貸すとこもない。

そこへ願ってもない金儲けの話が舞い込んだらどうだ。なにも人を殺すとか強盗してくれなんて物騒な話じゃない。ただ、いつも行く海に出て、船に人を乗せて帰ってくるだけのこと。それで金になるんだ。断る理由はないよな。

子供の窮地を救うため、漁労長はやむなく裏の仕事に手を染める。週に2日、密航グループから指定された時間を目指し、哨戒機の合間を縫って船を出す。

が、小さい漁船である。1度に運べるのはせいぜい4、5人。ときによっては1度で済まず、2度、3度と船を出さねばならない。

報酬は1人につき2万5千円。月に均せば60〜70万ほどの金が支払われる計算だ。

さすが漁労長だけあって、肝が据わってるんだ。海上保安庁に見つかったときも難無く言い逃れてくれたし、海がどんなに荒れてるときも間違いなく仕事を遣り遂げる。あんな頼りになるヤツは他にいないね。

けど、息子の示談金分を先月中に回収し終わっちゃったもんだから、漁労長は「止めたい」って言ってきたわけ。だから今度はヤツのヨメさんの兄貴に近づいて投資話を持ちかけたんだ。３００万出してくれれば、すぐに倍にして返しますってさ。

兄貴も田舎者で人がいいもんだから、言われるまま、うちらのグループの高利貸しから金借りて持ってきたよ。

もちろん、連帯保証人は漁労長だ。「ご親戚ですし、お兄さんがお名前書いてくれればいいですよ」って借用書に漁労長の名前を書かせてさ。

その証文見せたら、黙って船出したよ。たぶん息子の件もオレらの仕業だってわかったんじゃないの。だからもう止めたいなんて言い出さないだろな。船での密航がヤバくなるまでせいぜい頑張ってもらうよ。

平成の裏仕事師列伝……06

公共工事丸抜き屋

千万の甘い汁を吸わせ億を儲ける

取材＋文＝中本杏子
フリーライター

月刊「裏モノJAPAN」06年6月号

我が国の景気は上向いている、らしい。多くの企業が雇用数を増やし、設備投資額を拡大しているという。ＪＴＢの発表によると、07年は１７９０万人が海外に出かけるとの推計まで出ているそうだ。

フリーライターの私にはまるで実感はないが、１泊３万円以上もする高級旅館が軒並み何カ月先まで予約で埋まっていると聞けば、微かにバブルの空気を感じないでもない。

「そんな面倒な話せんでも、こんだけ公共工事が増えてるのが一番の証拠じゃろ」

目の前の男が豪快に笑った。崎山恭二（仮名）、38歳。主に西日本の公共工事をネタにシノぐ某広域指定暴力団の幹部だ。

確かに辺りを見回せば、街のあちこちで驚くほどの数の大型クレーン車や穴掘り機材がうなりを上げ、高速道路や再開発地の施設を造っている。サラリーマンの間で「マンション投資」が流行ってるというのも、よく聞く話だ。

「耐震偽装があんだけ問題になっても、建設ラッシュは続いてるよ。あんた丸投げってことば、知っとろうが。建設業界じゃ、1億で受けた仕事をナンボか抜いて下請けに丸々流すのが常識なんじゃや。まあ、そんなのは当たり前過ぎて面白くないわな。で、わしら、1億を丸々懐に入れて下にタダ働きしてもらうことにしたんや」

巨額な金を巡る建設業界のヤミが語られる。

暴力団対策に暴力団と契約する

わしの学校時代の先輩に、建設業で成功した人がおるんよ。姉歯やらヒューザーほど酷くはないが、手が抜けるところは抜いて建てた物件に次々買い手がついてまって、いまじゃ上場2部の勝ち組だわ。経済新聞やらにもちょろちょろ写真が載ったりしてな。

で、「1枚嚙まんか」って声かけられたのが10年

ぐらい前や。最初のうちは兄貴分と自分で建設会社作って、先輩から回してもらった仕事を下請けに丸投げして、真っ当に利ざやを稼いどったんだ。

で、そのうち当然のように、儲けの太い公共工事に目がいきだしてなぁ。

古くから暴力団は建設会社に食い込み、シノギとしてきた。騒音や震動で迷惑してると現場事務所や役所に怒鳴り込んだり、作業車の前後にピタリとベンツを駐車し、搬入道路を塞いだり。典型的なタカリの手口だ。

建設会社にしてみれば、一度、金を渡してしまえば際限がないし、相手をするにも手間がかかる。時間を取られ工期が遅れれば、その分、工賃もかさむし信用問題にもなりかねない。そこで暴力団対策として、面倒を見てくれる暴力団と契約する。良くも悪くも建設会社はおしなべて暴力団との関わりを持たざるをえないのだ。

一方、92年の『暴力団対策法』施行を受け、地方自治体や警察は、公共工事から暴力団を追放することに本腰を入れ始める。

行政の指名を受けた業者だけが参加できる『指定競争入札』を取り入れ、事前に公表される「予定価格」内で一番安い金額を提示した業者が契約相手として選ばれるシステムに変更した。一見、付けいる隙はなさそうに思えるが…。

そりゃ、表向きはそうなってるよ。確かに、公共工事を請け負うには『入札指定業者』の審査に受からにゃおえん。けど、それほど難しいことじゃないんよ。土木の2級免許があって、経営審査を受ければたいがいは受かる。

土木の2級は高校に行く程度のアタマがあれば、あんたでも合格できるし、あとは半年分の帳簿を提出すりゃいいだけのこと。丸投げ工事でもいくつかこなして売り上げ計上しときゃ、ラクショーで通るよ。

問題はそこからで、タテマエ通りなら指定業者に平等に受注の権利があるはずや。けど、そうはなってない。調べてみりゃわかるけど、全国のたいていのとこは特定の業者が順番で落札しとる。つまり【談合】がまかり通ってるのがこの世界なんじゃ。

地方の入札現場は暴力団の顔見せ会や

【談合】とは、入札参加者が事前に話し合って受注予定者を決めてしまうことをいう。入札制度が導入された17世紀、豊臣秀吉の時代からあったとされ、やり取りされたヤミの金銭が「団子」と呼ばれたのが語源との説もある。

価格競争が行われず契約価格が割高になり、本来なら市場から締め出されるはずの質の悪い業者が生き残るなどの弊害が生じるが、業界の悪しき慣習は、決してなくならないようだ。

ただ、いくら業者が話し合ってもそれだけで談合は成立しない。05年に発覚し、大手ゼネコンからも逮捕者が出た橋梁談合事件や、06年1月の防衛施設庁に関する談合でも官側に内部協力者

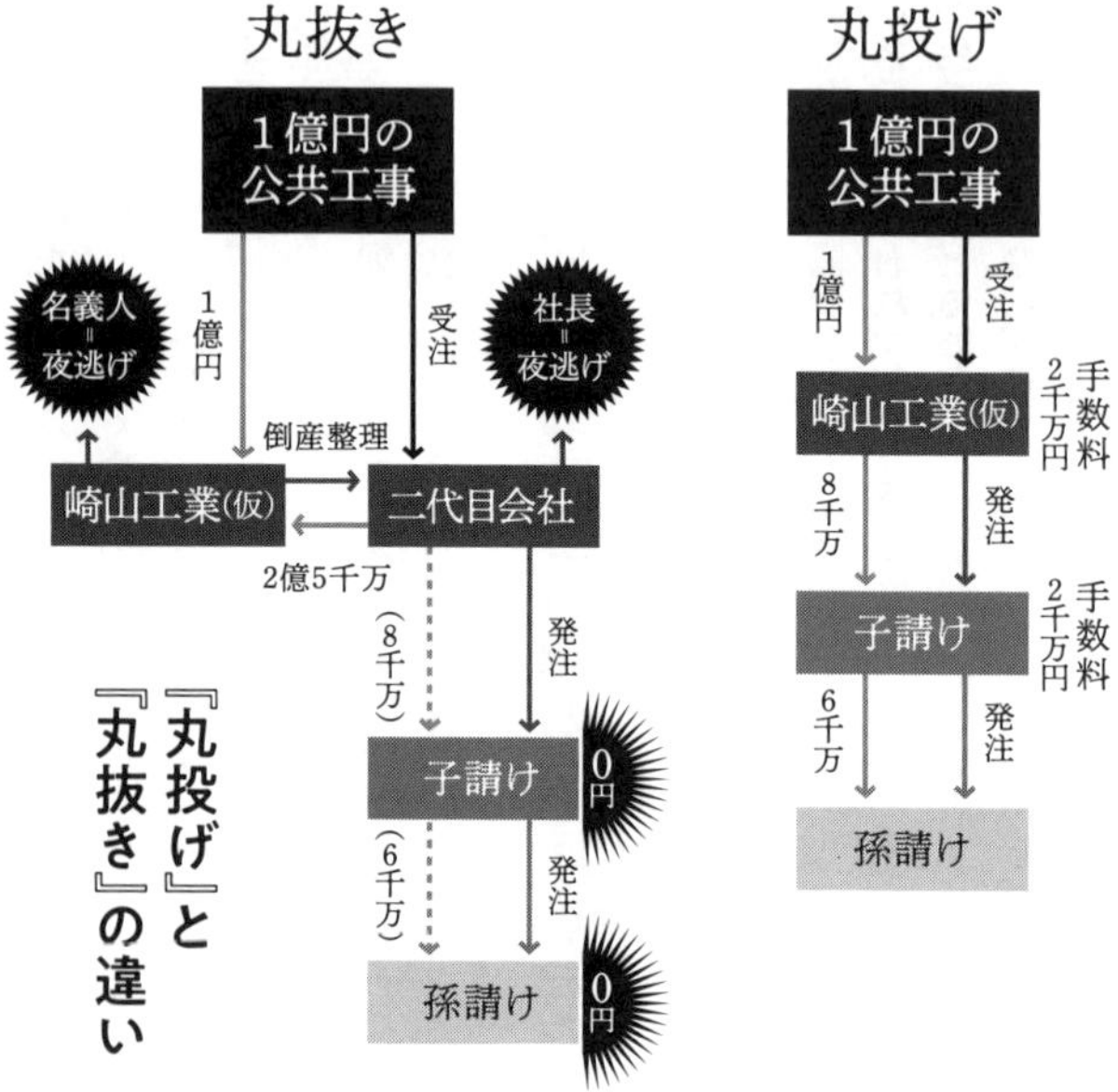

『丸投げ』と『丸抜き』の違い

がいた。公共工事を巡る【官制談合】には、行政側の協力が必要不可欠なのだ。

政治家や役人ってのは、わしらよりよっぽど金に聡いんや。大手のゼネコンに大勢の役人の天下りしとるって問題になってるけど、それも、ゼネコンが行政にパイプを作って入札の便宜を図ってもらうためなんや。そのためには、金も積むし女も抱かすわな。

でも、そこまでしても公共工事は、おいしい仕事なんや。何十億、何百億いう金が動くんやで。そりゃ、官も暴力団も建設業界にぶら下がるいうもんじゃ。

あんた、信じられんかもしれんけど、地方の入札現場に行くと、暴力団の顔見せ会みたいになっとるから。実際に入札するのは建設会社の担当者でも、控え室にケツ持ち連中が集まって「次はうちですな。お手柔らかに」なんて談笑しとるよ。

談合してる暴力団の力関係によっては、行政側が無関係のこともあるよ。強い組織の人間が、入札にやってきた他の指名業者のケツ持ちを呼び出して、「おたくどこの人？　今回はうちが落とす予定だから余計なコトしてもらったらどうなるかわからんで」って釘刺すだけで済んだり。

ま、いずれにせよ、公共工事を受注したいと思ったら、まず談合に加えてもらわな話にならん。その辺は、蛇の道はヘビで、談合業者を守りにしてる組織に出向いて「よろしゅう、お願いします。わたしら新参モンですけん、安い仕事から受けさせてもらいます」って話を通すのや。

公共工事いうても、体育館の解体やらコマイ仕事もあるけん、後はそういうのを進んで引き受けて実績を積んでいくこっちゃ。

家業を継いだばかりの二代目会社が狙い目

先輩の建設会社から仕事を回してもらう一方、公共工事を手がけながら崎山らの会社は順調に売り上げを伸ばしていった。

順調はいいんだけど、この世界、自分とこだけが儲かりゃいいってわけにはいかんのよ。公共工事は談合仲間が平等に儲かるよう心がけなきゃならんから、デカイ仕事はそうそう回ってこない。あっちこっちにアタマ下げて回って稼ぎは受注費用の1割抜いて何百万だ。だんだんバカらしゅうなってきてな。

で、2年ぐらい前に受注費を全部懐に入れる丸抜きの方法を考え出したんだ。

まずは、金で買った名義人を立て、新たな土建屋を設立する。10万も現金をつかませれば戸籍を差し出す債務者は山ほどいるから、見栄えのいいのを選べばいい。後はじっくり腰を据えて獲物を探す。

すぐにターゲットが見つかったわ。35年ほど続く隣県の老舗土建屋で、父親が死んで43歳の息子が後を継いだばかりっていうんだ。さっそく若い衆の中から、20代で口先の達者なヤツをそこに潜り込ませたんや。大手じゃ正社員になるのは無理でも、地方じゃ難しくないから。

で、先輩からそいつに下請け仕事を回してもらう。会社は大喜びだ。新人社員が次々大手建設会社から仕事を取ってくるんだから無理もない。そんなのを半年続けりゃ、会社のトップ営業マンや。

すると二代目社長はどうなる思う？　家業を継いでウマクいくか冷や冷やしてたのに、思わぬ業績が上がったモンだからキャバクラだクラブだと遊び歩くようになったんじゃ。

43歳っていえば大学卒業してすぐバブルを迎えて、親の金でいい目を見た年代や。親が汗水足らして稼いだ金を湯水のように使った経験しかないから、金が入れば遊び出すだろうって読んでたけど。あまりに予定通りで笑うたで。

その後、頃合いをみてわしが会社に乗りこんだんじゃ。料理屋で話せば酒の席の話で終わってまうから、キッチリしたスーツ着て、社長室で商談や。

「実は社長、あいつはうちの人間ですんや。この半年、おたくがやったのはわしが取ってきた仕事ですねん。うちもおたくに大きくなってもらいたいし、この辺で公共工事やってみませんか。うちが取ってきますから」

名刺には××興業なんて名前が付いてても、筋関係なのは当然、相手もわかったはずや。事前にケツ持ちがいないのもチェックしてたから「おたくもこの業界におるならおわかりでしょうが、うちみたいなのがバックにおらんと仕切れん場面もあるから」ってな。社長は「へぇ、お願いしますわ」って二つ返事だった。よっぽど撒いたエサが効いたんやろな。

1千万の甘い汁を吸わせて、億を儲けるいうのがわしらの合い言葉なんじゃ。

なんぼか金を残し計画倒産しましょうか

ターゲットの会社にいままで同様、仕事を回しながら仕掛けを待つ。デカク儲けるためには、億単位の公共工事を受注せねばならないからだ。談合に加わるのはもちろん、一方で、大手建設会社に下請けの営業に出かける。

建設業界にはレッキとした階級があるんや。一部上場の超一流大手企業→その子会社の一流→二流企業→地方で名の売れた三流→地元で有名な四流って具合にな。

うちのターゲットが四流なら、大成建設とか鹿島の大手ゼネコンは超一流や。当然、そんなとこにわしみたいなのがノコノコ出かけても、よくて「帰ってください。今度来たら110番通報しますよ」の門前払い。ヘタすりゃその場で警察呼ばれて仕舞いやわな。

けど、大手ゼネコンが公共工事を受けたからといって自分のとこでやるわけやない。絶対に外へ流す。だから、その先をたぐっていきゃええんだ。

ま、二流ぐらいまでくりゃ、潜り込むのもそう難しうはない。「よそが日給1人につき1万8千円やったら、うちは初めてのおつきあいですし1万6千円で結構ですから」って言や、断る理由なんかありゃせん。そんとき出すのは、実績のある二代目社長の会社名なんやし。

基準は、受注額の最低が億いくかどうかやな。大手ゼネコンの仕事なら、元がデカイから孫請けでも悪うないで。

2年前、具体的には言えんけど、1億5千万の仕事を取ったんや。それを二代目社長に振って、1億5千万をうちの金庫に入れたのよ。

崎山が取ってきた公共工事に張り切る二代目社長は、いつものように支払期日を工期終了後に設定して子請け業者に仕事を出す。子請け業者から孫請け、孫請けからひ孫請けまで流れた。およそ半年後、もうすぐ工事完了という時期になって崎山が二代目社長のところに出向く。こ

こが正念場である。

「実はうちの社の代表が金を持ち逃げしまして」

アタマを下げる崎山に二代目社長は…。

「どうしたらいいでしょう」って泣きついてきた。薄々うちらの動きに気づいたんじゃろが、何も言えんよ。自分は遊んでたって弱みがあるからな。

わしはあくまで「申し訳ない。あんないい加減なヤツとは思わんかったんや。わしの顔を潰されたも同然やからいま必死で探してますわ」って被害者を装うんや。で、社長を観察した。

そしたらヤツは自分のことばっかり心配しとるんよ。下請け業者のことなんか一言も出ない。普通なら1億ぐらいの金ならどうにかかき集めようとするやろ。けど、そんな気力もない。それで切り出したんや。

「社長、このままじゃ倒産は免れん。やったら下請けには泣いてもらってなんぼか金残して計画倒産しましょうか」

そしたら「お願いします」ってすぐにアタマ下げてきよったで。

2億5千万で社長を逃がす

若い頃に倒産整理を手がけていたという崎山は、手際よく準備を進める。土地を売り払い、ユ

ンボやトラックなどの機材を整理屋に持ち込んだ。約束手形で借りられるだけ借りた。

ここで30年の実績がモノをいった。最終的に5億の金が集まったのである。

地方の建設会社でもバカにできんよ。ランニングコストとしてそこそこの現金もあるし、今までの信用で業者が無防備に金貸すんや。わしらはそれを見込んでターゲットを選んでるしな。

とりあえず2億5千万を社長に渡したんや。「半分やるけ、どっか逃げぇ」って。

やり過ぎじゃないかって？　いや、社長の会社名で仕事を受けて

るから、倒産すりゃ子請けや孫請け業者は二代目社長を探す。当然、中には警察に届けるヤツもいるかもしれん。それを全部ひっかぶってもらわにゃならんからそれぐらいの金をやっとかないと。

もちろん、釘も刺しとくよ。

「社長。キッチリ逃げにゃいかんで、そのため半分やるんじゃやから。もし姿見せてヘタにうとうたら、わしも下請けのケツ持ちに居場所を言わなおえんで。したらあんた、命のうなるな」

わしらも精一杯のフォローはする。下請けのケツ持ちが出てくれれば、それなりの金を握らせて業者を黙らせてもらうよう話付けるし。

ただ、実際に訴えられたことがないからわからんけど、不払いに関しては民事やろ。だからもし捕まったとしても労働基準法違反かなんかで大した罪はつかんと思うんや。

下請けに支払うべき金を自分で使うたってことで業務上横領がつくかが微妙なところやろが、本人がしゃべらん限り、計画倒産は立証できんやろし。

億の金を持ったら人間は働かない

甘っちょろいボンボン社長を探すことから始めるけん、そうそう数がかせげるもんやないのよ。倒産整理までキレイにできたんは、43歳の他、50歳と56歳の、どっちも二代目やった。56歳の会社には元々のケツ持ちがおったんで、まずそこと話をつけたんや。

「おたくにも分け前やるから手を引いてくれ。あんなバカ息子に代替わりしたら長うないでしょう。月10万の守料もろうても10年で1200万やろ。あんな遊び好きな男が10年持ちますか。うちは即金で2千万払いますわ」てな。

きょうび、ヤクザの話言うたら金なんよ。分け前が減ったけど、出すもん出せばたいていのトラブルは解決する。

けど、ボンボン社長は3人が3人ともロクなもんじゃなかったな。わしの話に簡単に乗ってきたし、逃げたら逃げたで働かんとプラプラしてバクチばかりしよるんよ。

本人はどのみち破産宣告するから会社は作れないけど、やる気さえあれば別の人間を立てて仕事も再建できる。なのになぁ。人間、億の金持ったらあかんな。

倒産整理まで持って行けなくても、合間合間に小遣い稼ぎもしとるよ。実績はあってもそれ以上に負債を抱えた土建屋は腐るほどあるから、ある程度の金やって名義貸りたりな。

方法は同じや。その会社の名前で工事を取って、下請けに流したまま社長に飛んでもらうわけ。

もちろん工事の費用はわしらが丸抜きだ。

ある統計によると、06年の公共工事の過半数に暴力団が関与してるそうだ。

〝丸抜き法〟を考え出して2年、崎山らが稼ぎ出した額は実に4億円以上に上るという。

公共工事丸抜き屋 それから

行政側の丸投げ対策で業者が淘汰。おかげで公共工事が回ってきやすくなった

平成の裏仕事師列伝

取材＋文＝中本杏子
フリーライター

06年、日本列島を官製談合の嵐が吹き荒れた。福島に続いて和歌山県でも談合に絡みで現職知事が逮捕され、そのまんま東が宮崎県知事となったのも前知事が談合問題で辞職したからだ。また、奈良市役所では同和行政をめぐっての日常的談合も公に。公共事業と談合が、切っても切れない関係にあることが改めて明るみになった1年だった。

崎山に手がけていた公共工事の丸抜きなど、さぞやりにくくなったはず。2年ぶりに連絡を取ってみると――。

シノギとしては相も変わらずだよ。と言っても、多少やりにくくなったのは確かだな。こんだけ騒がれれば、行政だって黙ってちゃつきあげくらうから、それなりの対策をせにゃおえん。

例えば、わしんとこの崎山工業（仮）が公共工事を落札して、あんたんとこの中本建設（仮）に下請けに出そうとする。と、それまでは丸ごと仕事を回せばよかったけど、今は役所が見回りに来て、現場に崎山工業の人間がいなけりゃ入札の指定業者から外されちまうようになったんだ。つまり丸投げに対して厳しくなったんよ。

やから、実際の現場に5人でも10人でも崎山工業の人間を入れて、しかも自分とこの名前の入った作業服なんかも用意せにゃならんわけ。丸投げじゃなく、協力業者としてさ。しかも会社の実態も調べが入るから、名前だけのペーパーカンパニーじゃマズイんだ。ちゃんと労働者名簿なんてのも作らにゃならんのよ。

田舎ならキズもんの土地にプレハブぶっ建てて電話番でも置いときゃ済むけど、都会じゃワンルームマンション借りて机置いても、『この広さに20人の従業員が入れるわけない』なんてチェックされるしな。

そう聞けば仕事が面倒になったと思うかもしれんが、

うちはそれなりの代紋もあるしノウハウも持っとるからビクともせん。作業員はその辺の浮浪者やヤミ金から回してもらった連中を日給何千円かで抱えとりゃ体裁は整うしな。その分、何百万かの金はかかるが、億の金を引っ張る初期投資としては問題ない額やろ。

それでも力のないコマイ業者は潰れる。指定を受けてても撤退せざるを得ない業者も出てきてるから、かえって仕事が回ってくる確率が高くなったんよ。丸投げで普通に儲かっちゃうんだ。丸抜きはぼちぼちだな。あんたに話した後、億儲けたのは1件だったかな。ちょこまかやってるから稼ぎはそこそこ出てるし、今年はもう寝て暮らすよ。

平成の裏仕事師列伝……07

発掘モノ贋作師

3年寝かしたら、誰も偽物だとは気づきません

取材＋文＝仙頭正教
裏モノJAPAN編集部

月刊「裏モノJAPAN」06年3月号

左ページの200円切手。みなさんは、ここに描かれている埴輪をご存じか。

すぐに『挂甲の武人』、と答えたアナタ。ご名答、まさに東京国立博物館に所蔵される、国宝のそれに違いない。

しかし、多少なりとも考古学を学んだことのある方なら、おそらくは、もう一言付け加えたいのではなかろうか。実はこの埴輪、その世界では贋作疑惑が囁かれる有名なシロモノなのだ。

「これは、考古学分野に偽物が多いことを象徴する、いいゴシップなんですよ。知られていないだけで、この業界、藤村みたいな連中は、たくさんいますからね」

目の前の男が、アイスコーヒーを飲みながら笑った。

岸浩輔（仮名）、34歳。埴輪や勾玉など、俗に発掘モノと呼ばれる骨董ジャンルの贋作を製作し、マニア向けに販売している人物だ。

彼の言う藤村とは、元東北旧石器文化研究所の副理事長、藤村新一のこと。『神の手』なる異名をブラ下げ、未発見遺跡を掘り当てまくっていたところ、新聞社に素行を調べられ、ねつ造の悪事を露わにされた、あの男だ。

藤村事件の発覚は、00年11月。デッチ上げられた遺跡の中には、日本史の教科書で紹介されていた場所もあった。世間に大きな衝撃を与えたのは、多くの方の記憶するところだろう。

「なんせモノが古いし、作りも簡素でしょ。実際のところ、嘘か真かの判断材料なんて、数少ないもんなんです。藤村は、大胆にやりすぎたから、ミスっただけ。これほど偽物の作りやすいジャンルもないでしょうね」

岸の体験を通し、発掘モノの贋作の世界に迫る。

古い神社の周辺を探索せよ

冒険、と聞いて少なからず心躍らすのは、小学校くらいまでだろう。中学に入れば、秘境の地より、女の秘部に関心を示し始めるものだし、高校に上がれば、そんな純な気持ちを持っていたことすら忘れてしまう。

しかし、その少年は違った。

71年。東北の片田舎で生まれた岸は、幼い頃から無類のアドベンチャー好きだった。小説を読み映画を見、いつか俺も冒険をしてみたい、と飽くなき妄想を18年も膨らまし続けた結果、高3の春に封切られた『インディ・ジョーンズ　最後の聖戦』に肩を押され、本当に考古学分野の道を歩み始めた。

しかし、入学することになった都内『T』大学の史学部考古学科は、岸の思い描いていたものとはほど遠かった。来る日も来る日も退屈な講義。そこに冒険の『ボ』の字も見えてこなかった。

状況が変化したのは2年の夏。親しく口を聞いていたサクライなる教授から、遺跡発掘の誘いを受けたのである。

「先生には、事あるごとに連れてってほしいと頼んでましたから、もう万々歳ですよ。場所は北陸地方、日本海に浮かぶ小さな島ということでした」

ここで、遺跡調査における、発掘場所の探し方について触れておこう。

もっともわかりやすいのは、周囲に住居のない場所に建つ古い神社の近辺だ。何の理由もない荒野に神社が建立されるわけがなく、過去には、周辺に集落が存在していただろうと推測できるからだ。

等高線に頼るのも、一つの手である。なだらかな地形に、不自然な丘陵を見つければ、人工的に作られた丘の可能性が高い。頂上に何かを祭っていたかもしれないし、役所を置いていたとも考えられる。疑う価値は十分だ。

しかし、適当な場所を見つけたからといって、すぐさま発掘作業にかかれるわけではない。地主の許可が絶対条件である。

その日、岸たちが足を運んだ場所もまたしかりだ。1千年以上の歴史のある神社を持つ島、という絶好のロケーションであるにもかかわらず、現在まで手を出されぬまま残っていたのは、まさに許可の問題。今回、発掘できるようになった経緯は、

本人（大学2年時）。ガタイに似合わず、発掘作業は几帳面で通っていたらしい

神社の神主が『T』大のOBだったかららしい。

現地に降り立った一行は、ほとんど山といっていい広い神社の敷地内を、くまなく調査した。土器の破片は落ちていないか、石ころの状態はどうか。フィールドワークによって、発掘エリアを決定しなければならない。

2日後、ようやく目星を付け、作業が始まった。

「50センチくらい掘ると、焼き物の破片がバラバラ出て来るんです。興奮しましたよ」

これは壺の口の部分、こっちは土台だろう。大きな欠片に感嘆しては、小さな欠片と合わせてみる。気分は宝探しだった。

そのとき、隣の発掘エリアからサクライ教授の声が聞こえてきた。

『お、すごいすごい。このくらいきれいに残っている壺なら、流せば50万くらいになりますね』

岸はこのとき、発掘モノという分野が存在、質が良ければ高価に売買されることを初めて知った。

レプリカの作り方を授業で学ぶ

考古学教授という人種は、往々にして、発掘モノコレクターでもあるらしい。常日頃から古墳や遺跡で出土品を見ているうちに、自然、自分でも収集し始めるのだという。

とはいえ、彼らのコレクションは、基本的に骨董屋から買ったシロモノ。いくら研究機関で臨

人物埴輪（古墳時代）。ひょうきんなルックスに人気があるそうな

んだ発掘先で、欲しい出土品を見付けたとしても、私物にするのは御法度だ。窃盗罪である。

「ただ、実際のところは、その罪を犯してる人もいる。サクライ教授がまさにそうでした。北陸の発掘以降、ちょくちょく先生の研究室に顔を出し始めたんですが、そしたらいつになっても、あのとき拾ってきた壺が教授の机にあるんです。他の物は全部調査して、博物館に送ってしまったのに。すぐにピンときましたね」

立派な研究者になりたくて、考古学を専攻したわけではない。あくまで岸の夢は、冒険者やトレジャーハンター。むしろ、そこが居心地のいい教室とさえ思った。

「サクライ先生の研究室に出入りするようになったのは、その後の僕の生き方に大きく影響しますよね。贋作というかレプリカの作り方も、ここで、直接先生から習いましたし」

彼が『贋作』から『レプリカ』に換言したのには、それなりに意味があってのことだ。レプリカ製作は、授業でも正式に習う技法。博物館の展示品や教材を作るために使われるもので、何ら後ろめたい要素はない。

土器のレプリカ製作法を紹介しよう。

見た目だけのレプリカを作る際は、樹脂が使われることが多い。本物から型をとり、塗料や砂、鉄粉を吹き付けて、色を付ければ完成だ。

対して、忠実に再現するには粘土を用いる。混ざりものがない市販品ではなく、山の中の粘土層から採取しなければならない。

「後は、手先の器用さと学術的知識を、いかに踏まえれるか。細かな話は省略しますが、重要なのは工人差ですね」

工人差とは、製作者のクセのことだ。例えば、一見まったく同じように見える円筒埴輪でも、時代や地域によって作業過程や手の添え方が異なり、結果それは微妙なニュアンスの違いとなって現れる。

「当然、誰でも本物と違わぬ物を作りたいと思う。その点、僕はついた師匠もよかった。サクライ先生、レプリカ作りがうまいと評判で、あちこちの大学や博物館から、製作依頼が来るほどでしたから」

こうして作られた粘土細工は、原っぱで6時間ほど野焼きに。一応の完成となったところで、ぶち壊し、土の中に埋める。3年も寝かせれば、まったく区別は付かないらしい。

「ただ、いくら精巧に作っていても、C14という炭素の量を測る科学判定法にかけられれば、一発アウトです。といっても、この機械、日本には大きな博物館や研究所にしかないですし、個人売買レベルで持ち込まれることは、まずありませんけどね」

ハタ師なら、黙って買い取ってくれるはず

岸が贋作に手を染める直接のきっかけになったのは、ハタ師と呼ばれる連中との出会いだった。

「ハタ師というのは、店を持たない骨董屋ですよ。何の用なのか、しょっちゅう教授の元をご機嫌伺いに来るんで、最初から怪しいなとは思ってたんですが」

大学4年のある日。『T』大に、1人の女性から、自宅の蔵を整理してほしいとの依頼が入った。亡き夫の骨董コレクションを博物館に寄贈するつもりなのだという。現場を仕切ったのはサクライ教室のチーフ、岸である。

作業が終了しかけた夕刻、お屋敷の門前に顔見知りのハタ師が現れた。どうやら、教授との茶飲み話から嗅ぎつけたらしい。

男は笑顔で岸に声をかけて来た。

『お疲れさまです。どうでした？　こんな大きな蔵だから、いろいろあったでしょ』

何を持ち出し、どんなモノを残していくのか。奥さんはどんな人で、他に業者は訪ねて来たか、それは誰なのか。ハタ師の質問に、岸は素直に答えた。

「なぜしゃべったかって？　実は彼が、教えてくれたら、誰も触ってない遺跡の場所を教えると、交換条件を出してきたんです」

胡散臭い男のネタである。信憑性に疑問を持たなかったわけではない。が、それ以上に冒険心をくすぐられたのが正直なところだった。

場所は能登半島の北部地方。古墳時代から江戸時代まで製法の続いた、珠洲焼なる陶器で有名な土地である。ハタ師によれば、これを焼いていた釜の跡地が在るらしい。

果たして、男のことばは事実だった。現場へ飛び、当たりを付けた場所を30分も掘るうち、大量の珠洲焼の破片が出土したのである。

むろん無許可発掘、つまりは盗掘だが、特に罪悪感はない。我が手で発掘した興奮だけが体中を支配していた。

モノは当然、持ち帰った。が、岸にとって、興味の対象はあくまで発掘作業。ソレ自体に何ら関心はない。

「だから、売ってしまおうって考えたんです。でも、今まで発掘モノの売買なんてしたことないから、勝手がわからない。どんな鑑定をするのか、入手先はどう答えるのか。で、迷ったあげく、例のハタ師に声をかけることにしました。彼なら、何も聞かずに、黙って引き取ってくれるんじゃないかって」

予想どおりだった。男は、土器を見た瞬間、すべてを理解し、無言で5万円を差し出してきた。高いか安いかはわからない。が、このとき、岸の中で何かが弾けた。

2回目の盗掘に行くまでに、時間はかからなかった。

ノリの良さそうな学部の友人を勧誘し、遺跡地図と、神社や釜跡の地図を照らし合わせ検討、当たりを付けたポイントに乗り込む。が、二匹目のドジョウは見つからない。何度チャレンジしても、出てくるのはガラクタのような破片ばかりだ。

失敗を繰り返すうち、岸は、考えるようになる。

自分で作ったら、どうなんだ？

石棺（写真中央）は出てきたものの…。またも盗掘は空振り

中国で1枚4千円の鏡が日本で15万に！

前記したように、精巧な贋作を作るためには、少なくとも3年かかる。3年。長い年月だが、岸の考えは違った。毎年10体を寝かせ、本物と偽りハタ師に1体10万で売り込めば――。

「ね、おもしろいでしょう。幸い実家には、いくらでも場所はありますからね。仕込んどかない手はないと思ったんです」

しかし、ただ黙って待つのも、つまらない。まずは石細工あたりで手合いを見ておくのも悪くない。

贋作の手始めに、岸はもっとも簡単に作れる、滑石の勾玉を6個用意。さらに、同じ要領で贋作可能な刀子と呼ばれる長さ4センチほどの刀状の石細工も同数、製作した。この2つ、実際の遺跡現場では、セットになって掘り出されることが多く、抱き合わせ販売が自然だろうと睨んだ。

また、念のため、デッチ上げの出所も頭に叩き込んだ。

『○○県の△△遺跡から北へ5キロほど離れたところにある、小さなお宮の周辺を掘ったら――』

準備を整えたところで、ハタ師を呼び出した。

『どうしたんです、急に？　また何か拾いました？』

『あっはい。しょぼいですけど』

岸は焦らず、ゆっくりと贋作を見せ、ハタ師の顔色を窺う…までもなかった。男は『ありがとうございます』とお辞儀するや、その場で5万円を差し出してきたのだ。詳しいことは一切聞かない、とでも言いたげな顔で。

「これで味をしめて、2ヵ月に一度は、滑石のパチモンを持ち込むようになりましたよ」

贋作だけではない。岸は、研究室での遺跡発掘もフル活用した。調査時に出土した質の良い発掘モノをチョロまかし、ハタ師に買い取ってもらっていくわけだ。

こんな話もある。

四大を卒業後、大学院に進学した岸がサクライ教授らと中国の勉強会へ出向いたときだ。研究目的に国を移動する大学教授と同行者が、出入国ゲートでボディチェックされないのに着目。岸は中国の銅鏡5枚を持ち帰り、金に換えた。

驚くべきは、その換金率だ。中国では国内の骨董品を海外に持ち出すことを禁じており、破れば死刑。そのため、中国で1枚4千円の鏡が日本で15万になったというのだ。

こうして岸の感覚は、ますます麻痺していく。

客は、インテリでロマンチスト

それから3年の月日が経過。すなわち、贋作土器の掘り起こし時期はやって来た。

仕込んだ10体をハタ師に売れば懐には100万円の大金が転がりこむ。しかも、これから毎年だ。

「で、実際に掘り起こしました。実は3年寝かせたモノを見るのは初めてだったんですが、思わず快哉を叫びましたよ。見た目はもちろんのこと、微妙な質感や匂いも本物とまったく違わないんです」

が、岸の顔は決して緩んでいなかった。3年の間で売り方についても学習していた。

ハタ師は仲買人である。岸の商品に天井知らずのマージンを乗せて顧客に流しているはず。ならば、客に直接販売した方が、より金になるではないか。10体で１００万どころか、上手くすれば３００万、５００万にもなるのでは。

「ターゲットは、お金に余裕のあるインテリで、ロマンチストですよ。骨董品の価値ってのは半分以上ウンチクなんで、それを楽しめる人。そして古代の夢物語に思いを馳せる人。僕が話をしながら売れば、間違いなく買ってもらえるはずです」

自信はあった。が、肝心の客をどう見つける？　やはり、ここはひとまずハタ師に売りつけ、反応を見ておくのが正解か。

1体目売買の当日。岸はハタ師を前にして、まったく臆することなく向き合っていた。自身満々の贋作は、12万の値を付けた。

考古学教室の主婦が「ゼヒ買いたい」

発掘モノの売り方は、大きくわけて4通りある。骨董品屋、ネットオ

ターゲットは、
お金に余裕のあるインテリで、
ロマンチストですよ。

ークション、ノミの市、業者市。ハタ師に対して、３体の贋作を売りさばいた後、岸は、目の利きそうな連中がウヨウヨいそうな業者市を除いた3つのルートに触手を伸ばし始めた。

まず骨董品屋でアプローチしたのは、東京・青山の骨董通りにいくつか存在する外人観光者向けの店だ。中でも親日家の外国人が経営する店なら、目利きは甘いと睨んだ。

読み通りだった。「シラク大統領が埴輪好きで有名だから」という理由だけで入った、フランス人がオーナーを務めるその店では、専門的な知識を5分間披露しただけで、岸のペースになった。

「ただ、最終的には13万円にしかならなかった。外国人ならって期待してたんですが、彼らも、さすがにプロですよ」

ネットオークションで個人客も募った。が、こちらは4カ月たっても成果なし。ノミの市に至っては、手持ちの商品が少なすぎ、参加もできずにいた。結局、岸はハタ師に頼るしかなかった。

大学院を卒業、会社員となって2年、岸のもとに大学の後輩から電話が入った。

「後輩の研究室が、近くのカルチャースクールの『考古学教室』に、授業の手伝いに行ったらしいんです。そこで、生徒の中年主婦と話してると、ゼヒ欲しいって――」

後輩の話を聞き、岸は直感した。まさに、自分が思い描いた客ではないか。生活にゆとりがあって、ちょっとインテリでロマンチック…。

１カ月後、岸は後輩を介して、彼女と会った。持参したのは、作り置きの埴輪３種類と勾玉である。

『発掘モノは、まさに一期一会なんですよ。同じ物は２つと存在しないし、機会を逃せば出会えない』

『そうなんですかあ…』

『この武人埴輪なんて、すばらしいですよ。古墳時代の戦で――』

『へぇ～すごいですねぇ』

　最終的には主婦は、贋作の埴輪を20万で買い取った。

　06年1月現在、岸はハタ師ルートを中心に、年間120万円強を懐に入れている。贋作だとバレたことは、いまだかつて一度もない。


3年寝かすとこうなります。誰も偽物の円筒埴輪とは思いません

発掘モノ贋作師 それから

平成の裏仕事師列伝

取材+文＝仙頭正教
裏モノJAPAN編集部

カンボジアの遺跡群に盗掘旅行へ

「贋作作り？　ええ相変わらずやってますよ。ただ、最近ハマりかけてるのは盗掘ですけど」

07年8月。1年半ぶりに再会した岸は、開口一番、意外な答えを返してきた。前回、盗掘ではなかなかイイものが出ないからパチモン作りにシフトしたと語っていたのに。穴場でも見つけたのか。

「海外の遺跡漁りが面白そうなんです。そこら中に文化財がゴロゴロ転がっている国に、院生時代の後輩たちがたくさん留学してるんで、彼らから情報を聞いて、攻めようかなって」

　言うまでもなく、考古学の世界で真っ当に喰っていくのは極めて困難。そこで、古代ロマンにのめりこんだ大学院OBは、海外逃亡のごとく留学に精を出す。岸の周囲の留学組たちは、母校の『T』大が東アジアの調査に力を入れている関係で、韓国や中国、タイなどに渡る人間が多いらしい。

「今年の春、そんな後輩の一人が留学しているカンボジアに旅行したんですよ」

カンボジアの外人観光客の誰もが訪ねるアンコールワット遺跡群に、彼もまた足を運ぶ。が、アンコールワット自体には過去に出向いたこともあり、興味なし。そこで、後輩に、遺跡群の中でもマイナーなスポットへのガイドを頼んだ。

「そしたら、寺院や祭壇の半分以上が土に覆われている、小さな遺跡に連れてってくれたんです。観光客なんか誰もいない。で、悪い虫がうずいたんです」

とは言っても、地表に出ている部分を剥ぎ取っては目立ち過ぎる。モノがモノだけに、国際的なニュースになりかねない。が、まだ土の中に埋まっているモノなら…。

岸曰く、アジア圏の遺跡は、基本的に左右対称に作られているので、どこにモノが埋まっているか推測しやすいそうだ。実際、当たりを付けて30センチほど掘ってみたところ、A4大の壁のレリーフ（装飾）が出てきた。

「後輩には、見なかったことにしてくれるよう頼んで、さらにガイド料を弾むから、他にも管理の甘い場所を教えてくれるように頼みました」

翌々日、後輩に聞いた一つの遺跡に出かけた。時刻は昼の2時すぎ。熱気に覆われ、現地の人がほとんど外出しないという時間帯である。

彼には、ひそかに期待しているモノがあった。カンボジアは、仏教が迫害されていた過去があるため、遺跡の仏像の頭部がよくもぎ取られている。それが、土の中から見つかるのでは？

「結局、発見できませんでしたけど、何度か通って、帰国の前日、またレリーフを探し当てまし

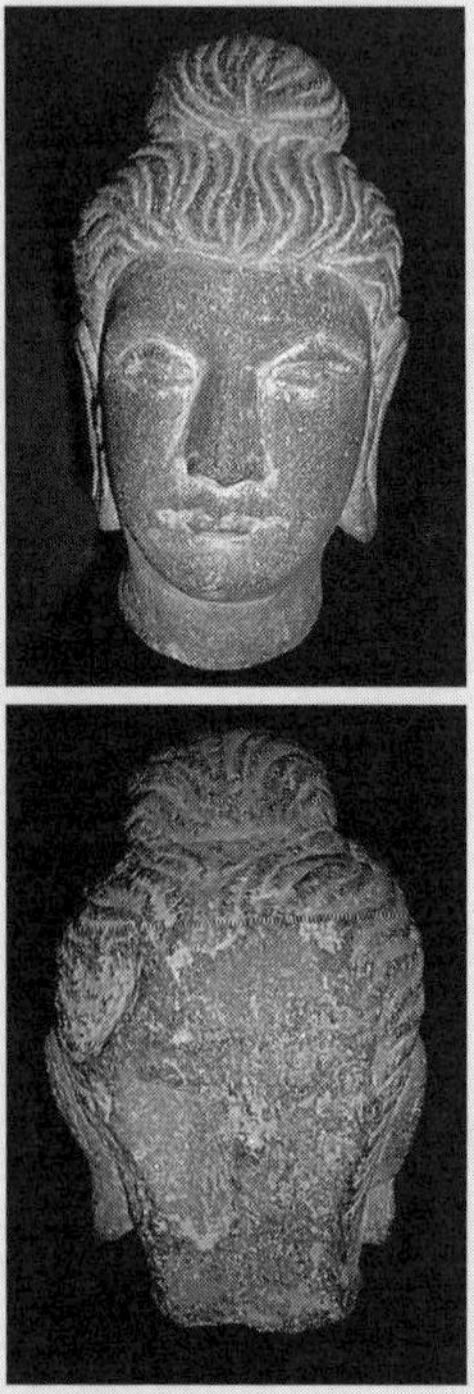

仏頭なら200～300万円の
値が付くという

遺跡群の東の外れの寺院跡。周囲はまったくの無人。
一番近くの村でも自転車で40分ほどかかる

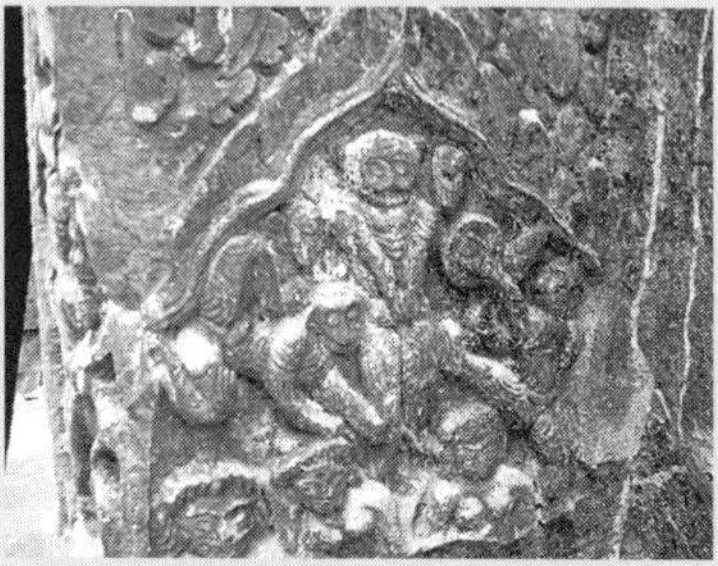

日本に持ち帰ったレリーフ。猿の装飾は、13世紀あたり
のクメール美術らしい

た。初の盗掘旅行にしては十分な成果ですね」

しかし、仮にも世界遺産級のアイテム。いかにして日本に持ち帰ったのか。

「みやげ物屋で、レプリカのレリーフを6個買って、それに混ぜて帰りました」

一応、レシートの購入数とレリーフの数を合わせるために、レプリカを2個捨てて税関を通ったが、カバンを開けられることすらなかった。持ち帰ったレリーフは、1個20万でハタ師に引き取ってもらったらしい。

岸は近々、2回目の盗掘旅行に出かけようと考えている。行き場所は、カンボジアもしくはタイ。東南アジアの遺跡群は、確実に宝の出る釣り堀のようなものだ、と彼は言う。

「旅費や税関のリスクを考えると、さほど美味しい商売じゃないとは思います。でも、発掘にはお金に代えられない興奮があるんです。やっぱ自分、冒険が好きなんでしょうね」

第2章

五体不満足な裏仕事師たち

平成の裏仕事師列伝……08

盲目の大麻栽培師

視力を失ったからこそ植物のことがよくわかるんだ

取材＋文＝神崎スキャット
フリーライター

月刊「裏モノJAPAN」08年8月号

想像してもらいたい。突然、あなたの目から光が奪われたら？　親や友人の顔も、文字や写真や映画も、美しい風景も、何もかも見えなくなったら？

生まれついての盲目もさることながら、病気や事故で視力を失うショックは尋常ではない。

今年35歳になる芹沢純二（仮名）は18年前、バイク事故で両目の角膜を失った。青春真っ直中で絶望のドン底に突き落とされ、治る見込みのない障害を抱えながら今日まで生きてきた。

ただ生きてるだけではない。芹沢は現在、自室で大麻を栽培し、毎月数十万円の収入を得ているというから驚きだ。

言うまでもなく、大麻や覚醒剤の製造・販売は、当局が最も取締りを強化する犯罪だ。健常者

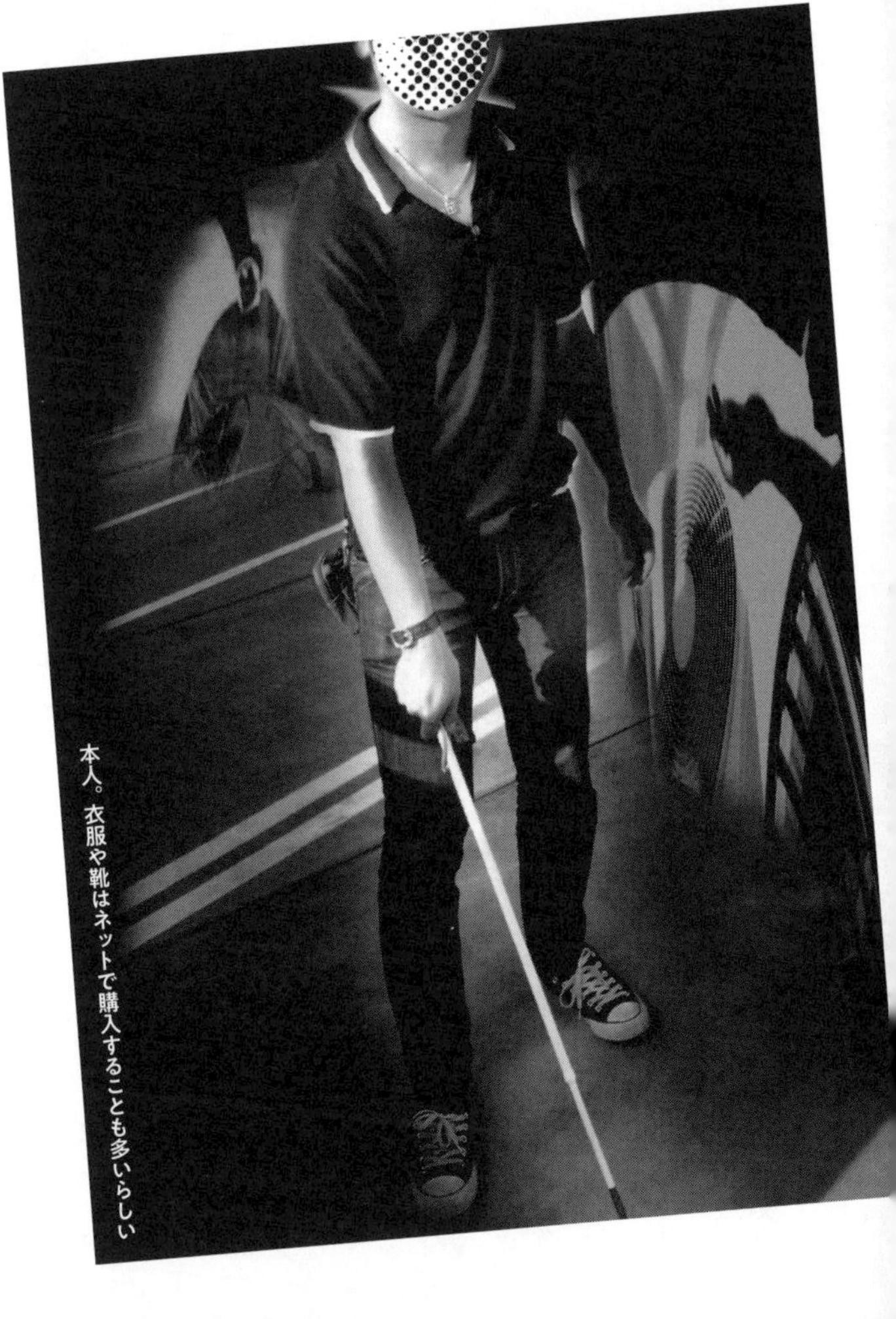

本人。衣服や靴はネットで購入することも多いらしい

ですら危険極まりない裏仕事に、全盲の芹沢がなぜ手を染めるようになったのか。

悲劇の事故から引き籠もり生活を経て、大麻栽培師となるまで、紆余曲折に満ちた芹沢の人生に耳を傾けた。

1日中、壁を殴り母親を罵倒した

芹沢が失明したのは平成2年、某進学高校2年のときだ。

「ウチは母子家庭で貧乏だったから、近所の国立しか狙えなかったんだ。ほんとは就職も考えてたけど、将来のために『大学へ行け』ってオフクロが勧めてくれて、一生懸命勉強してたよ」

そんな彼に、17歳の秋、悪夢のような不幸が舞い降りる。原チャリで書店へ向かう途中、交差点に飛び出した子供を避けバイクごと転倒、鉄柵に激しく打ちつけられたのだ。

「運が悪いことに、そんときは半帽（頭に載せるだけのヘルメット）でさ。思いっきり顔から突っ込んだの。普通、大事故は前後の記憶が吹っ飛ぶっていうけど、瞬間までは妙にハッキリ覚えてる」

逆に、事件直後のことは全く記憶がない。それもそのはず、鉄柵の突起部分が両瞼を貫通、視力を司る角膜が全壊していた。

病院に運ばれたときには生死をさまよう重体。眼球摘出だけは避けられたが、昏睡状態のまま2週間、ベッドに眠り続けた。

「目が覚めたら…じゃなくて、気が付いたら何も見えなくなってた。テレビ眺めたり、コップ握ったり、雑誌読んだり、とにかく当たり前のことができないことに愕然としたよ」

やり切れない思いを母親や医者、看護婦にぶつけまくった。が、いくら荒れても、失った視力は戻ってこない。しかも、自損事故では保険金も満足に下りず、母親が大学入学用に蓄えていた預金もすぐに底を尽いた。

事故から2カ月、退院した芹沢は自宅療養を余儀なくされる。

「障害年金の申請や、点字の勉強とか、色々とやることはあったよ。でもね、とにかく気力が湧かないの。まず堪えたのは、メシが味わえなくなったこと。人間って、目で食べ物を確認して口に運んで、初めて美味しいって思えるんだよ。それを知ったときは愕然としたな」

さらに外出時の彼を襲ったのが、どこからくるともわからない恐怖心である。車の騒音、自転車の鈴、子供たちの叫声。とりわけ恐ろしかったのは煙草だったという。

クラクションなら徐々に距離感をつかめるようになる。が、煙草は臭いだけ感じ、それがすぐそばにあるのか数メートル離れてるのか、所在の見当がつかない。自然と身体が萎縮した。

「そのうち外出が怖くなり、引き籠もり生活が始まった。家でAVの音声をズリネタにオナニーしたり、ときには壁を1日中殴ったりした。とにかくイライラとした衝動が止まらないんだ」

本人も辛いが、母親の心労も相当なものだった。突如、失明した最愛の一人息子が絶望で自殺してしまうのではないか。最悪の事態だけは避けようと、彼女は徐々に仕事を減らし、できるだけ芹沢の面倒を見るようになった。

「これが、だんだん鬱陶しくなってきてさ。メシをひっくり返したり、意味もなく怒鳴りつけたり。『オマエのせいで親父が愛想尽かしたんだ!』なんてなじったこともあった。今、思い出しても本当に胸が痛む…」

リハビリ施設は居心地が悪かった

酒を飲み、酔っては母親を罵倒する。そんな暮らしが毎日続いた。むろん、自殺は何度も考えた。が、死ぬこともまた容易くはない。

事故から5年。八方塞がりの生活に変化が現れた。キッカケは意外や《花》だった。

「あまりにヒマなもんだから、母親の鉢植えをイジるようになった。パンジーにシクラメン、ミント…。植物に触れていると、妙に落ち着くんだよ」

視力を奪われた人間は、健常者に比べて五感が鋭くなるという。芹沢も、事故から数年経過すると、物音や気配、手触りなど、あらゆる変化に敏感となり、その才は植物栽培に活かされた。

「NHKの教育番組でガーデニング講座とかやってるじゃん。土選びとか根腐れ対策、防虫対策みたいな。そういうのを実験して、茎や葉、ツボミの状態を自分の手で確かめてたの。そしたら、ほんの些細な差だけど植物にも調子があるってわかった。本を読めない分、肌の記憶力がよくなったのかな。初めてバラ栽培に成功したときは、本当に嬉しかったよ」

立ち直りの兆しが見え始めたころ、再び不幸が襲った。母親が肝臓病を悪化させ、パートに出られなくなった。障害者手当だけではとても生活できない。芹沢が職に就くしかなかった。

「街の花屋で働けたらありがたいけど、長年引き籠もってた全盲の人間なんて雇ってもらえるわけがない。だからって、障害者雇用の助成金が下りる比較的大きな企業で働けるスキルもない。で、このままじゃどうにもならないって、リハビリも兼ねて、中途障害者支援施設に行ったんだ」

作ったクッキーを地域の催し物で販売し、視覚障害者用のタイルや信号機の設置を役所に申請した。『ゴールボール』という、鈴の入ったボールを使うサッカーチームにも入ってみた。

「でも、結局3カ月ぐらいで辞めちゃった。みんな妙に優しくてポジティブで。引き籠もってたオレにとっては、逆に居心地が悪かったんだよな」

300万円を騙し取られヤミ金に手を出した結果

芹沢が次に足を運んだのは、障害者に職業訓練を施し、仕事を紹介してくれる施設だ。彼はそこで一般事務に就くだけのスキル獲得を目指す。

事務職には、電話対応はもちろんインターネットの処理能力も必要だ。そのため、視覚障害者には、PC用の点字ピンディスプレイ（点字をピンの上下で表示）やオプタコン（触覚文字読取り装置）、点字プリンタ（簡単に点字の印刷ができるプリンタ）など、専用の機材を自前で用意しなければならなかった。

「これがバカ高くて、総額300万円もするんだよ。でも、これを揃えないとスタート地点にも付けないんだから仕方ない。母親と一緒にサラ金から借りまくって金を用意して、リハビリ施設で知り合った仲間に販売業者を紹介してもらったんだ。ところが、金を振り込んだ途端に一切、連絡が取れなくなった。そう、まんまと騙されたんだよ」

障害者の弱みにつけこみ詐欺を働くなど鬼畜の所業。どん底に突きとされた芹沢は、ついに禁断の果実に手をつける。

「小口融資のヤミ金に金を借りたんだ。彼ら、オレらみたいな人間には優しいんだよ。障害年金で確実に回収できるから」

もちろん、優しい顔をしているのは、金が回転している間だけ。借金が雪ダルマ式に増え返済が滞りがちになると、途端に業者の態度が変わった。

「このときばかりは本気で自殺を考えたよ。こんなドン底人生ないなって、笑うしかなかった。でもね、それが結果的に人生の転機になったんだ。金融屋の知り合いに、覚醒剤をシノギにしてるヤクザがいて『そんなにガーデニングが好きなら大麻を栽培して稼いでみるか？』って」

ヤミ金業者にしてみれば、あくまで借金回収の足しになればと考えたまでだ。が、死まで意識した芹沢にとっては渡りに船。断る理由などない。

「もちろん、犯罪だってことは承知の上だよ。でも、他に生きる道がないんだよ。オフクロも反対するどころか『私が悪かったから詐欺に遭ったんだ』って泣いてるし。気づいたらオレも涙を流しながら、『今までゴメン』って謝ってたよ」

こうして、芹沢は非合法ビジネスに手を染めることになる。平成17年、彼が32歳のときだ。

ヘンプを吸ってるととにかく癒される

　ガーデニングの知識と経験は備えていたが、大麻の栽培など見当もつかない。そこで芹沢は、まずヤクザに、大麻グッズを扱うショップを紹介してもらった。

「種を買うこと自体は合法だから、普通にお店もあるんだよ。そこで初めて屋内栽培と屋外栽培の2種類あるってこと、米みたいに銘柄は複数に分かれてることを知った。ノーザンライトとかスカンクってのが良質でよく育つね。2、3万で買えるよ」

　種を入手したら、次はインフラの設営。店員から、《ハイドロ栽培（室内水耕栽培）》が育成も容易で収穫高も期待できると知り、ホームセンターで買い求めた。

「意外かもしれないけど、市販品の耕具で十分に育つんだよ。ハイポニカ（水耕栽培器具）やGHフローラ（液肥）、ハイポネックスとか」

　さらには、日光代わりの照明器具に温度計と湿度計、アルミ箔（鏡でも可）、タッパー等々、総額15万を投資。準備が整ったところで、さっそく、種の発芽に取りかかった。

　水を含んだ綿をタッパーに敷き詰め、その上に種をセット。扇風機で空調を整えながら押入れに3～5日間寝かせておけば、外皮を破って芽が出てくる。

　が、大変なのはここから。大麻は、発芽期、幼苗期、生長期、前開花期、開花期の5段階に成長が分かれており、昼と夜の変化をキッチリつけるなどデリケートに取り扱わないと、上質のモ

実験用に鉢植えでも育てている

ノは育たないという。

「やっぱり、そこら辺のケアは健常者より上手だと思うよ。地味な作業で、ひたすら忍耐が必要だからね。時間の管理？　あぁ、それは専用の時計があって、音声で何時か教えてくれるから、ヘマはしないよ」

問題があるので詳細は省くが、取りかかってから約1カ月、ハサミで枝葉を刈り取り冷蔵庫で乾燥させた後、仲介屋のヤクザに卸す。値段は上物で1グラム6〜9千円だという。


大麻栽培に手を染め3年、芹沢の元には生活に困らぬだけの金が定期的に入ってくるようになった。借金はすでに完済し、母親に満足な治療を受けさせられる。ある意味、見事なまでの逆転劇だ。

「決して褒められたことじゃないけど、死ぬよりはマシだな。実はオレ、自分でもヘンプ（大麻のこと）を吸ってるんだ。とにかく気持ちが楽になる。癒されるんだよ」

お蔭で以前よりポジティブになり、外出機会も増えた。なんでも、近々、高価な『ソナー付きの杖（障害物が近づくと警告してくれる）』を購入する予定だと、芹沢は嬉しそうに言う。だが、繰り返すが、大麻栽培は違法行為。摘発の恐怖はないのか。

「そりゃ怖いよ。だから自分では絶対に小売はしない。仲介のヤクザとの関係さえ守っていれば、たとえ彼らの誰かが逮捕されても俺まで来ないんじゃないかな。というか、そう思わないと怖くてやってられない」

芹沢が摘発の憂き目に遭わんことを心から祈りたい。

平成の裏仕事師列伝……09

片腕のピンサロ嬢

抜群のフェラと左手コキで娘を養う27歳の母

取材＋文＝松本さとし
フリーライター

月刊「裏モノJAPAN」08年8月号

神奈川県某所のピンサロで働く女性、Aちゃんに関する情報は当初こんな形でもたらされた。

「最初は暗くてわからなかったんですけど、全裸になったら片腕がちょこんとヒジの長さぐらいしかなかったんです」

裏モノ一読者が半年ほど前、場末感ただようあるピンサロに飛び込みで遊びに行ったところ、隣に付いたのが彼女だったという。年齢は20代後半に見えた。

店内は真っ暗な上、最初彼女は長襦袢のようなものを着ていたため《異変》にはなかなか気づかなかったらしい。が、いざ服を脱がせたとき片腕が異様に短いことがわかった。

愛嬌のあるルックスで、胸も大きいAちゃん。しかし急激に気分の萎えてしまった彼は、ついに勃起することもなく店を出たという。

「あれってサリドマイドなんじゃないかなあ」

彼は言うが、睡眠薬サリドマイドにより四肢に障害を持つ子供が生まれたサリドマイド被害は、60年代前半の出来事である。映画『典子は、今』で主人公を演じた両腕の短い障害児、典子さんが生まれたのも62年のことだ。現在20代の女性がサリドマイド被害者とは考えにくい。おそらく、腕の付き方がそれっぽかっただけのことだろう。

片腕の短いピンサロ嬢。キレイゴトを廃し、男として性欲に忠実に考えるならば、やはり彼女を相手にするのはキビシイと言わざるをえない。

フーゾク遊びとは、ときに擬似恋愛のような楽しみを期待する男もいるが、基本的にはただヌクための行為である。だから女の子選びで大事なのは、ルックスや胸の大きさ、脚の細さなど、商品としての女体の価値であり、性格や話しやすさなどは二の次だ。もし片腕が短ければ、やはり引くのが男の本音だろう。

ハンディキャップを背負いながら、ピンサロという圧倒的不利な戦場で戦う女性、Aちゃん。彼女はなぜそんな場に身を置いているのだろうか。

店に電話をすると、Aちゃんはほぼ毎日、夕方5時までの早番で出勤しているという。少し様子を覗いてみよう。

カーディガンのせいで右腕がよく見えない

目的の店は、神奈川県の海よりを走るJR某駅前からほんの少し歩いた、実に殺風景な場所にポツリと存在した。風俗街の中の1軒、ではなく、さびれた温泉街のストリップ小屋のようなたたずまい。ボッタクられようがバアさんが出てこようが何ら不思議のない雰囲気である。

2階の店内へ上る階段にはスピーカが置かれ、耳に響くシャリシャリした安い曲が大音量で流れている。

「いらっしゃいませ〜」

壁に貼られた指名写真の中にAちゃんの姿はない。正確には名前はあるのだが顔写真はない、と言うべきか。なぜか写真部分が空白なのだ。他の子たちは素顔を晒しているのに彼女についてわかるのは年齢（27歳）だけだ。

「じゃあ、このAちゃんでお願いします。50分コースで」

通された店内は、低いパーテーションで畳2つ分ほどのスペースに区切られていた。ソファではなく、いわゆるお座敷スタイルだ。もちろん照明は暗く、音楽もうるさく響いている。

床に座って待つこと1分、キャミソールにカーディガンをはおったAちゃんがやってきた。システムが変わったのか、長襦袢コスチュームではない。

「失礼します」

太めの身体だが、顔はそこそこ愛らしく、胸もかなり大きい。及第点は与えていい。

彼女は私の右側に腰掛け、左手に持ったおしぼりを目前に置いた。ということは問題の短い腕は右手のようだ。

私から見て、彼女の右腕は向こう側。さらに黒いカーディガンを、フーテンの寅さんスタイルで肩に引っ掛けているため、様子がよくわからない。事前の情報なしに普通にヌキに来た客ならば、まだ何も気にはならないだろう。

「パンツ脱ぎますか？」

言われるがままパンツを脱ぐ。が、やはりここはプレイ前に腕の一件を確認しておこう。

「攻められるほうが好きなんだよね」

彼女を床に寝かせ、谷間から大きな胸をもみつつ、私はカーディガンをそろっとはぎとった。

アイロンで強打され神経系統がイカれた

彼女の右腕は、想像していたよりもやや長かった。まっすぐ伸ばせばおそらく左手の手首あたりまでの長さはあるだろう。

「伸ばせば」と仮定形にしたのは、実際はヒジ付近から内側にグネリと曲がって固まったような状態になっているからだ。

また、左腕が人並み以上に太めなのに対し、右腕は肉付きが悪く、てのひらもふた回りほど小さく見える。

事故ですっぽり腕を失ったのではなく、か弱い腕が付いているため、情報をくれた男性もサリドマイドなどという言い方になったのだろう。

「その手、どうしたの？　病気？」

「んー病気といえば病気だけど。暗いのによく気づきましたね」

そう言ってAちゃんはカーディガンをはおり直す。

本人にすれば触れてほしくない話題なのだろうとは思う。また、客としても何も見なかったことにしがちな事柄かもしれない。しかしここは、しつこく突っ込んでおきたい。そのために指名したのだ。

「恥ずかしがらなくても大丈夫だよ。コンプレックスなんて誰でも持ってるしね」

そう言って小さな右手と握手をすると、彼女は軽く握り返してきた。握力はあるようだ。

「事故っちゃったの？」

「まぁ事故みたいなものですね」

右腕の障害は先天的な病気のせいではなかった。彼女、10代でできちゃった結婚をしたのだが、

20歳のときに、ＤＶ癖のある旦那に右腕の付け根をアイロンで強打された。打ち所が悪かったのか、神経系統がイカれ、以来こんな状態なのだそうだ。

20歳ともなれば、腕は十分に成長しきっている。両腕の見た目は同じであっていいはずだが、何がどう影響したのか、はた目にはマイナス成長したかのような右腕になってしまった。

「ひどい旦那だなぁ」

「でしょー。だからすぐ離婚したんですよ」

彼女は屈託なく笑う。この明るさは救いだ。

「でもなんでピンサロで働き出したの？」

「ずっと普通の仕事してたんですけど、去年からここで働き出したんですよ」

「なんでまた？」

「え〜、まあいいじゃないですか」

女性にフーゾク入りした理由を尋ねるのはさすがに野暮だったか。

ソレに気づいても大半の客はスルー

ではプレイを楽しむとしよう。片手だけでホントに大丈夫なのか？　あおむけに寝転がった私の股間に、彼女は顔を近づけた。不自由な右手を支えにした形での四つんばいだ。しっかり安定はしている。

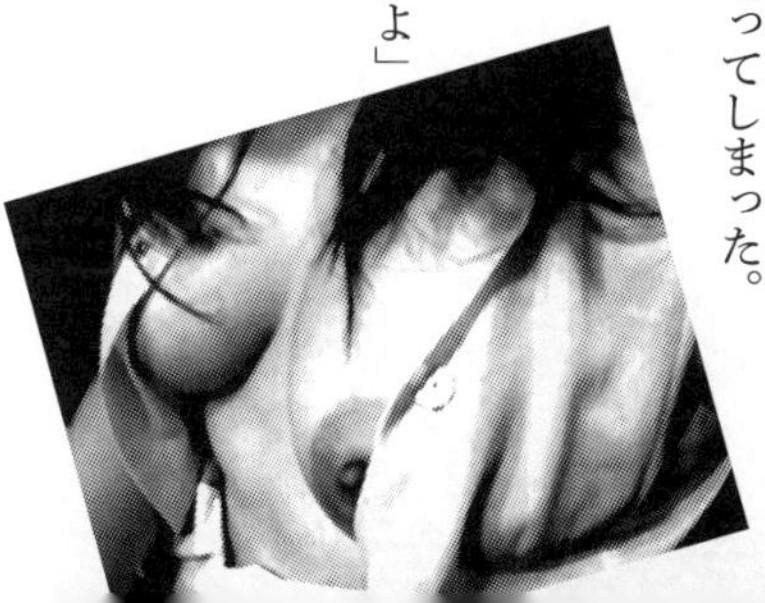

濃厚なフェラをしながら左手でサオをしごくAちゃん。願わくば余った手でタマをもみもみされると極楽なのだが、彼女にそれは望めない。

唾液を十分に使ったネットリ口撃はかなりレベルが高く、私は数分で発射した。むろん左手による手コキあってのことで、もし両手が共に不自由だったらイカずじまいで終わっていただろう。

残り時間は、再び彼女の右腕についての雑談に費やされた。

何でも、普段はプレイ中も完全な全裸にはならず、胸ははだけつつもカーディガンをはおったままなので、右腕の障害に気づかない客も多いという。

一方、もし気づいた場合の客の反応はスルーがほとんどで、ここまでしつこく突っ込む私のような客はいないそうだ。

「でも本番されそうになったことはいっぱいありますよ」

全裸のAちゃんがあおむけに寝る。すると客は片手で彼女の左腕を押さえつけつつ口をふさぐ。もう一方の手で脚を広げ、本番行為へ…。右腕では抵抗できないことを利用した強引なレイプ行為だ。抵抗するには足で蹴るしかない。

「思い切り壁を蹴飛ばして、店中にドーンって響いたり。ふふふ」

片手でも自活できることを娘に見せるために

それにしても不思議なのは、なぜ彼女がピンサロという過酷な職にあえて就

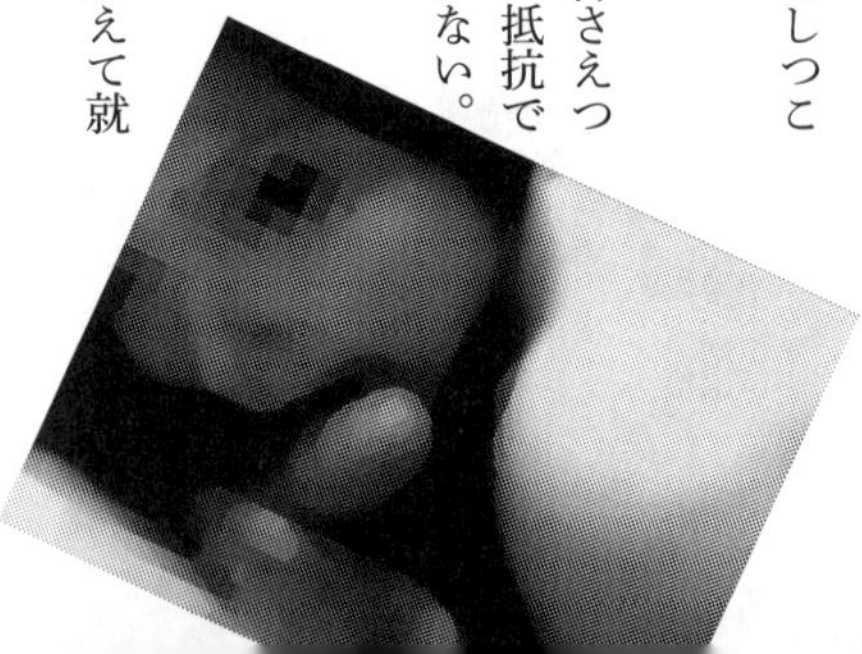

き続けているのかだ。障害年金をもらい、後は軽作業のパートでもすれば、細々とでも暮らしていけるだろうに。Aちゃんは言う。

「2級は取れるはずなんですけど、障害年金に頼ると子供の教育に悪いように思って」

彼女は離婚した男性との間に生まれた小学生の娘を女手ひとつで育てている。母親の障害にどこか負い目を感じがちな年ごろだ。

だからこそAちゃんは障害者として生きるのではなく、フツーの生活を送ることが大切だと考えた。

「片手が使えなくても自力で十分に生活できるって姿を見せることが大事なんじゃないかと思って」

ただ、障害を持っているだけにできる仕事は限られる。将来のことを考えれば、お金もできるだけ貯めておいたほうがいい。自宅から通えるピンサロは好都合だった。

むろん子供に仕事内容は伝えていないが、毎日朝から夕方まで職場に出かけ、夜は一緒に夕食を食べることだけは母親として守り続けている。出勤が5時までだったのにはそんな理由があったようだ。

「2番シートAさん、お時間です」

店内にぶっきらぼうなアナウンスが流れた。

「こんなに手のこと話したことなかったから、今日はなんだかすっきりしました」

すっきりしたのはこちらのほうだ。延長してもう一回戦と行きたいところだが、娘さんのためにも早く帰ってもらったほうがよかろうか。

平成の裏仕事師列伝……10

小人症のプッシャー

俺の体を見て職質する警官はいない

取材+文＝藤塚卓実 裏モノJAPAN編集部
イラスト＝しゅりんぷ小林

月刊「裏モノJAPAN」08年8月号

犯罪行為、特にそれが公共の場で行われる場合、まず実行者は、いかに周囲の風景にとけ込むかに注意を払う。

空き巣やスリ、あるいは盗撮。絶えず人目に晒されつつ、スムーズに《仕事》を遂行するには間違っても目立っちゃイケナイ。さもなくば、瞬く間に危険が及ぶのは素人にもわかる理屈だ。同じことは、クスリの密売人にも言える。最近ではネット上で注文を受け、客の顔を直接見ることなく、ブツを送りつける手合いも増えてはいるが、いまだ取り引きの主流は街中での手渡しだと聞く。隠密行動はやはり重要だ。

北関東の某都市に、そのセオリーをまったく無視した、ちょっと変わり種のプッシャーがいる。

生まれながらに小人症を患い、32歳になった今でも、身長がわずか137センチしかない男。名前は仮に田中孝治としよう。137センチ。それがどの程度のものか想像がつかぬなら、ランドセルを背負って歩く小学生の背丈を思い浮かべればいい。いま小学4年男子の平均身長が133センチ、小5男子は139センチというから、ちょうどその歳ごろの子供と同じである。

小人症のプッシャー、田中の人生が苦難の連続だったであろうことは容易に想像できる。が、彼が今、犯罪に手を染める理由とは何なのか。そもそもそんな目立つ容貌で、売人稼業など務まるのだろうか。

自分が小人だなんて全然自覚がなかった

平成20年5月下旬、昼2時。JR常磐線某駅近くのファミレスに現れた、そのひどく小さな男は、トイメンの席にピョンと軽やかに飛び乗って言った。

「どもっ、わざわざ遠いところまでお疲れさん」

ポマードべっちょりのオールバックにプーマのジャージという出で立ちが、精悍な顔立ちの田中にこれ以上なくハマっている。

しかし、それはあくまで上半身に限っての話だ。いったん視線を彼の全身が見えるところまで引くと、印象はまたガラリと変わる。

顔と胴体のサイズは歳相応なのに手足だけが極端に短い。おまけに尻は、後方にキュッと湾曲した、いわゆる出っ尻だ。あらためて小人症がいかなるものかを知り、軽くショックを覚える。

一瞬の動揺が顔に出たらしい。田中が子供のように首をかしげた。

「あんたもしかして、俺みたいな人間、生で見るの初めて？」

「…ええ。昔、テレビでなら何度かあるんですけど」

「あ、それドリフだろ。『8時だヨ！ 全員集合』に、小人プロレスの人が出てたもんなぁ」

僕は田中と同じ昭和50年生まれである。だからもちろん、彼の言う小人レスラーの件も覚えている。えーと確か、ミスター・ポーンって名前だっけか。

「そうそう。志村やカトちゃんと一緒に、独楽みたいに走り回るんだよな。あの頃は俺も幼稚園児だったから普通に笑ったなぁ。まさか、自分も小人だなんて全然自覚なかったし。ははは」

思わずつられて笑った。なかなか話しやすい男ではないか。

現在、田中は実家から5キロほど離れたアパートで1人暮らしをしている。かつては建設会社で事務員をしていたものの、2年前に退職。以後、プッシャー1本で生計を立てているそうだ。

ただし、実働日数は1カ月のうち3分の1程度で、月収も15万から25万の間を行ったり来たり。家賃の支払いや諸々の出費を考えれば、決して余裕のある生活とは言えない。

「毎日きちんと働けば、もっと稼げるんだけど、俺、ちっちゃい頃からひどい腰痛持ちでさ。特に最近は、ちょっと歩くだけでも体がキツイんだよね。だから金が足りないときは、実家から仕送りしてもらってる」

それでも、他の小人症の人に比べればマシな方だと田中は話す。意外なことに、小人症は障害者年金や障害者手帳を申請しても、認可がなかなか下りない。背が低くても四肢に不自由がないから、というのが理由である。結果、世の中には就職もできず、金ももらえずといった人たちが大勢いるという。

凄惨なイジメに遭った地獄の小学生時代

それにしても、田中は明るい。重いハンデを背負い、クスリの売人という、ともすれば荒んだ生活を送りがちな環境にいながらスレたところがまったくない。対面前に想像していたキャラクターとはまるっきり逆である。

率直に感想を伝えると、急に田中は恥ずかしそうに頭を掻いた。

「いやこれでも、昔はホントに暗かったんだって。寝ても覚めても死にたい、死にたいって思ってたんだから」

昭和50年6月、田中はスナックを経営する両親の次男としてこの世に生を享《う》けた。出生時の体重は2700グラム。ごく普通の幼児のようにも思えるが、彼の体には最初から不吉な兆しがあった。

「生後1カ月の健診で、母親が医者から『この子は手足が短い』って言われたんだ。軟骨無形成症の可能性が高いって」

一般に、極端に背の低い病気はすべて小人症とひとくくりにされがちだが、医学的にはその原因や症状によって様々な種類がある。下垂体性小人症、骨形成不全症などがそれで、田中に疑いのかかった軟骨無形成症は、突発的な遺伝子異常が原因で、手足の成長軟骨の発達が著しく鈍る。たとえ両親の体になんら異常がない場合でも、2万5千人に1人の確率で発症するらしい。ちなみに田中の両親や5つ上の兄も健常者だ。

不幸にもその後、正式に軟骨無形成症と診断された田中。凄惨な小学生時代が幕を開けた。

「手と足が短いから、ふんころがしとか化け物とか、ヒデェあだ名がつくだろ？　ほんで、足腰が弱くてスポーツもてんでダメだってんでまたバカにされる。挙げ句、勉強もからっきしってなればもう想像つくだろ？　意味もなく殴られるわ、友だちもろくにできないわで、地獄だったよホント」

しかし田中は、度重なるイジメに屈するほどヤワな男ではなかった。地元中学に上がった彼は、突如、ヤンキーの道に目覚める。

キッカケは不良マンガのバイブル『ビー・バップ・ハイスクール』との出会いだった。

「あのマンガの主人公ってケンカは強いけど、基本的に性格が卑怯じゃん。平気で不意打ちしたり、道具使ったり。年上の従兄弟の家で初めて読んだとき、感動のあまりマジで『おお、こんなやり方ありなんだぁ』って震えたもん。これなら俺にもできるって」

以来、田中は学校で体のことをバカにされると、誰彼かまわず突っかかるようになった。むろん、返り討ちに遭うことが大半だったが、殴られてボロボロになるのは小学生時代に散々慣れている。

やられた相手には後日、背後から奇襲をかけ、特殊警棒で徹底的に痛めつけた。膝を狙い、相手が屈んだところで頭を殴る戦法は、池乃めだか（公称149センチ）がTVで話していたアイディアをいただいたらしい。

少年時代は、とかくケンカの強さが一つのステータスになる。あいつは切れるとヤバイし、からかうのよそうぜ。普通に接しよう。周囲は田中に一目置くようになり、誰も彼をふんころがしとは呼ばなくなった。

代わりに別のあだ名がついた。ステルス田中。どこから攻めてくるかわからないヤツ、という意味らしい。

命がけで、俺を助けてくれるなんて

中学を卒業し、農業高校に入っても、相変わらず不良生活は続いた。そして17歳。田中は地元でも有名な暴走族の門を叩く。

「クラスメートに、毎週そこの集会に出てる友だちがいてさ、俺も連れてってくれって頼んだんだよ。楽しそうだったから」

当時、すでに田中は今とほぼ同じくらいの身長があった。15歳のときに受けた延脚手術で、骨が8センチも伸びたのだが、それでもバイクの運転はできない。そこで、集会に参加する際は、いつも誰かのケツに乗せてもらった。

田中が、暴走族時代の写真を数枚見せてくれた。剃り落とした眉毛にニグロパンチ。木刀を肩にしょってカメラを睨み付けるその姿は、もう何と言うか、いろんな意味で怖すぎる。事実、この頃は街で因縁をつけられても、異様な風貌に相手が圧倒され、事なきを得ることがよくあった。

「そりゃそうだろ。こんな眉毛のないフリーザ（『ドラゴンボール』に登場する背の低い宇宙人）みたいなヤツに、高音で『殺すぞ』なんて言われてみ？　誰だってドン引きするって」

手元の写真を見る限り、田中のことばに誇張はないだろう。顔出しNGが取材条件のため、みなさんにお見せできないのが残念でならない。

田中は、暴走族時代こそが自分の人生の転機だという。それを痛感したのは高2の夏。走行ルートを巡って、田中の所属チームと別の族との間で大規模なケンカが起きた。

敵味方合わせ、30、40人が入り乱れる乱闘。が、やがて自軍劣勢とみるや、味方のメンバーは次々と逃走した。敵だらけの現場に、単車のない田中だけ

が取り残されてしまう。

容赦ないリンチが始まった。

「完璧死んだ！って思った。地面に転がされて、バットや鉄パイプでビシビシ殴られるんだから」

しかし、寸前のところで田中は窮地を脱する。彼を探しに舞い戻った同い年のチームメイトが仲間2名とともに、単車ごと敵の輪へ突進。相手が怯んだすきに田中を後ろに拾い上げ、そのまま逃げ切ったのだ。

「あんときは、10年ぶりくらいに人前で泣いたんだ。だって仲間が命がけで俺を助けてくれるなんて発想なかったもん。そんな友だちは小学校にも中学校にも高校にもいなかったから、本当にうれしかったんだ」

命を救ってくれたこのときの友人とは

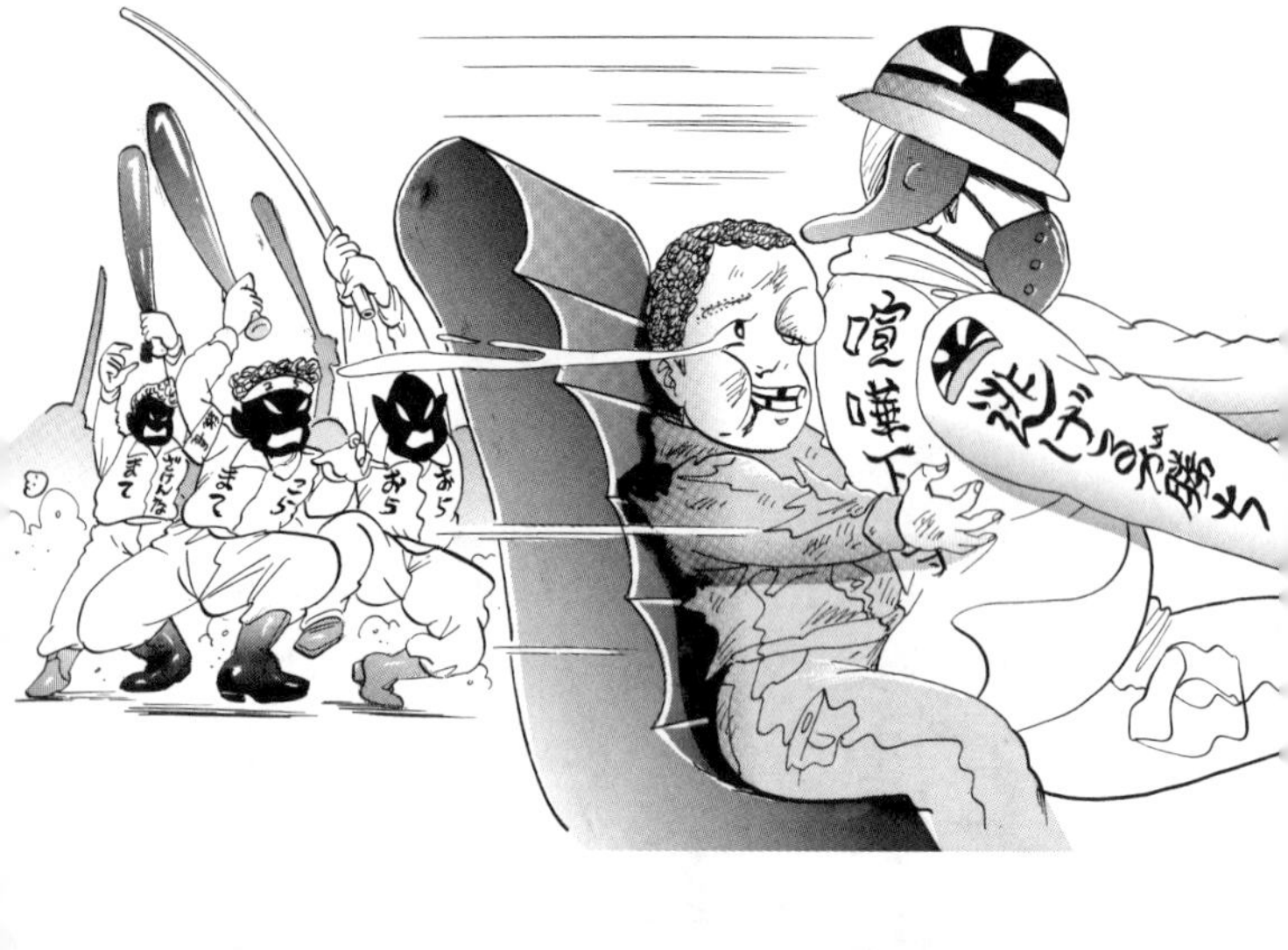

今も深い交流が続いている。

報酬は月収70万とシャブの代金が半額

暴走族時代に得たものは、親友だけではない。幸か不幸か、田中がシャブと出会ったのもこの時期だった。

族仲間の家で、大勢でダべっていると、誰かしら必ず注射器とパケを持ち込んでくる。そんな環境の中、田中がクスリに手を出したのも、ある意味自然な流れだった。

人がシャブにハマる理由の大半は、セックス時の猛烈な快感だ。が、田中の場合は、抜群の効果を持つ腰痛の鎮静剤としての魅力だった。

「完全に痛みがなくなるわけじゃないんだけど、シャブが効いてる間はかなりラク。腰痛はマジで辛いからな。で、何度も何度も繰り返しやってるうち、いつの間にか中毒になってたってワケ」

今さらシャブの依存性について説明する必要はなかろう。20歳で暴走族を引退し、前述の建設会社で働き始めてもなお、田中はクスリを断続的に打ち続ける。ネタの購入先は、族時代の元リーダーで、3つ上の先輩だ。現在は地元で一大勢力を誇る広域暴力団に所属しており、売人が本業ではないのだが、田中のような知人のために便宜を計っていた。

年月はどんどん流れて平成18年冬、そのヤクザの先輩から電話がかかってきた。

――最近、知り合いの極道から600人分の客付き携帯を買った。ついては大々的にドラッグの密売を始めようと思うので、手伝わないか――。

提示された仕事はプッシャーだった。毎日朝10時から夜中の1時ごろまでクスリの保管所と待機場を兼ねたアパートで待機。客から注文が入れば、受付役から連絡が入るので、あとは指定の場所へブツを持っていけばいい。配達エリアは県下全域だという。報酬は月給制で70万。さらにシャブの購入代金も半額になるらしい。

リスクよりも実利。田中は先輩の誘いに二つ返事で応じ、半月後、建設会社を辞職した。

障害者に悪人はいないと思ってんじゃないの？

プッシャー稼業は多忙を極めた。待機所には田中同様、先輩に雇われた売人があと2人いたのだが、彼らとゆっくり話す間もないほど、次から次へと受付役から指令が飛んでくる。○○スーパーの駐車場に行け。今度は○○高校のグランド裏。それが終われば古本屋チェーンの駐車場。とにかく1時間の休憩すらとれぬほど、県内を車で走り回った。

「1日最高で20回デリバリーしたこともあったな。それも俺1人でだぜ？　ったく、こんな関東の僻地にどんだけヤク中がいるんだよって話じゃん」

田中たちが扱うドラッグは、シャブの他にも大麻、ＬＳＤ、エスクタシーと何でもござれ。が、やはり売れ筋はシャブがピカイチだという。

「いまシャブの値段は、場所によってマチマチだけど、グラム6万くらい。でも先輩は2万5千円で仕入れるから、どんだけオイシイ商売かわかるだろ?」

しかし、違法ビジネスというものは好調になればなるだけ、派手にやればやるだけ、警察の追及も厳しくなるもの。連絡用の電話は他人名義のプリケーを使う。1、2カ月で新しい電話に取り替える。ブツの配達に使う車には、秘密の隠し場所を設ける。手立てをいろいろ講じたところで、危険がなくなるワケではない。

実際、田中を含め3人いるプッシャーの1人は、配達中に職質に遭い、あっけなく逮捕されている。幸い、このときは捜査の手が密売組織にまで及ばなかったものの、下手すりゃ一網打尽の可能性もあったのだ。

特に田中の容貌は目立つ。一発で目をつけられそうだが、その点は大丈夫なのか?

「職質に関しては絶対大丈夫だよ。てか、今まで1回も受けたことない。みんな俺の体を見た途端、素通りだよ。完全スルー。障害者に悪人はいないとでも思ってんじゃないの? ま、そういう意味じゃ、この体に感謝してるけどな」

現在、田中は腰痛激化のため、仕事量を大幅にセーブしている。今後も腰の状態と相談しながら売人を続けるそうだ。今のところ辞める気は一切ないらしい。

田中孝治、なんと強き男なんだろう。決して上から目線で言うのではないが、彼にはエールを送り続けたい。法的な善悪はともかくとして。

平成の裏仕事師列伝……11

吃音の架空請求屋

お、おめー、つ、つ、使っただろ ア、ア、ア、アダルトボイス！

取材＋文＝裏モノJAPAN編集部
イラスト＝小松 恵

月刊「裏モノJAPAN」08年8月号

最近はさほど報道を見かけないため下火になったと思われがちだが、今なお架空請求の被害は全国各地で噴出している。

突然、見知らぬ番号からケータイに着信があり、何かと思えばヤクザ口調の男から使った覚えのない有料サイトの料金を請求される。無視すればいいだけのことだが、怖い口調に脅え、言われるがまま金を振り込んでしまう人々は絶えない。

この架空請求というお仕事、そもそもが払う理由のない金なのだから、説得力のある論理か、脅えさせる力を持った口調がなければ務まらないように思える。編集部に近しいある男性も数年来この仕事をしているが、やはり彼もまた業務のときはドスの効いたチンピラ口調だ。

その彼があからさまな差別用語を使って、1人の男性を紹介してくれた。

「うちに、ドモリのヤツがいますよ。そばで聞いてたら何言ってんのかわかんないのに、一番稼いでますからね、そいつ」

吃音。電話一本だけが武器の職場において、あまりに不利な障害である。そばで聞いている者ですらよくわからない言葉を、電話の向こうの人間がどう理解し、金を振り込むというのか。

まるで耳の聞こえない音楽家、目の見えない画家のような矛盾した存在の彼に、仕事の術を語ってもらった。

できるだけ他人と関わりのない仕事を

「ど、どうも。は、は、初めまして。よろしく、おねが、お願いします」

ファミレスで対面した中野クン（24歳）は、挨拶の段階から『期待を裏切らぬ』吃音ぶりを発揮してくれた。

見かけはいたって普通の青年である。チンピラどころか弱々しい印象すら受ける細身の青年だ。ヤクザな稼業をしているようにはとても見えない。

では仕事の話の前に、まず生い立ちから聞こう。

彼が自らの吃音癖に気づいたのは小学生のころだった。原因はわからないし、親によって矯正、克服を強いられることもなかった。一部、心ない友人に真似されたりしたことはあったが、特にイジメられた記憶はないという。

そのおかげか、内向的な性格にもならず、中学時代は不良仲間とつるんで学校の中心的位置に立ち続けた。

しかし10代後半になって、妙なことが起き出した。人ごみの中を歩いていると突然、いま右足を出したか左足を出したかがわからなくなり、次の一歩が踏み出せないのだ。街中やデパートで、彼はたびたびその場にうずくまり、身動きが取れるようになるまで頭を整理した。

時を同じくして吃音が急激にひどくなった。歩けない上に自由にしゃべれない。高校卒業後も社会には出れず、彼女の部屋に居候し、ヒモのような生活を送った。

21歳のとき、彼女が愛想を尽かし、彼を部屋から追い出した。これからは自分で食っていかねば。でも何ができる？

そんなとき新聞広告で求人を見かけたのが、今も働く架空請求業者だ。

『パソコン事務求む。時給千円より』

業務内容が内容だけに、面接などないも同然。口を開けば吃音だらけの彼も、すんなり受け入れられた。事務所では10人ほどの男が、固定電話やケータイを駆使して架空請求に励んでいた。

他人と関わりあわずにできる仕事をと、極めて消極的な理由で選んだ職場だったが、ここで彼のハンディキャップが生きてくるのだから人生わからない。

「た、た、他人をネチネチ、こ、こ、こ、攻撃するのが、す、好きなんですよ」

性格的に合っていたのか、入社後すぐに彼は頭角を現し始めた。吃音で何を言っているのかわからないのに、どういうわけかターゲットが金を振り込んでくるのだ。

ちなみに彼らが使う名簿は、ほんの数秒でもアダルトボイス番組にアクセスしたことのある電話番号リストで、まったくの架空請求ではない。ターゲットにも多少の負い目はある。ただ、5００円程度の利用料でも、延滞金の名目で数万円から数十万円を振り込ませるのは容易ではない。無視されればそれまでだ。

しかもそのリストは、別の業者が『叩いた』後で回ってくる二次名簿のため、難敵が多い。過去にさんざん脅し、なだめすかしても振り込んでこなかった連中を相手にしなければならないのだ。

ピザ屋で住所を知り、近所の商店に電話

彼は周辺から攻めるネチっこい作戦を得意とした。

ターゲットが固定電話の番号ならば、おおよその住所はわかる。そこで彼は近隣のピザ屋にかたっぱしから電話をかける。

「電話番号×××です。引越ししたんですけど、いま登録先の住所と名前どうなってますか？（実際は吃音口調で。以下同）」

ターゲットが過去に店を利用していればデータ登録されているため、個人情報に無頓着な時代

はこれで正確な住所と氏名が判明した。

次に、自宅近くの商店などに電話をかける。

「佐藤さんとこがアダルトボイスの料金払ってくれなくて困ってるんですよ」

精神的に追い詰めるには、またとない方法である。

不明瞭だから抱く言い知れぬ恐怖感

外堀から埋めるだけが彼の特徴ではない。どうやら吃音での罵倒が功を奏しているようなのだ。職場で録音してもらった電話のやりとりを聞いてみよう。相手は30代と思しき男性だ。

（次ページ参照）

いかがだろうか。ターゲット当人の心理まではわからないが、確かにここまで言葉が不明瞭だと、かえって言い知れぬ恐怖感のようなものを感じないだろうか。「は？」と聞き返すことでペースにはまってしまう部分もあるように思う。

現にこの後、ターゲットの男性は、直接家に来られるのを恐れ、20万円（負けてもらった）を振り込んだそうだ。

昔からずっと吃音のことなどからかわれてこなかった中野クンだが、いまの職場はガラの悪い仲間が多く、しょっちゅう「ドモリ、ドモリ」と蔑まれている。

はい、もしもし
わわわかる？　何か？
はい？
な何かわかる？　アアアダルトボイス
は？
つつ使ったでしょ、アアダルトボイス
間違いじゃないですか？
ち違わねぇよ
…………
おお覚えてんだろ？ なあ？ 覚えてねえ？
…………
し4月に使っただろ
いや…
けけ携帯、お落とした？
は？
け携帯、お落とした事、ああるか聞いてんだよ
いえ
じゃあ、オオオマエだろ、つ使ったの。なあ
違いますけど
ハッ？ ふふふふざけんな
…………
なあ、かか会社に電話すんぞオメェ
は？
か会社に電話するぞっってんだ
は？
だから、つ使っただろオメェ、アダルトボイスを
使ってないです
つつ使ってねぇじゃねぇよオオオオマエ。しょしょ正直に言わないとうう埋めるぞ？　オオマエ、つ使ったなら使ったって、いい言えよ
はぁ
い今だったら、ゆゆ許してやるからさあ
使ったかも
だろ、オメェ。どどどうすんだよオメェ。なあ、い今、どどこにいんだオメェ
家です
だろ？　ウウチのくく車がそのへんぐるぐる回ってるからさ(デタラメ)。い今ピンポンするからよぉ。そそこで、は払ってくれよ
いくらですか
延滞金、ここ込みで、にに28万4千円

「ひ、ひどいんですよ。さっさとド、ドモれとか、め、め、命令してきますから」

そう愚痴りつつも、顔は笑っている。ヘタに腫れ物に触られるような態度を取られる環境より、居心地はいいのだろう。

なんといっても稼ぎがスゴイ。基本は時給制だが、月に200万円以上振り込ませると歩合制に切り替わり、中野クンの月収は現在およそ80万円。雇われの身でここまで稼いでいる架空請求屋は珍しい。

「き、今日は、あまり、ド、ドモれなくて、す、すみません」

取材終了後の申し訳なさそうな台詞に不覚にも吹き出してしまったが、彼は笑顔でスルーしてくれた。天職を見つけた男の余裕か。

平成の裏仕事師列伝……12

脳性麻痺のＡＶ男優

三度のメシよりクンニが好きなんです

取材＋文＝裏モノJAPAN編集部

月刊「裏モノJAPAN」08年8月号

ここに一本のアダルトビデオがある。タイトルは『障害者の性』という。再生すると、画面に車椅子に乗った男性と下着姿の女性が現れる。女性は耳が聞こえないようで、２人はホワイトボードを使った筆談でコミュニケーションを取っている。

車椅子の男性がバスローブ姿のまま、転がり込むようにベッドに仰向けになる。その手足は痩せ細り、強張るように曲がっているが、女性にフェラチオされるや、股間がギンギンに勃起していく。女性が騎乗位で挿入し、腰を振る。やがて、男性の両足はプルプルと小刻みに痙攣を起こし――。

見る人が見れば、障害者を見せ物にしたキワモノＡＶでしかないだろう。ある意味、グロテスクな映像と言えるのかもしれない。が、不思議なことに、2人は終始笑顔だ。そこに、悲惨さは一欠けらもない。

この、世にも珍しいＡＶに出演しているのが、本稿の主役である熊篠慶彦（38歳）だ。

「あのビデオは、障害者の性を色んな人に知ってもらうために、ようやく出した作品なんですよ。これまで色々な活動をしてきた中の、１つの成果なんです」

《脳性麻痺による四肢痙性麻痺》なる障害を抱えながら、これまでセックスに飽くなき情熱を注ぎ続けてきた熊篠。いったい彼はどんな男なのだろう。

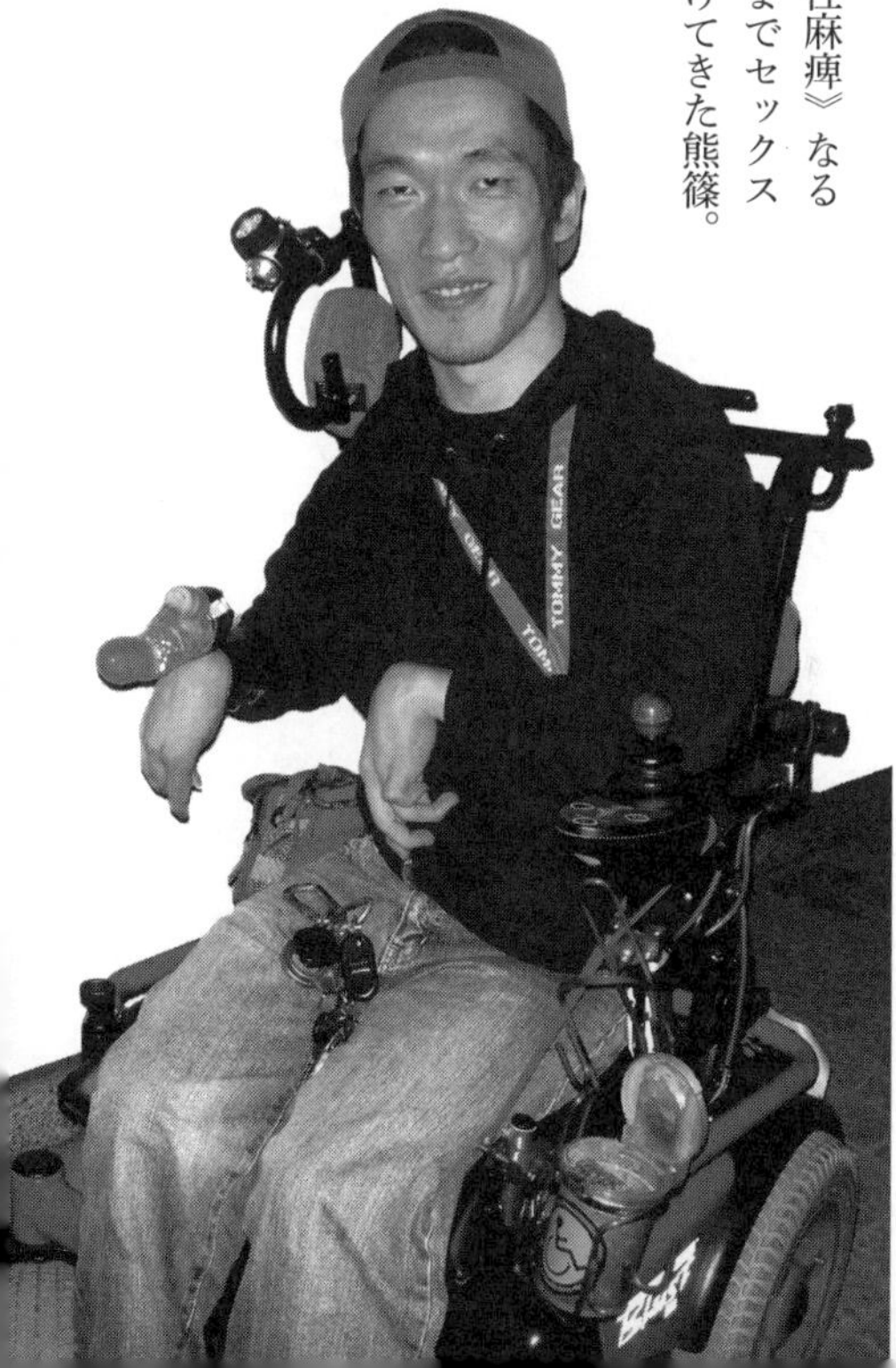

女の子を攻めるとき、足の痙攣が効くんです

08年5月某日。熊篠は、取材場所である都内シティホテルのロビーに電動車椅子で現れた。挨拶を交わすと、強張った両手を使い、首に提げた小さなバッグから名刺を差し出す。その動きからは障害の重さが伝わってくる。

熊篠は言う。

「生まれたときからの障害だから、動かし方がわからないって感覚に近いかもしれない」

脳性麻痺とは、脳の運動機能を司る部分の損傷によって、手足を自由に動かせない障害だ。中には、知的障害や言語障害を伴うケースもあるが、彼の場合、運動障害だけで、コミュニケーションに支障はない。

現在、熊篠は親元を離れ県営住宅に1人で暮らしている。週2日、ヘルパーさんが食事や洗い物に来てくれる以外は、身の回りのことは自分1人でこなす。車椅子での生活は今年で24年目になった。

収入は、障害者年金と、自治体の補助手当を合わせた約9万円。他に、AVやテレビの出演料や、雑誌取材などのギャラがたまに入る程度で、ギリギリ生活が成り立つレベルらしい。

障害を抱えての1人暮らしは、健常者には想像もつかない厳しさがあるに違いない。が、彼は極めて明るい。

「ビデオの中で僕の足がプルプル痙攣してたでしょ？　あれは脳性麻痺の人によく出る症状で、痙性《けいせい》って言うんだけど、女の子を攻めるとき、あの痙攣が効くんですよ」

　思わず笑ってしまった。何だろう、この余裕は。熊篠が性に目覚めたのは小学5年のころだ。生まれたときから手足の自由は利かなくとも痛みや熱さは普通に感じる。当然、性感も一般男子と変わらない。

「学校で回し読みしたエロ本がきっかけで、オナニーを覚えたんです。そのころは手首が真っ直ぐだったから、普通にフォアハンドでしてたけど、今は手が曲がっちゃったから、バックハンド

初めて出演した『障害者の性』

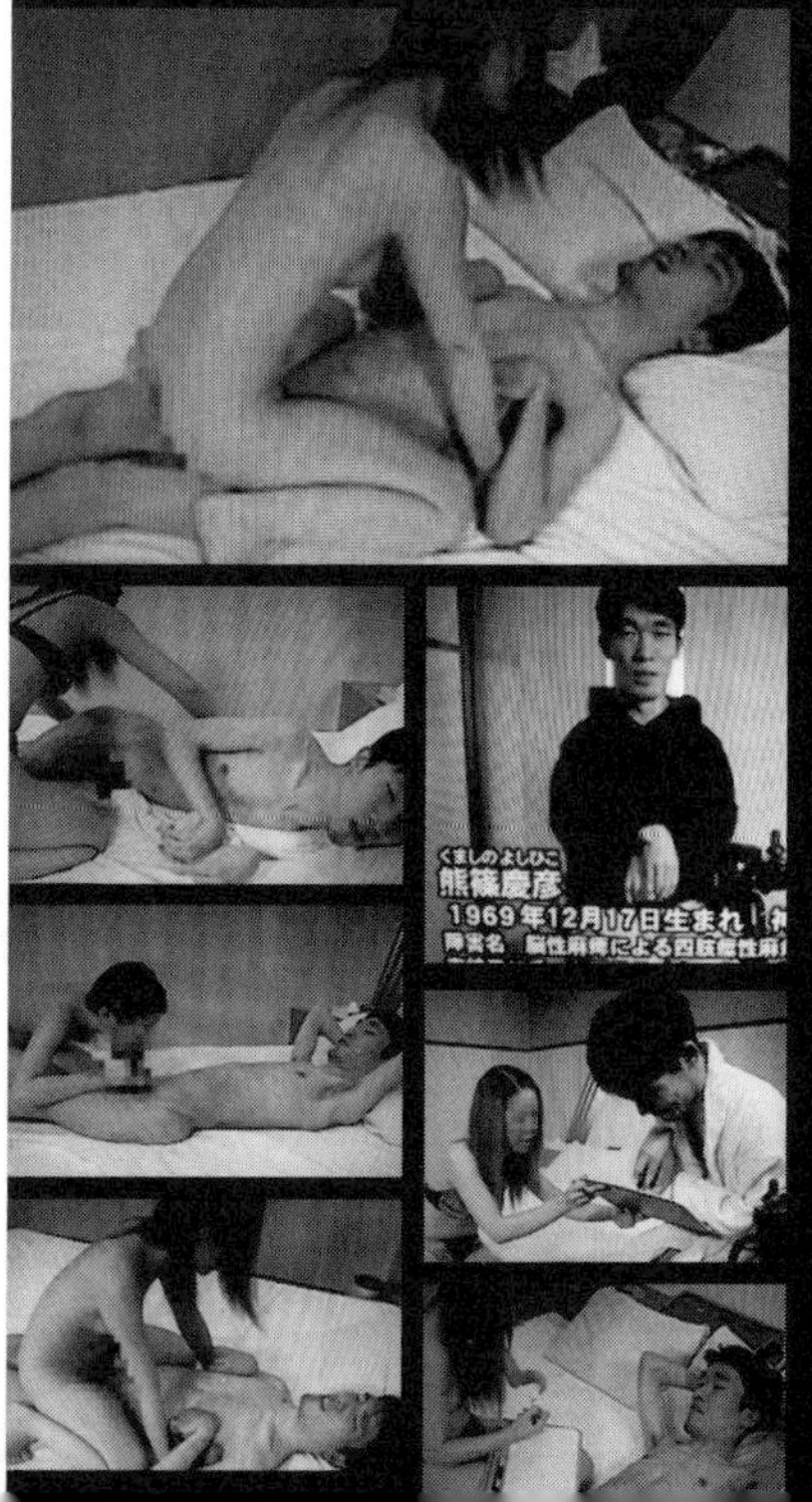

お相手も聾唖の障害を持った女性。「射精できずに、最後は手コキで抜いてもらいました」

ストローク。握りの強さも上下運動も、そこそこのレベルですよ」

熊篠、面白い男だ。

呼んだホテトル嬢は優に100人以上

右手を恋人に19年、熊篠は初体験を済ませる。お相手は風俗嬢だった。

「世話になってる理学療法士の先生がホテトルを勧めてくれたんです。その人、風俗大好きで、おまえも体験したら世界が変わるよって。じゃあ試してみるか、と」

事前に1泊分予約したシティホテルの障害者対応ルームにチェックインして、ホテトルのチラシを見ながら片っ端に電話した。

「障害者だと伝えたら案の定、断られました。けど、こちらがシティホテルにいるってわかった途端、OKしてくれた。シティホテルに予約が取れる経済力がないと、障害者はホテトルを呼ぶこともできないんです」

事実、この一回のセックスのため、熊篠は、部屋代+プレイ代金に7万円もの大金をかけている。絶対に失敗したくない一大イベント。金も時間も無駄にできない。

「服を脱ぐだけでも人の何倍も時間がかかるから、前もってトイレに行って、服を脱いで、シャワーも浴びた。お金も最初からテーブルの灰皿の下にセットしておきました」

部屋に来た女の子は20代後半の地味なタイプだった。親戚に障害者がいるらしく、心配する彼に、何の問題もないと明るく対応してくれたという。

「フェラも気持ちよすぎてヤバかったけど、挿入したら三擦り半でイッちゃいました。内容はショボいけど、障害者でも普通にセックスできたってことが本当に嬉しかった。前向きな気持ちになれたかな。まぁ、それがきっかけで風俗にハマっちゃったんですけど」

当時、熊篠は実家暮らしで、通信制の大学に籍を置きながら、週4日、写真店のアルバイトで月10万度程度の収入を得ていた。

「その金のほとんどがホテトルに消えました。なんせ月に1、2回のペースで遊んでましたから。給料日から逆算して予約を入れるんだから、ホテトル中心の生活ですよ。風俗にお金を使ってな

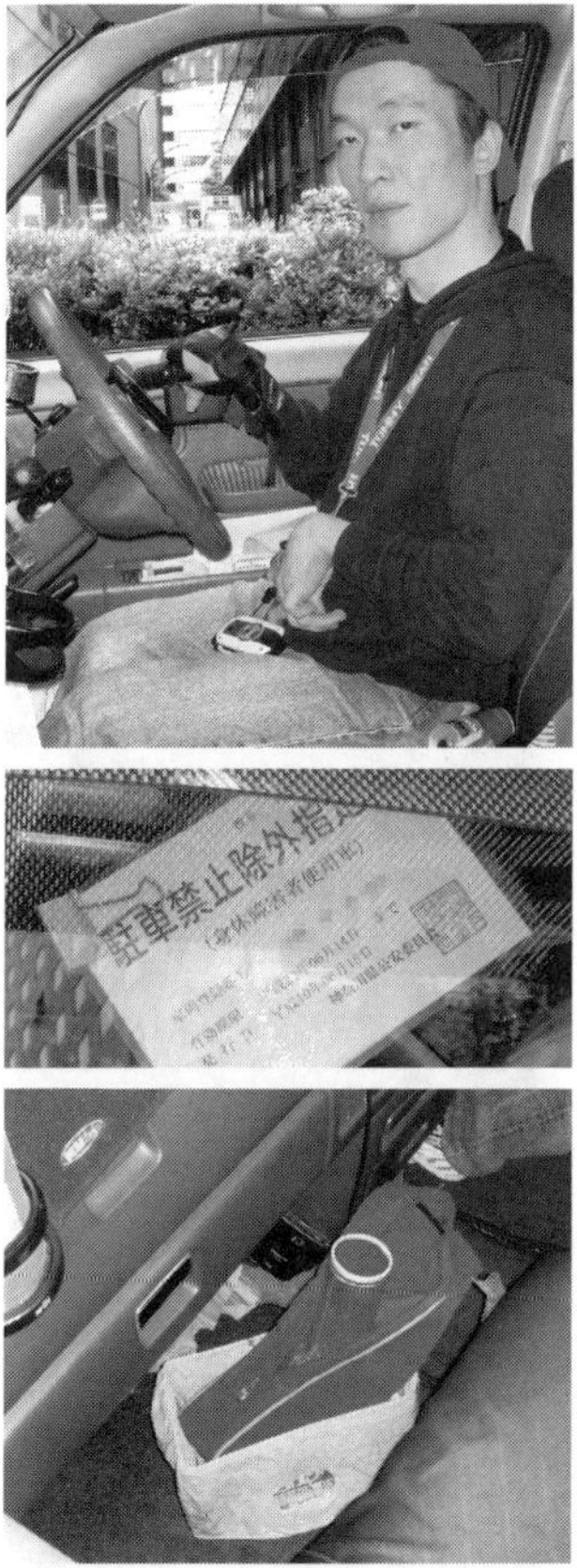

自らの障害に合わせて改造した自家用車。右手でハンドルを回し、左手でギヤチェンジ、ウインカー、ワイパーなどの操作を行う。足元には簡易トイレ用の尿瓶。

かったらベンツ一台ぐらいは買えたかもしれない。これまでの人数？　ラクに１００人を超えるんじゃないですか」

プレイは熊篠がベッドに仰向けになり、女性にサービスしてもらうことが多いが、時に攻めのプレイもこなすらしい。

「三度のメシよりクンニが好きなんです。たまに手も使って攻めるけど、やっぱり難しい。比率で言うと、８対２で口かな」

普段の生活でも、手の代わりに口を使う場面は多く、缶コーヒーぐらいは口だけで開けられるらしい。いわば熊篠にとって口は第二の手という存在のようだ。

「そういう体験の中でさっき言った痙性で女の子を喜ばせることも覚えたんです。本来、痙性は予期せず起こるんけど最近は意図的に発生させられるようになりました。これは武器ですよ（笑）」

彼の体の一部の電動車椅子。最高速度13キロで40キロメートルの道のりを走破する。リクライニングやイルミネーションなどのドレスアップパーツなど、改造費込みで百数十万円なり。「納車2年目のアメ車です」

メールを送ってきた女子大生とホテルに

ホテトル三昧の日々を送っていた99年、彼は『熊篠邸の地下室』なるＨＰを立ち上げた。障害者でも遊べる風俗店や、ラブホテルの情報を集めるのが目的だった。

「車椅子で行けるラブホガイドなんて当時はどこにもなかった。見つけるのも簡単じゃない。でも、ボクは風俗にハマったことでかなりの情報を持ってる。それを提供するから、誰か他の情報を寄せてほしいってことです」

結果、思惑通り、HPを見た人たちから情報が届く一方、予想だにしないことが起きた。HP開設から3ヶ月が過ぎたある日、1人の女性から一通のメールが送られてきたのだ。

〈私は●●大学に通う3年生です。障害者の性について卒論を書きたいと思っています。一度お話を聞かせてもらえないでしょうか？〉

断る理由は何もなく、彼女に会った。もしかしたら、という下心もあった。

「結論から言うと、その子とラブホテルに行けちゃったんですよ。『どこが使いづらいかわかる？』『わかりません』『じゃ実際に行ってみようか？』って流れで」

ホテルに着いても、同じようにアプローチをかけた。

トイレ狭いでしょ？　お風呂も段差あるでしょ？　じゃ、実際に入ってみる？

「まぁ半分冗談だったんですけど、彼女、本当に服を脱ぎ始めたんですよ。もちろん、ヤ

身体障害者手帳。障害の重さは1級障害者並みだが、生まれた直後に受けた2級障害者判定のままにしているらしい。「障害者同士で会って、自分が2級だって言うと、みんな驚くのが面白いんですよ」

りましたよ」

天晴れ。熊篠は自身のHPを使っての《ナンパ》に成功したばかりか、これまで同じ手法で20人以上の女性と関係を結んでいる。彼が抱える大きな障害を考えれば、驚異的としか言いようがない。熊篠、車椅子のネットナンパ師と言った方が正解かもしれない。

「僕の場合、こちらから攻めるナンパじゃなくて、HPを見て近づいてくる女の子を狙う《待ち》のナンパです。友達は僕のHPのことを《定置網》って呼んでますよ」

定置網にかかる女性たちは看護師や福祉関係の仕事を目指す学生や、主婦、中には風俗経験者もいるという。

「彼女たちの話を聞いてみると、障害者専門の風俗店に在籍したいとか、自分だけでも障害者に

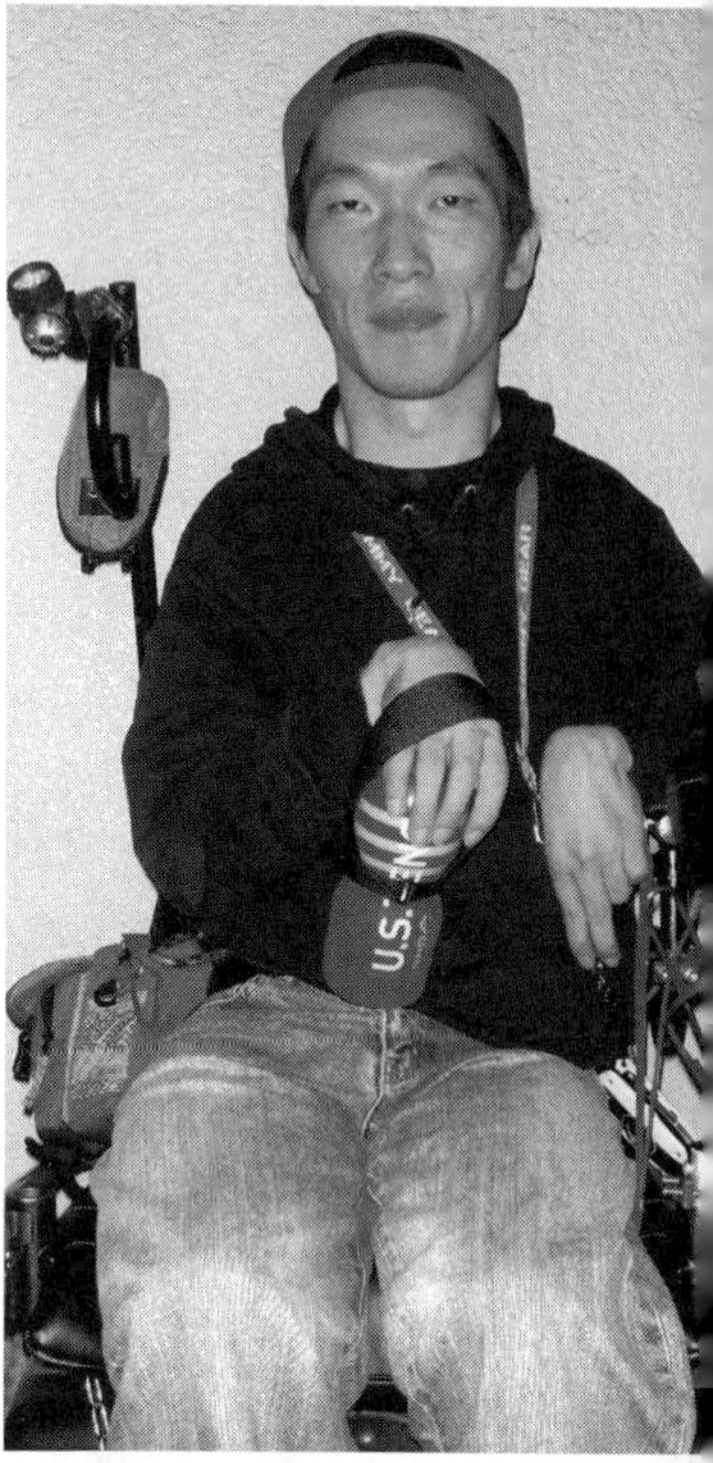

メーカーの協力で、自身が主催するイベントの来場者にプレゼントしているオナホール、テンガ。専用アダプタもあり

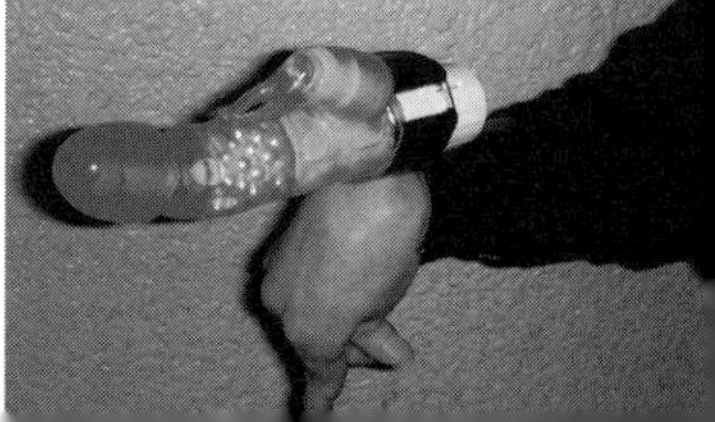

接客したいっていうパターンですね。風俗と福祉の現場って、似たような部分もあるんですよ。重要なのは下の世話だったりするから」

熊篠に近づいてくる女性の中には、障害者マニアと呼ぶべき人もいるらしい。

「障害者の体に性的な興奮を覚えるみたい。自分の体のことを好きだと言ってくれてるんだから、それはそれでいいんじゃないですか」

若い風俗嬢や人妻から会いたいと頼まれ、タダでセックス。何とも羨ましい話ではないか。《熊篠理論》によると、ネットナンパで最も重要なポイントは、キャラ作りにあるという。HP上で、おちゃらけキャラを演じているので、コンタクトを取ってくる女の子も軽い雰囲気で近づいてくることが多い。ところが、実際に会ってみると、真面目なキャラクターの本人が現れる。そのギャップが効果をもたらすのだと彼は言う。

「でも、おちゃらけたキャラの部分も伝えてるから、ホテル行ってみる？　なんて聞けるんですよ。こんなこと、普通の障害者じゃできないでしょ（笑）」

『頑張ってる障害者』は好きじゃない

障害者本人が自身の性をあけっぴろげに語る熊篠のHPは徐々に知名度を上げていき、マスコミの注目するところとなった。

某週刊誌に障害者の性をテーマにした手記が掲載され、自らの半生と性体験を綴った単行本も

出版。テレビからの取材がいくつも舞い込んだ

「そのテレビ番組を観ていた某AVメーカーのプロデューサーが、ビデオに出ないかって話を持ってきてくれたんです」

熊篠は現在までに2本のAVに出演している。冒頭で紹介した『障害者の性』(02年発売。約3千本売れたが現在は絶版)はタイトル通り教育ビデオ的な要素が強かったが、08年3月にリリースされた『38歳処女喪失』では、AV男優として車椅子の彼氏役を堂々と演じている。今更ながらの問いだが、AVに出てまで自分を曝け出すことに抵抗はないのか。

「多少はありました。でもAVメーカーからオファーが来るなんて普通の人じゃありえないでしょ?　おちゃらけたついでにAVにも出ちゃった、という程度でいいじゃないかと。今も要請があればいつでも出演しますよ」

世の中の人たちが障害者に抱くイメージを崩し、タブー視される障害者の性を世間に知ってもらいたい。熊篠の本心はそこにある。が、その本心をあえて表に出さないところに彼のこだわりがあるようだ。

「実際大変なことは多いけど、頑張ってる障害者と感動するみんな、みたいな構図は好きじゃないんですよ」

熊篠は現在、障害者でも使えるラブホや風俗店をサポートするバリアフリーアドバイザーの活動や、障害者の性のサポートを目的とした非営利団体の理事長として、イベントやセミナーでの

講演をこなしている。が、一番の楽しみは、やはりネットで出会った女性たちとのセックスだという。

HPでおちゃらけて、リアルでは真面目に。このギャップがナンパを成功に導く。男性読者の皆さん、よくわかりましたね？

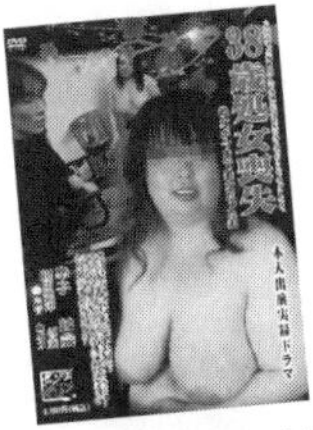

2作目
『38歳処女喪失
彼女が今まで処女だった訳』

熟女処女喪失ビデオに車椅子の元彼役で出演。2人の巨漢熟女に責められながら、ドラマ仕立ての演出でセリフもこなした

第3章

男と女の経済学

汁親《しるおや》

2千人の精液を目撃した汁男優の手配師

取材＋文＝佐藤正喜
裏モノJAPAN編集部

「平成の裏仕事師列伝07」07年11月

日雇い労働者が「明日はちょっくら仕事でもすっかぁ」と職を探そうとした場合、建設会社の労働者募集情報に直接アクセスする手もなくはないが、もっとも手っ取り早いのは手配師に連絡することである。給料ピンハネのデメリットはあれど、すぐに職を紹介してくれる魅力は捨て難い。

逆に、建設会社が明日までに日雇い労働者10人を揃えたければ、これまた手配師に声をかけて集めてもらうのがベストである。人脈を駆使してどこからともなく男たちを連れてくることだろう。

労働者と現場をつなぐ、手配師というお仕事。その多くは建築・建設系で活躍しているが、バカらしさここに極まれりと言うべきか、なんと汁の世界にも同種の仕事を生業とする者がいる。

除夜の鐘ぶっかけのため108人を集めた

汁の世界とはすなわち、アダルトビデオに脇役出演する汁男優のギョーカイである。自ら手コキして女優の顔にぶっかける。フェラチオしてもらって、口内でイク。ときには本番までやらせてもらって膣外射精する。仕事の種類は様々あれど、汁男優に求められるのはとにかく精子（＝汁）のみ。演技力やルックスは不問の、射精オンリーのお仕事だ。

彼らもいわば単純肉体労働者である。あちこちの現場に出向き、精子を飛ばして日給をもらう。仕事そのものに頭脳はさほどいらないが、難儀なのは新たな現場探しである。

メーカーはメーカーで、毎度毎度何人もの汁男優を集めるのは至難の業。できれば外注に頼りたい。

そこに手配師の入り込む余地が生まれる。汁男優を管理・派遣する人間、通称汁親だ。

字面を見るだけでもオマヌケなの

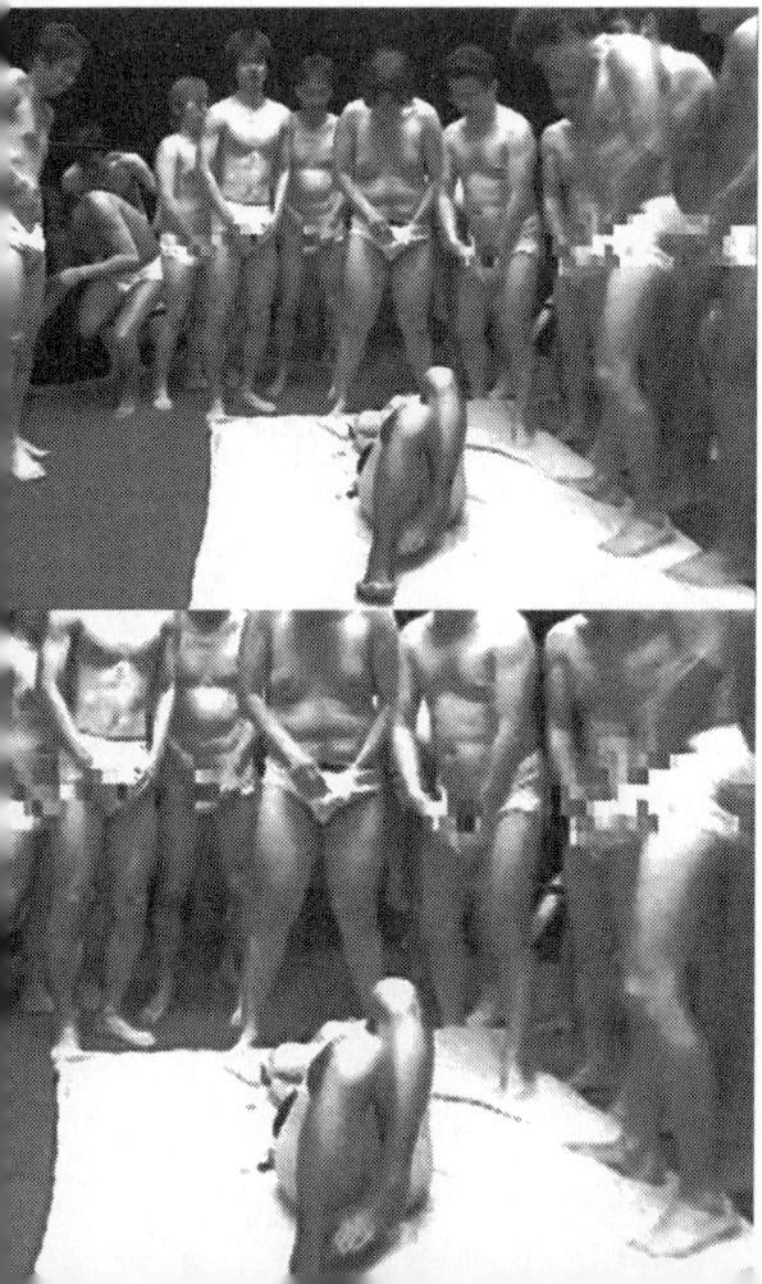

だが、この業界には汁親四天王と呼ばれる4人の男がいるらしい。

そのうちの1人が、三浦屋助六（47歳）である。

自らも汁男優をこなしつつ派遣業もこなす彼の名を、この世界で知らぬ者はいない。派遣した汁男優の数、通算2千人。大晦日の除夜の鐘１０８発ぶっかけ企画のために、一現場に１０８人を集合させたこともある辣腕の汁親である。

「ぼくは趣味でやってるようなもんだから、儲けようとは思ってないんですよ。気づいたらこういう立場になってただけで」

そもそもが儲かる仕事でもない。親としての上がりは、男優それぞれに支払われる日給7千円ほどの中から1千円を徴収する程度。現在派遣するのは週に20人ほどだから月に10万円にしかならない。食うには不十分だ。事実、三浦屋の収入も、自らシルダン出演してもらう給料のほうが多い。

「ぼくはキモ男優としてカラミ（女優とセックスする）の仕事もしてますから」

キモいと呼ばれることを嬉々として語る、そして実際にキモがられてもおかしくない風貌の彼ではあるが、内面は極めて知性的である。汁親四天王にまで成り上がれたのにはやはりそれなりの理由があると見ていい。

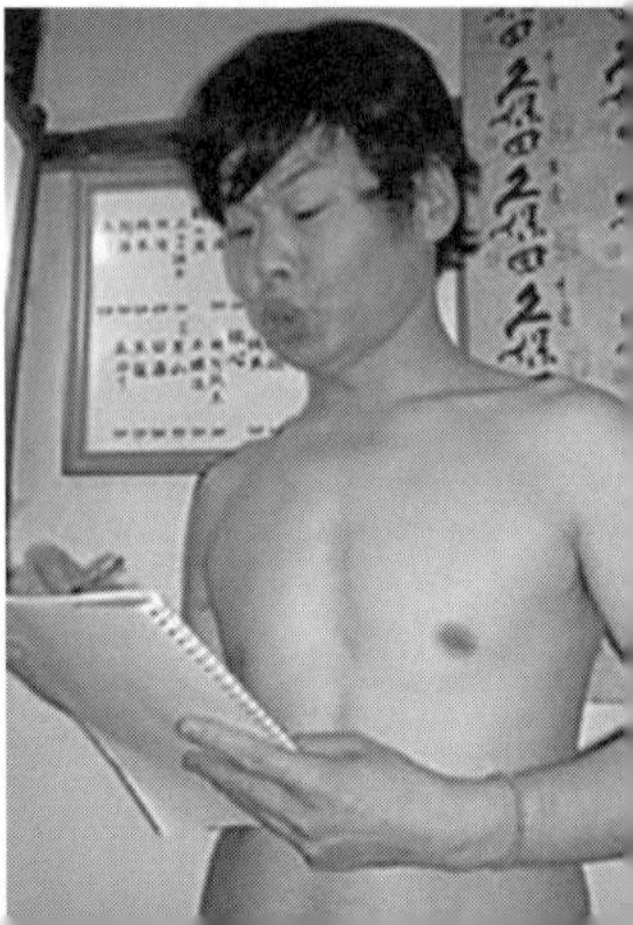

現場で各々の発射数をチェックする
三浦屋（写真提供・おとなの平安京）

7連発射精でギョーカイの噂に

01年、サンスポの求人欄で見つけた『男優募集』に応募したのが、三浦屋がこの世界に飛び込んだきっかけである。

当時、一介の工事現場監督だった三浦屋だが、新宿や土浦のストリップ劇場に通っては、率先してマナ板ショーに上がる超絶倫男でもあった。

「土浦なんか5人ぐらいステージに上がれるのに、誰も手を上げないから、ぼく1人で5発出しましたよ」

人前でヌク度胸もさることながら、連続して5回も出すそのパワー。他にも毎日のオナニーは2回、セックスもあちこちでやりまくっていた。体から精液がみなぎる男。男優など簡単にできるはずだった。

しかし面接に訪れたところ、求められたのはM男優としての資質だった。スカトロ可能か、ロウソクは大丈夫か。

「こりゃ無理だなと思って、他の募集を探したらもうひとつ別のがあったんです」

それが汁男優の現場だった。いきなりスタジオに呼び出され、10人フェラ抜き作品の10人目として抜擢。精液をパンパンに溜め、いつでも発射オッケーの状態で出番を待った。

「それがイケなかったんですよ。勃ちはしたんですけど」

これまでの武勇伝から考えればとても信じられない結果である。ギャラはもらえず、汁男優デビューは散々なスタートとなった。

しかし大人物の立身出世物語には、必ずやその才能を見出す人間が登場する。王貞治には荒川コーチ、イチローには仰木監督。三浦屋の能力を見抜いたのは現場にいた名もなきADだった。

「ぽんぽんと肩を叩かれましてね。あなたにはぶっかけの現場が合ってるって、次の仕事を紹介してくれたんです」

若いADが彼のどこに何を感じ取ったのかは知る由もない。ひょっとすれば誰にでも同じように声をかけていたのやもしれぬ。しかし結果的にはこの一言が三浦屋の人生を変えることになる。次に訪れた現場で、三浦屋は堂々の7連発射精をやり遂げ、汁ギョーカイにその存在を知らしめることとなった。

「その日は仕事が終わったら東京ドームで巨人阪神戦を見に行こうと思ってたんですけど、何回出しても帰してくれないんです。だからこれでもかこれでもかって出しまくったわけ。結局、試合には間に合わなかったけど」

出せない奴がいたらぼくが出してやる

その後の三浦屋は、集合時間に遅れず、必ず射精し、さらに回数もこなせる汁男優としてメーカーに重宝されていく。同時期に本業の現場監督からは手を引いた。

おおよそ想像はつくと思うが、汁男優、特に始めて間もない場合はバイト感覚の抜けきらない者が多く、未発射で終了することがままある。

「風俗にヌキにくるような気分のやつが多いんでね。だから誰かが緊張して出せないとなったら、ぼくが代打でもう一回出したりしてましたね」

給料はメーカーによりまちまちだが、1発出して5〜7千円。2発ならその倍のこともあれば、1発と同額のこともある。ただ、予算にも限度があり、3発4発と連射したところで給料が倍々で増えるわけではない。金銭だけを考えれば出し損である。

それでも三浦屋は出した。出しまくった。元々が出したがりの男、躊躇はない。苦労もない。あるのは、自らの精液が他人を潤す喜びだけだ。日払い給料目当ての男が多い中、その姿勢は目立った。

半年ほど経ったある日のこと、監督から突如電話がかかってきた。

「明日までに汁男優を10人集めてくれないかって」

責任感の強い男である。頼まれればなんとか応えたい。現場で連絡先を交換しあった汁仲間に電話しまくった。

簡単なことのようにも思えるが、たとえば普通の男なら合コンでも10人のメンバーを明日までに揃えろとなればまず不可能だろう。しかし三浦屋は楽々やってのけた。

「自分が集めた男優だから、責任は自分が取らないといけないじゃないですか。そのときも出せないのが何人かいたから、ぼくが何度も出してやりました」

メーカー側からすれば、三浦屋のありがたみは人数を集める能力だけでなく、いざとなったら代わりにどんどん射精できる点にもあった。下半身しか映らないならば、10人10発だろうが8人10発だろうが帳尻は合うのだから。

AV界の噂は早い。汁が欲しいときはヤツに声をかければなんとかなるとの評判が広がった。当初の三浦屋に給料ピンハネの発想はなかったが、次第に1人頭7千円の日給のうち1千円をもらうような形で、手配師としての収入が発生し始める。

男優からすれば1千円の搾取は痛いものの、もし射精できなくても三浦屋が変わりに出してくれるのでギャラが確実にもらえる心強さがある。皆、どれだけ急であっても彼の要請には喜んで時間を作った。

フェラでイケればどんな現場でもOK

この世界に入ってから7年で三浦屋が派遣した汁男優はのべ2千人を超える。現在もすぐ連絡を取れるのが200人。そのすべてにおいて、チンチンの大きさと射精までのスピード、顔射のコントロール、精子が飛ぶ距離まで把握しているそうだ。

「現場では全員の出すところをチェックしてますから、それは覚えておきます。パイズリがあるんだったら大きいのを連れていかなきゃいけないし、もし新人を3人入れるなら、フォローで射精できる人間がぼく以外にも必要だし」

精子が飛ぶか飛ばないかなどその日の体調に左右されるように思えるが、膨大な精液を見てきた彼によればやはり個人差があるらしく、ピュッと飛ぶかドローンとしているかは持って生まれたものだという。

「ドローンとしてても、イク瞬間に離すとピュッと飛ばせるんですけどね。これには技術がいるから」

また、上手い下手が如実に現れる職種のため、複数を率いるときには技術のバランスも考える。下手クソだらけでは撮影にならないし、自分のメンツにも関わる。

ちなみに上手い汁男優の条件とは何か、列挙してもらった。

●大勢の中の1人として映っているときはチンチンを隠し、いざ射精の直前にチンチンを見せる。

モザイク処理が大変なためである。どうでもいい状態のチンチンはできるだけさらさず編集をラクにしてやらねばならない。

●顔射のときも、女優の顔にチンチンを近づけない。

これもモザイクによって女優の顔が隠れないようにする配慮。精液の飛ばない者はついつい頬にベッタリ近づけて射精してしまいがちだが、それは間違い。女優の顔の真上からタラーリと『落とす』のが正解。

●フェラでイケる。

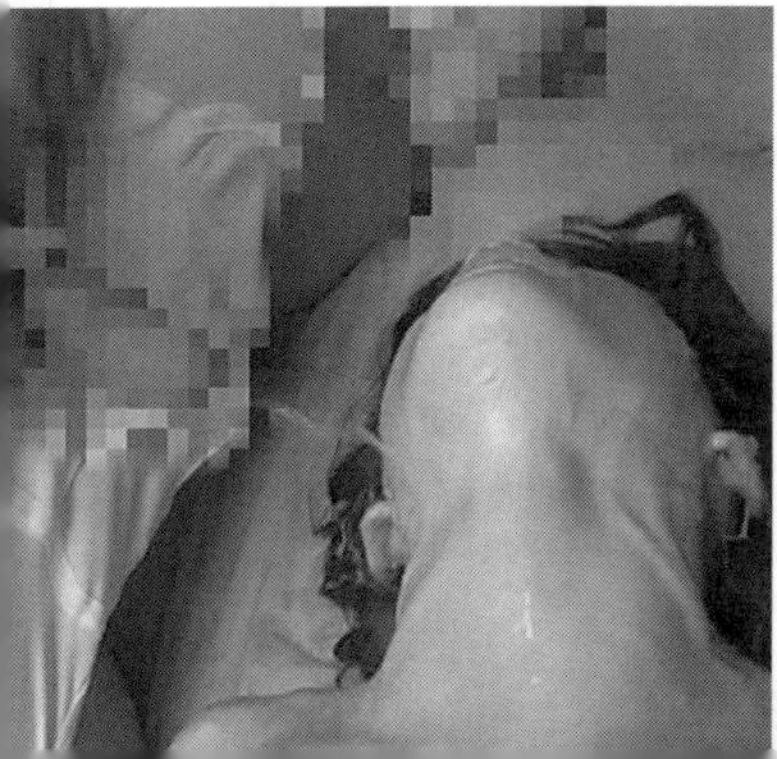

上手いシルダンは、女優の顔を隠さない

精子を出すだけなら一から十まで自分で手コキしたほうが簡単で、女優のフェラでイクのはなかなか難しいものらしい。下手なフェラでも勃起してイケるようになれば、どんな現場でも使いやすい。

●カメラに尻をさらさない。

当然のことなのだが、女優ばかりを見ている者にはこれができない。

●メイン男優に叩かれてもくじけない。

精神面の強さである。三浦屋いわく「汁には弱い人が多い」そうで、ジャマだからと少し叩かれただけで逃げ出す者がしょっちゅういるという。

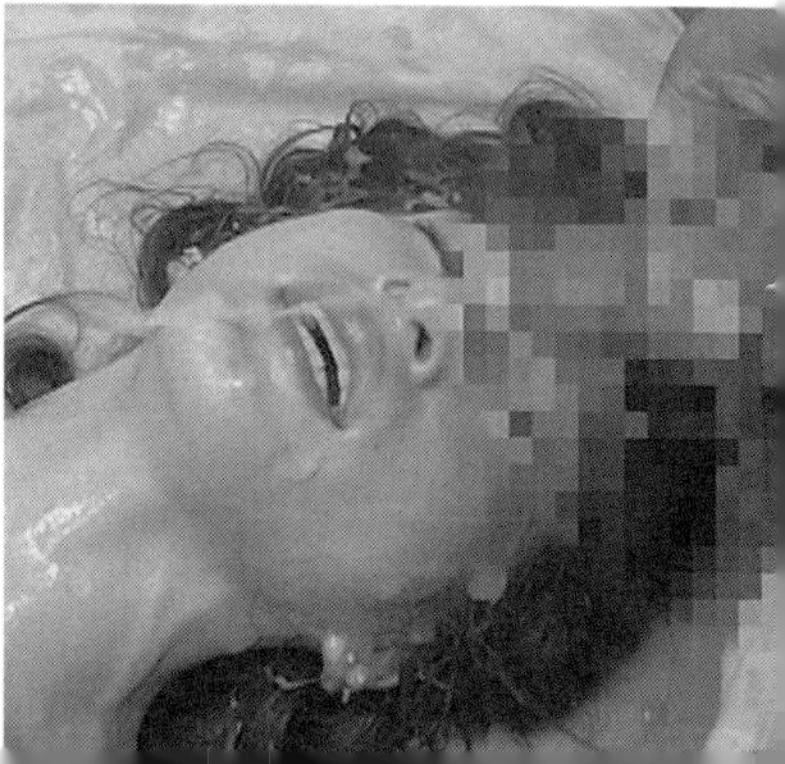

精液の量は申し分ないが女優をモザイクで消してしまっているのでやや減点

頭のオカシイの10人集めてくれ

大晦日に１０８人集めたのもたいした偉業だが、その他にも三浦屋は、監督からの無茶な注文をすんなりとこなしている。明日までにデカマラを5人、不潔そうなのを来週までに10人……etc

「頭のオカシイのを10人集めてくれって言われたときは、何をするんだろうって思いましたね」

特に深い考えなく、彼は膨大なリストの中から候補者をピックアップした。

四六時中ぶつぶつ言いながら歩き回る男。しゃべれない障害者。常によだれを垂らし続ける男。悪くないラインナップが揃った。

彼らが送り込まれたのは伊豆の孤島だった。作品は、無人島に漂流した裸女たちが、現地で襲い掛かってくるキ●ガイたちとスタンガンやエアガンで戦うという、途方もない内容だった。

ただ単に汁を出すだけではなく、一応の演技力も求められるはずだが、彼らは素のままで十分通用した。エアガンで打たれ悶える者、よだれを垂らしながら女を追いかける者。これが結構売れたらしい。

「基本的に、汁男優は人間扱いされませんから」

その言葉どおり、AV界に労働者の権利うんぬんをとやかく言う人間はおらず、特に汁男優は下っ端の下っ端なため、現場で不測の事態が起きたときも簡単に切られるのが常である。仮に女優がむずがって撮影が流れたとしても、ギャラどころか交通費すら払われないことがままある。

責任感の強い三浦屋も、さすがにギャラの肩代わりまではできず、平謝るしかないのだが、やはりそれでもこの人はシルダン側の人なんだなと思わせるエピソードがある。

横浜の花火大会で、尺玉が打ちあがる真下で30人が輪になってのぶっかけ作品が撮影された。当然のように花火客に通報され、スタッフは一目散に逃げ出した。しかし三浦屋は他の汁男優と一緒に逮捕される。自分が集めた以上、逃げるわけにはいかなかったのだろう。お前らは逃げろ、俺が犠牲になる！　男気あふれる話ではないか。事実はそこまでカッコイイものではなかったとは思うが。

ちなみにこのときは取調べの刑事も事情をよく呑み込めなかったらしい。

「説明しても、汁男優というものがどうしてもわからないんですよ。そんなビデオ誰が買うんだって」

ネットで集められた素人の臨場感には勝てない

最近の特徴として、メーカーがインターネットで素人の男性を募集し、ぶっつけ本番で女優に対峙させる作品が増えている。

カメラ映りやメイン男優への配慮を見せるベテラン汁男優と違い、彼らはとにかく女優に近づけた喜びと興奮で自由自在に動き回る。特に数十人単位で集まると緊張感も薄まるのか、やりたい放題になることも珍しくない。

「これは負けたなって現場がありましたね。1人の女優に100人がぶっかける作品で、そのうち90人ぐらいがネット募集の男だったんですよ。そいつら、輪になって女優を囲んでしまって、中で何やってるか監督もカメラもわかんない。かきわけてみたら本番寸前までいってましたから」

三浦屋が負けたと認めるのは、臨場感である。どこか仕事でこなしてしまうシルダンには到底見られない、本気で精子をぶっかけたい気迫と性欲がそこには現れていた。悲しきかな、上手くなればなるほど薄れていく部分である。

「最近はこういうネットで即席で集めた連中がウケてるのかもしれませんねぇ」

そう嘆きつつも落ち込む様子はない。なんだかんだで手持ちのシルダンカードの有効性を信じているからだろう。

前述した汁親四天王の中には、自分が派遣する現場以外で働くなと命じ、違反したら次の仕事を回さない方針の者もいるという。汁男優の囲い込みだ。

一方、三浦屋はそのあたりは放任主義で、むしろ自分の管理下から巣立っていく者にも眼差しは温かい。シルダンから1人前の男優となった者も少なからずいる。

「汁を希望してても、ジャニーズ系や体格のいいのにはホモ男優の仕事を紹介したりね。あっちはギャラの桁が違いますから」

口臭体臭がひどく女優から毛嫌いされている男には、浮浪者役を探してきて与え、どうしても精子を出せない者には、擬似精液を使う現場を紹介する。

「みんな、何かしらいいものを持ってるんでね。可能性を広げてやるうれしさっていうかね。ほんとにもうこれは趣味みたいなもんですよ」

本作品も背後に並ぶキモい面々はすべて三浦屋が調達した。手持ちカードの幅広さがうかがい知れる（『大塚ひな　中出し100連発』アイエナジー）

平成の裏仕事師列伝……14

逆援助交際サークルのサクラ

世間知らずの馬鹿男がまだいっぱい、いるんですよ

取材＋文＝藤塚卓実
裏モノJAPAN編集部

月刊「裏モノJAPAN」05年12月号

会員の女性は地位のある方ばかりです

【有閑マダムが貴男を探しています・出張ホスト急募・経験不問・高給優遇】

90年代半ば、夕刊紙やスポーツ新聞を開けば、こんな広告がいくつも目に留まったらしい。

らしい、というのは、そのころ僕はまだ田舎の高校生で、現在のように三行広告を上下左右に、隅から隅へと読むような、裏モノ編集者的習慣が身に付いていなかったからだ。

ただ、それでも、当時の自分が冒頭の広告を見ていたなら、ハッキリ言う自信はある。有閑マダムのお相手をして金が稼げる？ アホめ、そんな都合のいい仕事など、この世にあるワケないやないか。

事実、その夢のような求人の大半は、出張ホスト詐欺と呼ばれるダマシだった。
よくあるのは応募者から、数万の登録料だけを取って、後はドロンというもの。もっと悪質なところだと、業者と女性客がグルになって数十万の金をせしめるケースもあったらしい。プレイ中に女が突然キレ、退室。業者は大切なお得意様を失ったと男を責め、損害賠償請求を突きつけるのだという。おーコワ。

さて、時は移って05年後半。今や出張ホスト詐欺なんぞは過去の遺物に——と思いきや、未だインターネットや雑誌には似たような広告が載っている。

【当会の女性会員は、社長夫人やエリートサラリーマンの妻など、社会的地位のある方ばかりです。スポンサー、Hのお相手等をお探しの方、ぜひ当会の男性会員に登録しませんか？　まずは、お電話お待ちしております】

巷では逆援助交際サークルと呼ばれる代物で、もちろん詐欺。カモのおびき寄せ方や、後で何だかんだ難癖をつけ大金を騙し取る手

口など、出張ホスト詐欺のソレと何ら変わらない。

しかし、疑問だ。今どきこんな誘い文句に釣られる男がいるのだろうか。金を出してまでセックス相手を探す社長夫人などハナから存在しないことは、周知の事実ではないか。騙されるとしたら、よっぽどの世間知らずか、馬鹿か…。

「そう、その世間知らずの馬鹿男が、まだいるんですよ。しかも、いっぱいいね」

西川陽子（仮名31歳）は、笑みさえ浮かべ、そう言った。04年2月から約4カ月、都内の逆援助交際サークルにサクラとして参加、有閑マダムを演じつつ日本各地の男をペテンにかけてきた女である。

彼女の体験を通じて、今なお、ありもしない儲け話を信じる男どもから大金をしゃぶり取る、逆援助詐欺の実態を明らかにしよう。

セックス込みでギャラは1回5万円

新宿・歌舞伎町のカラオケボックス。トップスは黒のカーディガンとピンクのTシャツ、ボトムスに小洒落たデザインジーンズという出で立ちで現れた西川は、席に着くや、目の前のアイスティを一気に半分ほど飲み干した。

現在も、ネットや雑誌・夕刊紙にはカモを狙った広告が…

いかにも、遊び人風情。間違っても【社会的地位のある】人妻には見えない。

「ははは、そりゃそうですよ、仕事中はシックなスーツ着てスマしてたけど、素の私はいつもこんな感じですから」

では、経緯から聞こう。

「最初はデークラ時代の元同僚から、いいバイトあるんだけどって話を持ちかけられたんですよ」

04年春、勤めていた渋谷のデートクラブを辞めた西川は、少し貯金に余裕があるのを幸いに、日がな一日、パチンコ屋に入り浸っては、デークラ時代の友人とバーで酒を煽っていた。

「ちょうど良い感じに酔いが回ってきたころで、友達が1回5万になる仕事があるんだけどやらないかって。すぐヤバ目の仕事だとわかりましたねぇ」

そんな勘が働いたのも、その友人の男友達Sが、某広域暴力団組織で企業舎弟をしていたこととも無関係ではなかったろう。

3日後、案の定、Sから仕事の詳細を聞かされた。

「会うなり、言うんですよ。ぶっちゃけ、詐欺だって」

逆援交を謳ったサークルを作り、集まったカモから金を騙し取っている。そのためには、エサとなる女＝サクラがもっと必要で、オマエにもゼヒやってもらいたい。Sは真剣な顔で、西川を口説いた。

現在、男性会員と面接したり、女のコのスケジュール調整を行っているスタッフとSやその知人を含め10人。サクラは7人おり、その役目は、サークルの女性会員だと称し、ホテルで男性会員の相手をすること。ギャラの条件は1回会うごとに5万で、セックス込みらしい。

「20歳過ぎからずーっとフーゾクやってきたし、別にどうってことない。で、OKしたら、じゃあ今からすぐ手伝ってくれって。他のサクラのコからキャンセル入ったから頼むって」

寸止め、本番、そしてさようなら

Sの指示はこうだ。

今から1時間後の午後3時、カモが新宿パークハイアットの一室に現れる。先に入って、出迎えてやってくれ。キミの設定は28歳、2カ月前に大学病院に勤める夫の転勤で上京してきた人妻だ。セックスはどちらかといえばスキな方で云々。

ターゲットの顔写真と簡単なプロフィールも渡された。某携帯会社の社員らしい。が、とても、上手く演じられる自信はない。そもそも、サークルの細かいルールやシステムはまだ何も聞かされていないのだ。

不安な気持ちを抱えたまま、ホテルの11階へ。それから遅れること20分、30代後半のT氏が現れた。

相手も相当、緊張しているのだろう。こちらが質問しない限り、何も話そうとはしない。場を

持て余した西川は、男に裸になるよう命じ、おもむろに堅くなったモノを口に含んだ。

「で、相手がイキそうになったところで止めました」

「なぜ?」

「とりあえず初回は顔合わせのようなもので、イカせちゃイケないって言われてたんで」

ともあれ、西川は帰り際、車代としてT氏へ5万円を手渡す。これもSの言いつけに従ったまでだが、相手にしてみれば、夢のような出来事だったに違いない。

熟れた人妻からフェラの奉仕を受け、なおかつ5万円の謝礼。事前に聞かされたシステムでは、さらに、翌週は待望のセックスができ、10万円を受け取れるという。

だが、ちょっと待ってほしい。このまま話が進めば、西川のギャラが2回で10万、T氏への謝礼が15万と、計25万円をサークルが負担することになる。その金、どっから出てきたんだ?

「Tさんです」

西川の話によれば、このサークル、男性会員に女性1人を紹介するたびに保証金なるものを取っていたという。金額は男性会員の年収や職業に合わせて変動し、下は最低20万、上は最高で50万。名目は、男女会員同士でトラブルがあった際の保険である。

規約では､同じ女性会員と三度会い､何事もなければ､男性会員に返却とされていたが､その『三度』が曲者だった。実は、一度目は寸止め、二度目が本番、三度目はさようならだったのである。

「転勤になったとか、不治の病にかかったとか、スタッフが理由を適当にでっち上げて、男性会員に連絡を入れるんです」

その際、スタッフは次の文句を付け加えるのを忘れなかった。

『T様、それではまた別の女性を紹介しますので、明日中に保証金を振り込んでください。最初の保証金は2人目の分と一緒にまとめてお返しします』

逆援交サークルの儲けのカラクリとは、結局こういうことだ。1人の男性会員に新たな女を3人、4人と紹介し、そのつど保証金を徴収。貯金がなくなれば金融屋に走らせ、とにかく徹底的に絞り取っていく。

後に西川が同僚のサクラに聞いたところによれば、T氏はこの後3人目のサクラでついにパンク、サークルに支払った合計は180万円にも上ったという。

「サクラをやり始めて1カ月で悟りました。男性会員って、結局、同じタイプの馬鹿ばっかりなんですよ。セックスして金もらえてラッキーとか、いつか保証金は全額返ってくるとか、ぜんぶ自分の都合のいいように考えてる。そもそもこんなあり得ないサークルに一度でも大金払ってる時点で、判断能力ゼロなんでしょうけど」

騙す側が口にする台詞でないことはさておき、西川の言う馬鹿男は、たとえ相手の女性が転勤になったと聞かされても、深くは詮索してこないという。ただ、残念そうに、こう呟くだけだ。

『…はあ、そうですか』

詐欺だとわかっても金を払い続ける男

これ以後、西川は週2人ペースで、カモの男たちと会い続けた。東京だけではない。神戸、名古屋、広島、北海道、福岡、高松。サークルの広告が某全国誌に掲載されているため、それこそ全国各地を飛び回った。演じるのは、常に『最近、夫の仕事の都合で東京から越してきた人妻』である。対して、男性会員の多くは、一見、どこにでもいそうなサラリーマンや自営業者などで、やはり皆、総じて気が弱く、頼りなさげ。中には、セックスの見返りに、傾きかけた事業を救ってほしいと真剣に訴えてくるイベント会社の社長もいた。頭の中身を疑った。

サクラを務めて2カ月。仕事に対する取り組み方を変える、ささいな出来事が起きた。

「そのちょっと前に、2人連続で初モノ（まだ1人も女性会員を紹介されていない男性会員）に当たったんですけど、その人たち、私が三度目の再会で消えたとき、次のコ紹介してもらわずに辞めちゃったんです。偶然かもしれないですけど、そんなこと初めてだし、すごくショックで」

自分に魅力があれば、あの2人はサークルにもっと期待感を抱いていたんじゃないか。きっと2人目、3人目の女のコも最初のコのように凄い、なんて思わせることができたんじゃないか。

魅力ある自分。それを実現するため、西川が取った行動は、セックス時にS根性丸出しの女王様となることだった。

「サークルに来る男って、大人しくて内向的なのばっかなんですよね。絶対コイツらMだって」

再び初モノにありつけたのは、それから1週間後。まずは、ホテルの一室にやってきたその男性会員を優しく迎え入れ、和やかに談笑。頃合いを計って、態度を急変させた。

『ねえ、お前さぁ、もうチンポ勃ってんだろ？　ホラ早く服脱いで、こっち来なよ！』

驚く男を四つん這いにし、背後から左手でサオを握りしめながら、唾液のついた右手人差し指をアナルに押し当てる。グ、グ、グ、ヌルッ。男は恍惚の表情のまま、果てたという。

「それからはずっと、S路線を続けてました。実際、会員からの評判も良かったんですけど、ま、複雑っちゃ複雑でしたね。喜ばせてあげてもすぐバイバイで、その後はドンドン金銭を巻き上げられていくワケだから」

男と寝るのは、あくまでビジネス。相手が骨までしゃぶられようが知ったことではない。徹底して割り切っていた西川だが、実は一度だけ、情を見せたことがある。

その男性会員は19歳のフリーターだった。西川の前にも2人のサクラと会っており、すでに120万円を使っていた。すべて、金融屋からの借金である。

「なんていうか、意志薄弱っていうか、いかにも頼りない子で。たぶんこの後もどんどん金を絞り取られるんだろうなって、そう思ったら急にいたたまれなくなったんですよね」

だから、西川は絶対秘密を条件に教えてやった。このサークルは詐欺で、アナタはダマされている。保証金も絶対返ってこない。もう辞めた方がいい。

「そしたら、その子が言うんですよ。『ありがとう。でも、ここがダマシだってのは途中からわかってた』って。自分でも、もう何をやってるかワケがわかんない状態だったんじゃないかな」

結局、少年は、西川が知っている限り、さらにもう60万の借金を作り、引き続きサークルの女を紹介され続けたのだという。

あんた、TV番組で盗撮されてたんだよ

終わりは、突然やってきた。

04年6月、名古屋。その日、初めて会った男性会員の雰囲気は、普段、彼女が感じ慣れていたソレとは異質のオーラを放っていた。

「ひ弱そうとか、大人しそうとか、そんなんじゃない。目が鋭くて、やたら質問してくるんですよ」

このサークルのことどこで知ったの？　旦那さんの会社、名古屋のどこなの？　いつもなら誰も口にしないようなことをズケズケと尋ねてきた。…警察か？

警戒していたのは西川だけではない。男とホテルで会う直前、スタッフが妙なことを口走った。

『1回目だけど、セックスしてもいいよ。なんか今日のカモ変なんだよね』

保証金を取って最後までヤラせなければ、公に訴えそうな危険を感じるのだという。

しかし、実際に男に接した西川は、さらに重大な危険を察知する。テーブルの上に置かれた男のセカンドバッグだ。フロを出た後、ベッドイン前と、何度も手で触れては、位置を微妙に調整している。盗撮されているのは明らかだった。

「けど、警察だったらと思うと下手なことできないじゃないですか。だから、なるべくセカンド

バッグには顔を向けないようにして、することしちゃいました」

男の正体は何者か。答えは1カ月後、前述の元デークラの同僚がかけてきた電話によって判明する。

『ねえ、陽子。あんた先月、仕事で名古屋にいたよね？』

『うん』

『あんた、そんときベージュのワンピース着てた？』

『うん。何で知ってんの？』

『あんた、ＴＶ番組で盗撮されてたんだよ。いま、画面に思いっきり映ってる』

それから数日後、スタッフのケータイが不通になった。何があったのか、詳細はわからない。が、西川は確信している。オンエアの後、サークルの事務所にガサ入れが入ったのだ、と。


現在、西川は東京でデリヘル嬢として働いている。気が乗れば、店には内緒で本番まで許すこともあるから、常連客が何人も付いているらしい。

「でも、またサクラの仕事が来たら、やるかもしれませんねぇ。演じるのは面白いし、だいいち男って、この手の話は怪しいと思っても、結局乗っちゃう人、多いでしょ。絶対、詐欺はなくならないと思いますよ」

皆様、ゆめゆめ、オイシイ話には引っかかりませぬように。

皆様、こんな広告にはくれぐれも注意を

逆援助交際サークルのサクラ それから

今どきの逆援助交際サークルの手口は…

平成の裏仕事師列伝

取材+文＝藤塚卓実
裏モノJAPAN編集部

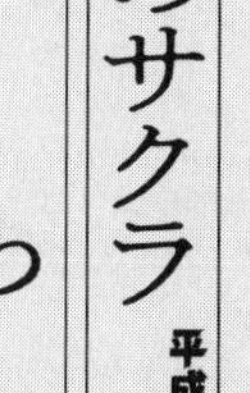

取材からほぼ2年。西川の携帯電話はすでに使われていなかった。念のため控えておいた自宅アパートの固定電話にもかけてみたが、これまた不通である。

そんな西川の近況を教えてくれたのは、もともと彼女を筆者に紹介してくれたネタ元の1人、A氏だ。某広域暴力団の幹部である彼が、西川の仰天すべきその後を明かす。

「あの娘は、2カ月ほど前にパクられちゃったらしいよ。シャブで下手打ってさ」

何でも、覚せい剤の使用で逮捕されたのはすでに2度目。前回まではどうにかこうにか弁当をもらって難を逃れていたものの、さすがに今回は実刑が確実らしい。

とにかく、これで直接本人から後日談を聞くことはできなくなってしまったのだが、代わりにA氏から面白い話を入手した。

07年初頭。彼は本業であるノミ屋を営む傍ら、配下の人間に命じ、ネット上に逆援助交際サークルのＨＰを立ち上げたのだそうな。

【毎月、男性会員の方は、お付き合いしていただく女性会員の方から10万〜50万が支給されます】

【男性会員は容姿、年齢、職業は問いません。ただし、初めに当会に相応しい人物かどうか面接を行わせていただきます】

甘い誘い文句で、男性会員を募るところまでは他の詐欺業者と同じ。違うのは、集まった応募者４００余名をことごとく面接で落とし、１人も合格者を出さなかったことだ。むろん、登録料の類は一切、詐取していない。

「それでいいんだよ。別に俺はヤツらから金を取りたかったワケじゃないんだから。欲しかったのは、面接のときに提出させる履歴書。あいつらの氏名、現住所、本籍といったデータから、精巧な偽造免許を作るのが本来の目的だから」

偽造自体は、その道のプロに頼むため1枚2万円程度の出費はかかるが、一度免許を手に入れてしまえば、あとはジャンジャン金を作り出すことが可能だという。

まずは、偽造免許で作った大量のトバシ携帯と架空口座をネットで2万〜５万円で転売。偽造免許自体も、購入希望者の顔写真を貼れば、１枚４万円で売れる。

さらにA氏は、バイトを雇って、サラ金からも金をパクった。本来の免許の持ち主の勤務先を

把握していることに加え、予め日時を決め、「もう一度面接を行いたい」と言って本人をホテルなどに呼び出しておけば、在籍確認も簡単にパスできる。

「とはいっても、サラ金の方はやり過ぎちゃうとさすがに足が付くかもしれないから、200万くらい引っ張ってやめちゃった。ただトバシと架空口座の販売は美味しかったね。半年間、3人で動いてたんだけど、俺の取り分だけで1千500万ほど儲かったからさ」

この、新手の逆援助交際サークルの手口、てっきりA氏が独自に考え出したものかと思いきや、実はそうではないらしい。去年の春ごろに関東在住の元・振り込め詐欺グループが発案し、その後、全国各地に手口を真似た連中が続出しているというからシャレにならない。

恐らく、知らぬ間に自分名義の免許証や携帯が出回っていたり、サラ金から身に覚えのない督促を受けたなんて人が、相当数いるのではなかろうか。

「西川の記事にも書いてあったけど、ほんと世の中に馬鹿な男が多くて助かるよ。普通に考えれば、大金払ってでもセックスしたい人妻がゴロゴロいるなんて、ありっこないのにな」

やっぱり、最後のシメも前回と同じにならざるを得ないようだ。皆様、オイシイ話にはくれぐれもご注意を。うかつに鼻の下を伸ばしてたら、ホント、ドエライ目に遭いまっせ。

平成の裏仕事師列伝……15

売り専ボーイ

男が男に体を売るということ

取材＋文＝種市憲寛
裏モノJAPAN編集部

「平成の裏仕事師列伝07」07年11月

プレイなしで、金がもらえるなら喜んで

売り専ボーイ。ゲイの売春斡旋所売り専バー（別名、男性向けホストクラブ）で働く、男に体を売る男たちのことだ。

同じ男として、男にケツの穴を掘られるほど屈辱的な行為はないだろう。しかも、彼らの大半はノンケ（ノーマルな異性愛者）だと聞く。男に興味のない若者が、なぜそんな怪しき世界に身を投じるのか。やはり金のためか？

その答えを知る方法は一つしかない。自ら、ゲイの聖地、新宿2丁目に足を運ぶのだ。売り専バーに行くなど初体験。むろん、取材できる保障もない。

下調べで、向かう店は当たりを付けていた。小さな雑居ビルの一室で営業しているバー『X』だ。

緊張しながら扉を開ける。造りは、カウンターバーとボックス席があるスナック風だ。店内には、ギャル男風の若い男たちがひしめき、ボックス席で数人の中年男性客がボーイに囲まれ酒を飲んでいた。

「いらっしゃいませ〜」

ようやくこちらに気付いたマネージャーらしき色白のポッチャリ男性が、甘ったるいオネエ言葉でボックス席に通してくれた。と同時に、椅子に座ってダレていた男の子たちが一斉に立ち上がり、カウンターの周りに整列。こちらをチラチラと見ている。

マネージャーの説明によれば、チャージ

料はなく、飲み物代は一律千円。客は目の前に並ぶボーイを物色し、気に入った子がいたら何人でも自分の席に呼べるらしい。

ボーイの連れ出し料金は、60分1万円、90分1万3千円、120分1万7千円、180分2万1千円、ステイ（翌日朝10時までの連れ出し）が3万円となる。

改めて、ボーイを観察する。ウルフカットのジャニーズ系男子を中心に、色黒のギャル男や髭ボーズの姿もある。洒落たファッションに身を包んだいまどきの若者ばかりだ。

その中から、色白のイケメンボーイをチョイスし、席に呼ぶ。実に妙な気分だ。

イケメン君はペコリと頭を下げて席に着くと、愛想よく笑顔を向けてきた。ここは初めてですか？　お仕事帰りですか？　話ぶりも爽やかな、ごく普通の青年である。名前はシンジ（仮名）、まだ21歳だという。

しばし世間話を交わした後、声を落とし、こちらの素性を明かした。話を聞かせてくれるだけで構わない。協力してもらえないか？

店に入って半年になるというシンジはその場で首を縦に振った。プレイなしで2時間1万7千円がもらえるならと、快諾である。さっそく、近所のカラオケボックスにシンジを連れ出した。

求人に飛びついたら出張ホスト詐欺だった

種市　まずは仕事の内容から聞かせてくれるかな。

シンジ　店内に待機して客の指名を待って、客に呼ばれたら席について話をします。気に入られて外に連れ出されたら、一緒に食事したり客の部屋やホテルに行って、しゃぶられたりフェラしたり。

種市　掘ったり掘られたり?

シンジ　勃ったら掘ってやってもいいけど、男相手に勃たないですよ。

種市　もちろん、ノンケなんだよね?

シンジ　はい。

種市　給料はどれぐらい?

シンジ　60分のショートが6千円、90分が8千円、120分1万円、ロングで2万円ですね。あと、客によってはチップももらえます。

種市　ボーイは何人ぐらいいるの?

シンジ　全員20歳前後で、30人ぐらいかな。ここ1ヵ月で新人が10人ぐらい入りましたけど、みんなすぐに辞めるんで。入れ替わりが激しいんですよ。

種市　みんな、ノンケなのかな。

シンジ　だと思います。全員を確認したわけじゃないけど。

種市　シンジ君は、なぜこの仕事をやろうと?

シンジ　ボーイやってる人間の大半がそうだと思うんですけど、借金ですね。田舎の高校卒業して東京に出てきたんですけど、金を借りないと生活続けられなくなっちゃって。で、あるとき携帯のサイト見てたら『オバサンが多いけど、エッチするだけでお金がもらえるよ』みたいな求人が載ってたんですよ。バアさんは嫌だけど、パパッと稼いで辞めてしまおうと。

種市　なんか怪しいね。

シンジ　はい、詐欺でした。保証金の30万円を出せば給料60万くれるって触れ込みで。すぐ引っ越せるなーと思って払っちゃったんですよね。

種市　そんな金、どこにあったの？

シンジ　サラ金です。2社から限度額いっぱいの40万円借りて、30万振り込んだ後、待ち合わせ場所に行ったら誰もいない。電話をしても繋がらなくなって。

種市　まんまと出張ホスト詐欺に遭ったわけだ。

シンジ　はい。恥ずかしいですが…。でも、稼ぐならそっち方面で稼ごうと、今度は違う掲示板で男向けの風俗店を見つけたんです。

種市　今のお店じゃなくて？

シンジ　違います。ゲイ専用のヘルスみたいな感じです。

初めてのフェラは無我、無心の境地

種市　男に体を売ることに抵抗はなかったの？

シンジ　ありましたよ。でもそのときは借金のことでパニくってて、マトモな判断能力がなかったんですよ。もうやるしかないって感じで。好奇心っていうか、冒険心みたいなものもあったかもしれない。とりあえず店を見てみようかなって。

種市　どんなとこだった？

シンジ　タンクトップとホットパンツ姿で個室で待機してる俺たちを、マジックミラー越しに選ぶんですよ。客が自分らは鏡になってるから客は見えない。で、指名を受けたら客のオッサンと一緒にシャワー入るんですけど、その時点でオッサンのチンチンはビンビンなんですよね。

種市　うわー。最後は掘られちゃうわけ？

シンジ　いえ、口ですね。まずシャワールームで少ししごいてあげてムラムラさせてベッドに連れてくんですよ。

シンジが働く店の様子。客が入店すると
ボーイたちは立ち上がり整列する。10代と思しき少年の姿も

で、普通のマッサージしてあげると、客の方から『抜いてよ』って言ってくるんで、手と口で。料金は、40分で1万2千円ですね

種市　初めてしゃぶったときは、どういう気持ちだった？

シンジ　もう無我ですね。無心になるしか道はないです。現実は、こういうこともあるんだって言い聞かせて。でも結局、1日2人ぐらいしか客が来なくて、朝の10時から夜の10時までの拘束で4千円ぐらいしか稼げない。結局、1週間で辞めて、今の店に移りました。

種市　それも掲示板で？

シンジ　いえ、アダルトショップの前に小さい求人誌が置いてあったんですよ。そこに『ホスト日給2万』って載ってて。てっきり、女の子の相手するもんだって思いました。電話したら、若い女の人が出るし、これはホストに間違いないと面接に行きました。

種市　行ったのは2丁目だよね？　もうその時点でわかるんじゃない？

シンジ　いや、このときはまだ2丁目がどんなところか知らなかったんですよ。

種市　なるほど。まだ上京して1年だもんね。

シンジ　なんかウチの店って、スカウト部隊みたいのがいるんですよ。そいつらが色んな求人誌やネットの掲示板に載せてるみたいです。

種市　面接はどんな感じだった？

シンジ　お店に着いたら、ぽっちゃりしたオネエしゃべりの人が出てきて、『ああ、面接の方ね、コレに書いてちょうだい』って。うわっ、またソッチ系かよって思ったんだけど、一回経験して

るし、日給2万もらえるならいいか、と。

種市　実際、もらえたの？　2万円。

シンジ　いえ、実際は1万円でした。でも日払いでくれるっていうから、信用して働くことに決めました。

初めて付いた女性客は38歳のSM嬢

借金があったから。パニックになったから。どんな理由を聞いても、男が男に体を売り金を得るという行為は理解に苦しむ。ならば、派遣なり日雇い労働なりで稼ぐ方がよほど健全で確実ではないか。

ただ、シンジを含め、彼の店で働く若者たちはそうは考えない。ほんの数十分、ほんの数時間、ゲイの男性に抱かれて稼ぐ方がラクだと選択してしまう。

それは、いまどきの若い女性が、出会い系サイトなどを介し援助交際で簡単に金で稼ぐ実態を知ってしまったからなのか。ならば、男の俺だってと、発想するのか？

あまりに幼稚で単純。とても正常な感覚ではないが、腹を決めたシンジは面接の翌日から、店に立つことになる。

種市　初日はどんなことを？

シンジ　顔見せって感じで、ママさんが色々と常連のお客さんを紹介してくれたんですよ。90分のコースで食事しただけで終わったんでラッキーでした。
種市　翌日からが本番だね。
シンジ　ですね。新人は客に見えやすいように手前から並んでいくんですけど、お金がなかったんで、2日目、3日目ぐらいまでは無我夢中で頑張りました。週末に行けばロングが付くことが多いから2万円もらえますからね。それに朝方は客も寝てますから、時間いっぱいエッチしてるわけじゃない。楽っちゃ楽なんですよ。
種市　プレイ中はひたすら耐えるって感じなのかな。
シンジ　風俗のときは客とすぐにセックスでしたけど、今の店は酒飲んで時間をかけて話をしてからホテル行くんで、人間関係が生まれるから安心できるんですよ。客のあしらい方を覚えていけば楽になるし。早くイカせたりとか、嫌な客だったらわざと嫌われるようなこと言って指名させないとか。
種市　嫌な客って具体的に言うと？
シンジ　ボーイをモノとして扱うような。会った瞬間『君はしゃべらなくていいから』って言われたりします。
種市　体だけが目当てってヤツか。
シンジ　ホテルでしゃぶらせて、イッたと思ったらすぐ帰れ、みたいな。仕事時間は短くて楽だけど、精神的に落ち込みますね。

種市　どんなタイプの客が多いの?

シンジ　相手の素性は聞かないようにしてますけど、会社の上役っぽいのとか、お店やってる自営業者が多いですかね。たまーに女性客とか外国人も来ますけど。

種市　女性とエッチできてお金がもらえたらいいよね。

シンジ　でもオバサンとか痛い感じの女ばっかりですよ。たまに若くて可愛いのもきますけど。

種市　女性に指名されたことあるの?

シンジ　実はつい最近、初めて指名を受けまして。その人、38歳のSM嬢なんですけど、見た目も喋り方も可愛らしくて。女性客で30代は当たりなんですよ。

種市　どんなプレイを?

シンジ　普通に真っ直ぐホテル行ったんですけど、やろうと思ったらコンドームが入んなかったんですよね。チンコがデカイんで普通のサイズじゃダメなんすよ。その人にもゴムがないとエッチはムリって言われて。

種市　だろうね。

シンジ　でもすごく気に入ってもらえて番号交換して、その後も何度かゴハン食べたりしてますよ。

シンジは、プレイの際は必ずコンドームを使うらしいが、彼の同僚の中には、客のアナルにも生挿入する者もいるという。

「しかもそいつら、普通のヘルスに客として遊びに行って、女の子に生で挿入しちゃったりしてるんですよ」

先進国の中で唯一、日本だけがエイズ患者の数が増加しているという話にも納得がいく。

チンコ踏んでくれ、息子になってくれ

種市　客の家に呼ばれることもある？

シンジ　ロングのときは多いですね。変な部屋ばっかりですよ。壁一面に洋物の男性ヌードグラビアがキッチンからトイレまで全部貼ってあったりして。全部チンコがガチガチに勃ってる写真ですよ。あと、一度だけ外国人の部屋に連れていかれたんすけど、ものすごい臭くて参りました。たぶん体臭と飼い犬の臭いだと思いますけど。

種市　どこの国の人？

シンジ　東南アジア系でした。フィリピンとかかな。一応日本語は喋れるんですよ。まあ、そのとき初めてケツにブチこまれたんだけど。

種市　え？　初めてが外国人なの？　ゴムはした？

シンジ　はい、ちゃんと付けてもらいましたよ。ローションも塗ってもらって。でも、やっぱり痛い。最初に指で肛門をほぐしてくれるんですけど、その指が太くて爪も伸びてたし。しかもチンコが太くて短いからすぐ抜けるんですよ。結局、無理って言って、手で抜いてあげたんですけど、とにかく部屋が臭くて最悪でした。

種市　逆に掘ってくれって頼まれることもあるの？

シンジ　あ、そっちの方が多いですよ。始めてから2ヵ月目ぐらいかな。女っぽい喋りのおっさんで、ネコっていうんですかね。ロングで指名されてホテル行って『一緒にお風呂入ろう』とか甘えてくる感じで。『指とか舐められるの好き？』とか言ってくっついてくるんですよ。ベッドに行ったら掘って欲しいって連呼し始めて。しゃぶってもらったら勃ったんで、コンドーム付けて挿れました。

種市　おっさんにフェラされて、よく勃つね。

シンジ　もちろん興奮はしてないですけど、体調がよければ勃ちますね。ただ、突っ込んだらそのおっさん喘ぐんですよ。『ああ、おっきい』とか。もう気持ち悪くてすぐに萎えました。一回萎むと二度と勃たないから、手で抜いてあげました。

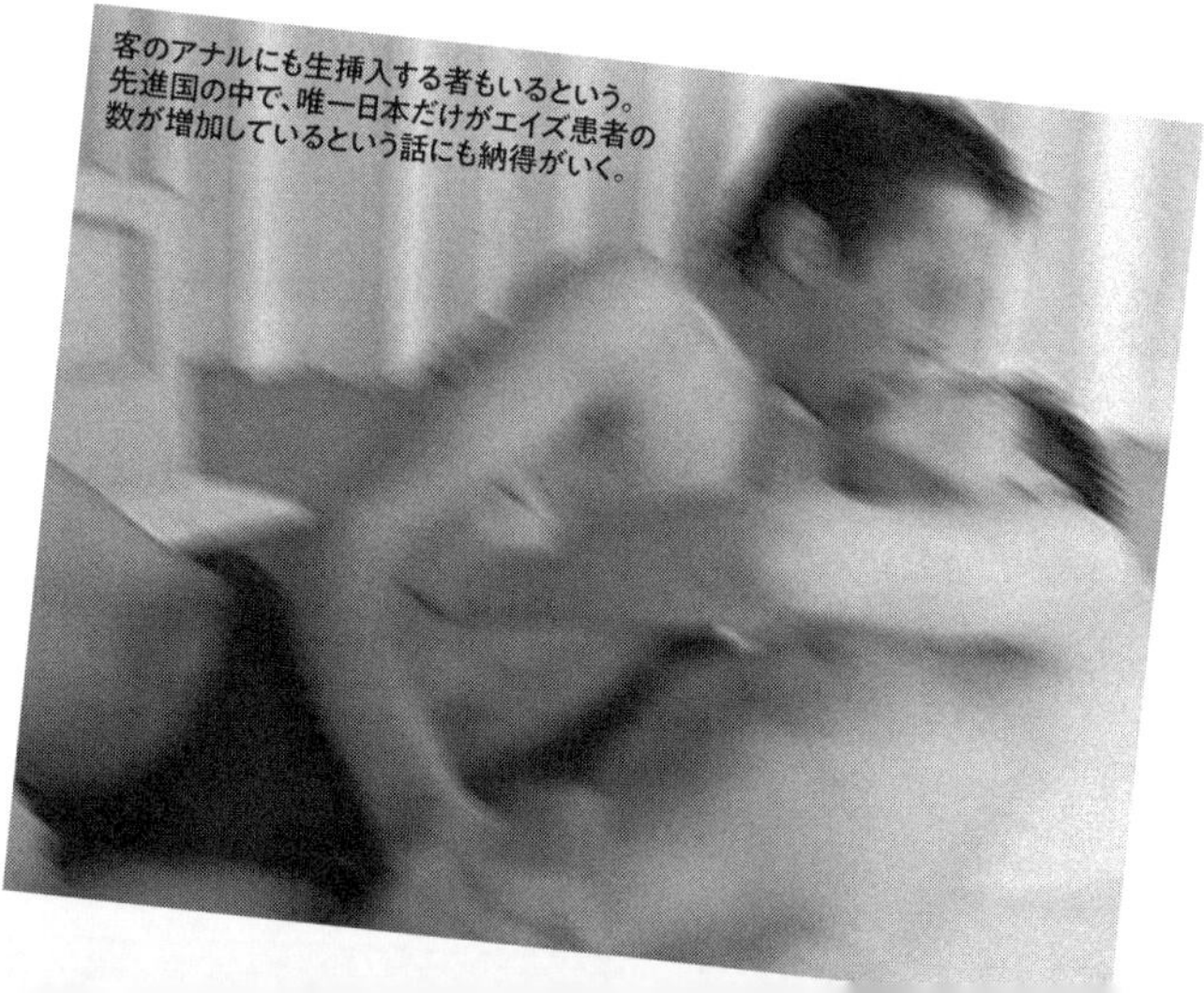

種市　あとは、どんな注文がある？

シンジ　苛めてくれって頼まれることが多いですね。チンコ踏んでくれとか、ぶっ掛けてくれとか、一緒に添い寝してくれとか、息子にしたいとかいうワケわかんないのもいますし。

種市　息子にしたいは凄いね。

シンジ　変態ばっかですよ。

種市　今までで一番の変態教えてよ。

シンジ　これも外国人なんですけど、白人の中年男性で、一緒にホテルに入ったら、パンツ一丁にさせられて、『アナタハ、オウサマデス』って言うんですよ。で、いきなり僕の足を舐め始めた。

種市　王様か。ハードだねぇ。

シンジ　で、お風呂に入ったら、乳首をつねって欲しいって言うんですけど、いくらつねっても『ヨワイヨ、モットツヨク！』って。乳首もよく見たらつねられ過ぎて平べったく変形してるんですよ。

種市　気持ち悪いねー！

シンジ　で、プチプチ弾くように思いっきりつねったら、『オオウ！　オオウ！』って喘ぎだして、今度はその外国人があぐらかいて、その上に座ってつねってくれと。

種市　恐すぎだよ。

シンジ　でしょ。で、鏡に写った自分の姿を見ながら『カオニ、ツバヲカケテ！』って。言われるまま顔にペッって吐いたら『オオオウウ!!』ってすごい声出して、その間、自分のチンポしごいてるんですよ。その直後に1人でイってましたけど。

これは色恋なんだと最近わかりました

種市　いま、月にどれくらい稼いでるの？

シンジ　週5日出て、いい月で45万ぐらいかな。

種市　へー、結構多いね。

シンジ　そうですか？　悪いと20万の月もありますよ。日払いなんで、いくらもらってるのか分からなくなってくるんですよね。多分平均で30万ぐらいだと思いますけど。長く続けてると常連客が固定してくるし、こっちも楽な客だけ選んで給料も固定してきますよ。

種市　チップが大きかったりするんじゃないの？

シンジ　いや、もらえても千円、2千円程度ですよ。古い人に聞くと、昔は万札でもらうことも珍しくなかったみたいだけど。

種市　気に入られたら、客もはずんでくれそうだけどね。

シンジ　ですね。そのために携帯番号も交換した方がいいかなーとか考えたり。しばらくこの仕事やってみて、これは色恋なんだなって思ったんですよ。女と接するような感覚で付き合っていけばいいんだなって。

種市　ほう。

シンジ　見た目はやっぱり男なんですけど、内面的に乙女な感覚を持ってる人が多いんですよ。前にゲイ風俗で働いたときは、ただ抜くだけでしたけど、女なんだなって思ってからは、感情や意思のやり取りがわかってきて、相手も人間なんだなって。

種市　話を聞いてると、もうすっかりこの世界に慣れたって感じだよね。

シンジ　というか、感覚が麻痺してるんだと思います。借金返し終わったのに、ズルズルきてますもん。今じゃゴハン食べるだけとか、添い寝するだけでお金が入るときは、こんな楽で稼げる仕事はないって思ってますね。

種市　でもオッサンのポコチンしゃぶってるときは楽しくないよね？

シンジ　そりゃそうですけど、ずっとやってると、他のボーイとも仲良くなるじゃないですか。仲間たちと店終わってからナンパしたり、昨日はこんな客がきたあんな客がきたって、お互いの悲惨な体験を語り合うのが楽しいんですよ。ある意味、武勇伝を話してるような感覚はありますね。

種市　んじゃ、しばらく辞める気はない、と？

シンジ　お客さんがいるかぎりは、もう少し続けるつもりですね。

取材の最後に、病気の心配はしてないのかと尋ねてみた。

「もしものときの覚悟はできてますよ。先月、献血のときに血液検査したら陰性でしたけど」

シンジは笑顔で答えると、会釈して、また自分の店に戻っていった。

シンジ(左)と同僚の25歳。見た目はごく普通のいまどきの青年である

平成の裏仕事師列伝……16

勃たせ屋

技術なんてあれへん。普通に接してるだけや

取材＋文＝辻村 彰
フリーライター

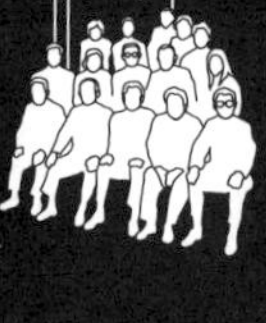

月刊「裏モノJAPAN」05年10月号

その女は、あるマンションの薄暗い4畳間にたたずんでいた。周囲にはホコリを被ったバイブレーターと、積み重なった古いエロ雑誌が置かれている。

フスマ一枚へだてた隣室から、突如、中年男の怒号が轟き渡った。

「頼むよ！　30分休憩！」

若い男が、肩を落として部屋へ入ってきた。

「…あの」

恥ずかしげに己の股間を指さす男。サオとタマが、根元まで完全に縮こまっている。

「ほんまー。大変やなぁ」

「いやぁ、ええ」

「まぁ座りいや。お茶、出すわ」

屈託ない口調に、男の表情が少しずつほぐれていく。と同時に、女は目の前の陰茎にそっと手を伸ばした——。

小西亜佐美（仮名）、28歳。インディーズ系の作品をメインに働いてきた、業界歴7年のベテランAV女優である。

今、彼女はアダルトビデオの撮影現場で、萎えてしまった男優を再び奮い立たせる、世にも珍しい仕事を手がけている。

人は彼女を、《勃たせ屋》と呼ぶ。

AV女優とは思えぬ色気のなさ

「アダルトビデオ冬の時代」と言われて久しい。

95年ごろから、単体女優モノの売り上げはジリジリと下降線をたどり、安定したヒットが見込めるのは、いまや、一握りの大手だけ。大半の弱小メーカーは、1本の制作費を限界まで切りつめ、素人役者を使った企画モノでなんとか糊口をしのいでいる。

勃たせ屋は、そんな状況下で生まれた。人前でのセックスに免疫を持たないがため、本番で使い物にならなくなってしまう素人男優が続出したのだ。

「みんな女優とできるって、胸をパンパンにして来はるでしょう。でも、撮影現場ってセカセカしてますから。ギャップが大きいんやろねぇ…」

取材先の喫茶店で、小西がゆっくりと口を開いた。およそ美人とは呼べぬルックスに、ピンクのTシャツとスリ切れたジーンズ、軽く口紅をさしただけの顔。およそAV女優とは思えぬ色気のなさである。

「それ、よう言われますねぇ。でもアタシ、お水な格好とか全然似合いませんもん」

この素朴な女性のどこに、萎えた男のココロを奮い立たせる魅力が潜んでいるのだろう。ボディラインが抜群なのか、それとも特殊なテクニックでも編み出したのか。

「いややわ。そんなエラいことあらへん。胸はBカップやし。男優さんとも、ちょっとお話ししてるだけやし」

両腕で自分の胸を抱きながら、小西が頬を赤らめる。ますますわからない。

「じゃあ、変わった会話術を使ってるとか？」

「うーん、わからんなぁ」

「でも、コツみたいなものはあるんでしょ？」

「せやなぁ…」

体系化された技術があるわけではないらしい。全ては無意識の産物ということか。

「考えるの苦手やねんもん。この世界に入る前から、ずっとこんなんでしたねぇ」

スカウトの誘いに『まぐれ』で乗った

昭和52年、小西亜佐美は京都の小さな田舎町に生まれた。両親は共に高校の教師で、地元では名士として通っていた。

厳格な家庭だったわけではない。勉強ができなくても「この次は頑張れ」と励まされただけだし、男子生徒との交際も自由、門限もナシ。今考えてものびのびとした学生時代だったと、彼女は回想する。

中3のころ、同級生から告白を受け、彼の家で初体験を済ませた。高校へ進んだ後も交際は続いたが、17歳の夏に向こうが九州へ引っ越し自然消滅。以降、彼氏ができぬまま、府内の2流短大へ入った。

「大学のころは、テニスサークルの男性と1年間だけつきあったかなぁ。どうも普通ですんませんねぇ（笑）」

2年を通して中程度の成績だった彼女はその後、卒業と同時に京都を飛び出し、東京・新宿の運送会社で経理として働き始める。

仕事は日がなソロバンを弾くだけの単純作業。給料に不満はないが、少しだけ寂しかった。

「知らない土地やし、友達はみんな地元で働いてるし。ずっと1人やねんもん」

そんな折り、ヒマつぶしにブラついていた渋谷の交差点で、ダークスーツの男に声をかけられた。自分はAV専門プロダクションの人間だ。「企画モノ」に出てくれる女優を探している。興味はないか——。

AV、企画モノ、女優。言葉の意味はサッパリわからなかったが、なぜか後を付いていく気になった。その心理を、彼女は『まぐれ』と表現する。

「だって、普段ならスカウトなんて絶対に付いていかへんよ。たまたま誘いに乗ったのが、まぐれでAVだっただけやもん。話し相手が欲しかったんやろねぇ」

軽い気持ちで事務所へ向かった彼女は、社長から簡単な説明を受けただけで宣材写真の撮影を許諾、その場で契約書にサインまでしてしまう。ペンを走らせる瞬間、両親と友人の顔が頭に浮かんだが、すぐに消えた。

「今から思うと、なにがなんだかわかってへんかったな。田舎モンやったからねぇ」

こうして平凡な田舎娘がＡＶ女優になった。平成10年21歳の夏のことだ。

異常なまでの平凡さこそが…

初仕事は、契約から1週間後に舞い込んだ。とあるインディーズメーカーの乱交モノ。5名の女優に混じり、奥飛騨の山奥でセックスをした。

不安を抱きつつ臨んだ現場は、意外にも楽しかった。

久々に知り合った同世代の女性、新鮮な職場、親切なスタッフ。人前での複数プレイも、見知らぬ男に抱かれるのも初めてだったが、時が経つうちに緊張感は薄れていった。

もともと素質があったのかと訊ねると、彼女は頬を真っ赤に染めて首をヨコに振った。

「人の前でセックスなんて考えたこともないわぁ。普段は、シモネタもよう言わんぐらいやし。でも、カメラがあると大丈夫やねん。なんでやろね」

初回の仕事を終えた1週間後、運送会社を辞めた。理由は『経理よりはＡＶの方が楽しい』からだという。

「一回やってみたら、普通の仕事と変わらへんかったんですよ。スタッフさんもみんな普通やし。親にバレるのがちょっと怖いぐらいやなぁ…」

インタビュー中、彼女は何度も『普通』なる言葉を繰り返した。確かにＡＶ女優であること以外、彼女のプライベートにはおよそ突出したものがない。

休日は、テレビ、音楽、雑誌で時間をつぶし、ヒマになったら掃除をするか寝て過ごす。愛読誌は「レイ」と「シュプール」。ミスチルとスピッツが好きだというが、両者ともベスト盤しか持ってない。

撮影以外で、男性経験は6人。むろん逆ナンなどするはずもなく、いずれもマジメに付き合った人間ばかりだという。

「学生時代が2人で、後はＡＶを始めてから知り合った人たちやね。一時期、友達がよく合コンに呼んでくれててん」

借金に苦しむ女優や過去の虐待で精神を病んでしまった女優が多いこの業界で、彼女ほど素の人間は珍しい。この異常なまでの平凡さこそ、勃たせ屋の重要な資質なのではないか。

「あ、それ、監督さんに言われたことありますよぉ。『キミは被写体としては退屈だけど、キャラはそのままでいてくれ』やって（笑）」

大量のオタクと乱交プレイや黒人男優とガチンコセックス

どんなヨゴレ男優でも「仕事だからしゃあない」

平凡すぎるが故の異常。小西がその独自性を発揮し始めるのは平成13年の冬、マネージャーがかけてきた電話がきっかけだった。知り合いの現場で女優が足りなくて困っている。男優に問題があって、みんな逃げてしまったようだ。どうかヘルプに行って欲しい——。

詳細も聞かず、首をタテに振った。この時期、すでに500本以上の撮影をこなしていた彼女には、大抵の修羅場なら大丈夫との自負があった。

「最初は、たぶん怒りっぽい男優さんなんやろなーって。でも、行ってみたら優しそうな人でな。しょぼんとしてて可哀想やってん」

問題は、男優の履歴だった。この男、仕事欲しさに『NGナシ』の看板を掲げていたところ、半月前にAというフェチ系メーカーの依頼を受け獣姦モノのシリーズに出演。鶏、犬、牛、サルなどと絡みまくった結果、『ケモノと兄弟になりたくない』と多くの女優から総スカンをくらったらしい。

「それぐらいなら…って感じですかねぇ。ちょっと抵抗もあったけど、別に自分が動物とやるわけやないし」

無事にヘルプ役を務めた彼女の元へは、以降、《ヨゴレ》との仕事が多く舞い込み始める。

女優が泣くまでいびらないと興奮できない男、セックス中に必ず小便を漏らす男、ひたすら奇声を発し続ける男。

中でも驚かされたのは、正常位すらマトモにできない男優が存在することだった。

「企画モノの世界では、結構よく見かけるタイプなんですよぉ。風俗しか行ったことがないと、受け身のセックスしかできひんくなるんやって」

まさに大抵の女優なら裸足で逃げ出す難物ぞろい。しかし、彼女は依頼を淡々とこなした。

「そこは仕事やからねぇ。しゃあないんちゃう？」

諦念ではない。彼女にとっては、ヨゴレも他と平等に扱うのが『普通』なのだ。

レイプ魔はここ一番に弱い

初めてサオが萎えた男優のヘルプをしたのは、2年前（平成15年）の夏のことだ。

とあるレイプモノの撮影現場。なんと男優は、過去に5度にわたって強姦罪で捕まった経歴を持つ《ホンモノ》だった。

「それが、全然あかんかってん。本番が始まったら、アタシの耳たぶをペロペロなめだして、全然レイプにならへん。しかも、いざ入れようとしたらフニャフニャになってもうてん。後で監督さんに聞いたら、普段からレイプしてるような人って、ここ一番に弱い場合が多いんやって。なんでやろね」

いくら舐めてもシゴいても反応はゼロ。やがて監督から休憩の指示が出たころには、予定の終了時刻を1時間半ほど過ぎていた。

「それで、男優さんがどんどん萎縮していって。どうにかせなと思って…」

悩んだ挙げ句、彼女は思い切った行動に出る。自分の性器にローションを塗りたくり、しなびた陰茎を強引にインサート。そのまま男の体を抱きしめ、ゆっくりと腰を振り始めたのだ。

効果は予想以上だった。挿入から10分で男の亀頭が充血を始め、やがて完全に機能を取り戻したのである。

計算があったワケじゃない。しょぼくれるレイプ魔の姿を見て、体が勝手に反応したのだ、と彼女は言う。

「うーん、なんやろ。何も考えてへんかったからなぁ。まぁ、みんな自信がないんとちゃいます？なんて言うんやろ。正常位ができないのも、レイプを繰り返すのも、根っこはおんなじように思えるんですよねぇ」

名前を聞いて、出身地を聞いて

この後、しばしば萎えた男優のサポートに駆り出されるようになった。

素人モノの撮影現場へ行き、トラブルが起きるまで別室で待機。萎えた男優が送り込まれてきた端から対処していくのがいつもの流れで、1回のヘルプに2～3万円が支払われた。

初対面から勃起までにかかるタイムは平均で1時間、顔見知りの場合は30分。成功率は実に8

割を超える。

「ほとんどは世間話から始めますねぇ。名前を聞いて、出身地を聞いて…、まぁ、普通に接してあげたらいいんですよ」

そもそも企画モノに出たがるような男には、異性とマトモに会話すらしたことのない者が多い。まずは女への恐怖心を取り除くことが重要なのだと、彼女は言う。インポ治療というよりは、もはやコミュニケーションのリハビリに近そうだ。

「で、だんだんと男優さんのアソコが垂れ下がってきはりますから。そしたら、だいぶうち解けてきた証拠なんやけど…」

ただし、単に会話を続けるだけでＯＫな者がいる一方で、フェラチオや手コキを駆使しなければダメな者もいる。皆、一様のやり方というわけにはいかない。

「必勝法みたいなことを考えだすと、男優さんは構えてしまいますから。自然の流れに任せるしかあらへん」

最近彼女は、奇妙な素人男優に遭遇した。

将来は映画俳優を目指しているというその41歳の男、萎えたペニスで彼女に近づくや、天井を見つめたまま話しかけてきたという。

『オマエは、何色が好きなの？』

『えっ、赤、かなぁ』

『ふーん』

『……………』

『オマエ、政治は何派？』

『えーと、特にないなぁ』

『ふーん』

あまりの噛み合わなさに、反射的に体が動いた。一方的にしゃべり続ける男の顔をそっと両手で挟みムリヤリに自分の股間へ誘導、強制的に長時間のクンニを命じたのだ。

「20分後ぐらいやったかな。ムクムクと起きあがってきて。多分、萎えたアソコから注意が逸れたのがよかったんちゃうかなって」

勃たぬなら勃つまで待とう

彼女が、天性のコミュニケーション能力で、萎えた男を奮い立たせていることはわかった。が、まだ実感がわかない。いくら経験則で培ったテクニックを弄しようと、海千山千の難物たちがそう簡単に心を開くものだろうか。

「それなら、現場に来てもらってもええですよ。週末に撮影がありますから」

彼女のことばに誘われ、後日、待ち合わせのJR中野駅に向かうと、小西嬢は白いポロシャツを着た中年男性と共に現れた。

「どうも。今日は小西の取材だそうですね。楽しんでいってください」

差し出された名刺には『企画専門監督・Y』とある。インディーズビデオ界では、知る人ぞ知る有名人らしい。

駅から徒歩5分の某スタジオには、すでに数名の女優とスタッフたちが待機していた。監督の指示で、さっそく全員が撮影のスタンバイに取りかかる。

恥ずかしながら、AVの現場を見るのは初体験。期待と緊張が少しずつ膨らんでいく。

「こちらでアタシと待っててください。狭くてすいませんねぇ」

小西嬢が奥の別室を指さした。雑誌やビデオが散らかった、薄暗い4畳間である。

「じゃあ、そろそろ皆さんお願いしまーす！」

監督の号令が室内に響き、撮影スタート。隣室のベッド上で、2人の女優を10名以上の男優が取り囲み、一斉にオナニーを始めた。

が、順調だったのはそこまで。本番シーンに入った途端、20代の男優が床に崩れ落ち、そのま

待機中は、ひたすら雑誌を読みふける

別に、勃たんでもええやんなぁ？

まヘタり込んでしまう。

「おい頼むよ！　30分休憩！」

　監督のことばにガックリと肩を落とした男が、4畳間へ姿を見せた。

「どしたーん。元気ないなぁ」

　すかさず声をかける彼女。さっきまで穏やかだった表情が一転、引き締まった顔に変わった。もっとも、口調はあくまでソフトだ。

「どうもダメで」

「別に勃たんでもええやん」

「えっ？」

「なんでなん？　そんなん別にええんとちゃう？」

「…はぁ」

　予期せぬ先制パンチに、男の

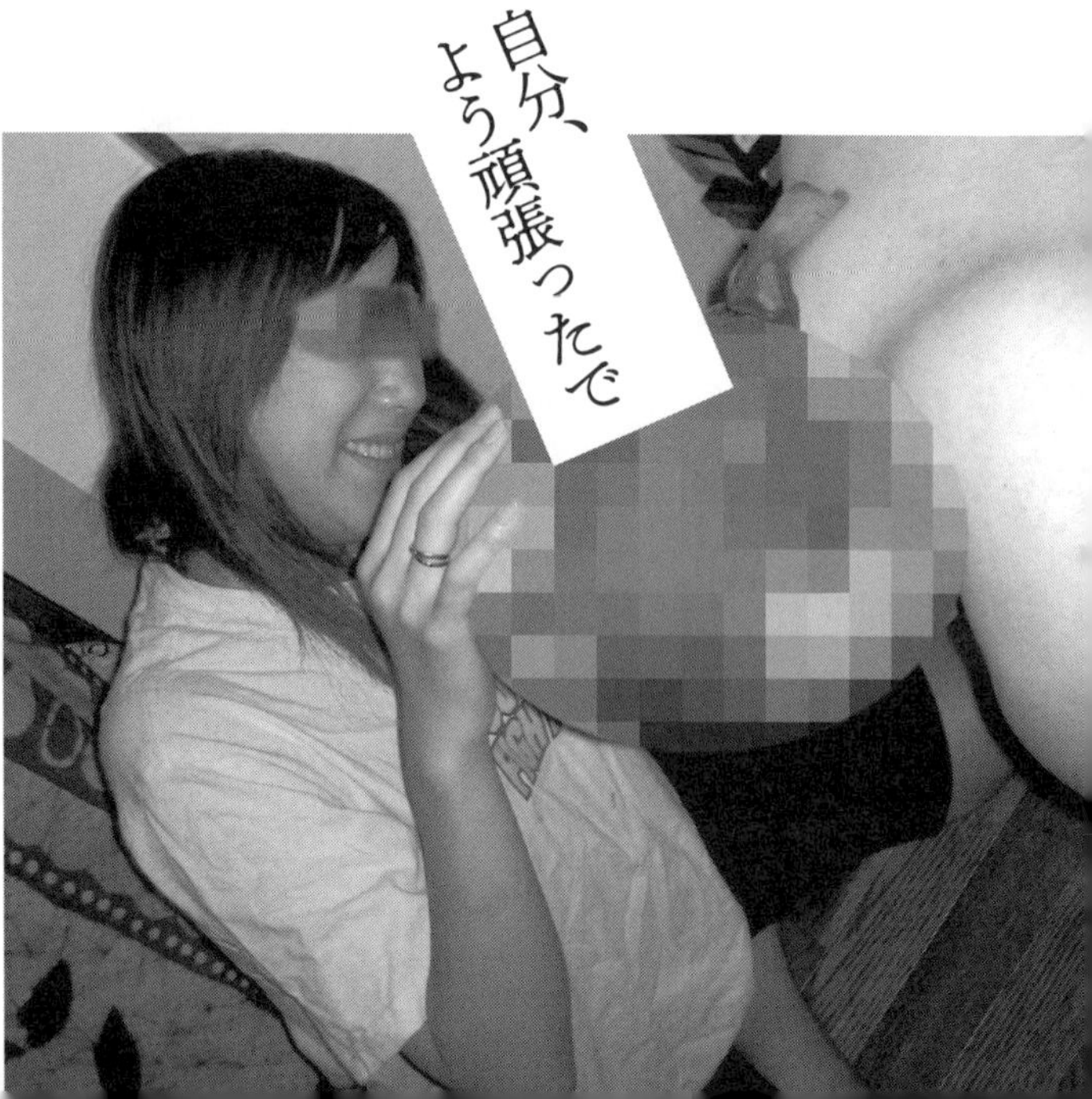

顔が呆ける。

「キミ、確か新潟から来たんやったっけ？」

「は、はい」

「こんな時間までええの？ もう終電ないんとちゃう？」

「いや、今は東京に住んでますし…（笑）」

細かいボケを挟み、少しずつ会話を盛り上げていく彼女。ふと男の股間に目をやれば、睾丸がダラリと弛緩を始めている。さっきの萎縮ぶりがウソのようだ。

「どうです？ 面白いでしょ？」

背後から、Y監督の声。

「天性の才能ですね。彼女のテクニックって、ものすごく簡単に言えば『勃たせてみよう』じゃなくて、『勃つまで待とう』なんですよ。だから男優もリラックスできる。でも、ほとんどの女性って『勃たぬなら殺してしまえ』みたいな発言をしがちでしょ（笑）」

「すいません監督。もう大丈夫だと思います」

先の若い男が、落ち着いた様子で4畳間から現れた。その向こうで、小西嬢がこちらへ軽く右手を振っている。なんら達成感のなさそうな表情。ごく自然なたたずまい。やはりこの女、どこまでも普通である。

平成の裏仕事師列伝

勃たせ屋 それから

AV界から引退。結婚して奄美大島へ

取材＋文＝辻村 彰
フリーライター

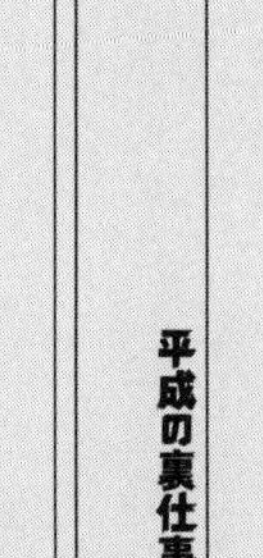

取材から2年。ＡＶ業界は、相変わらず企画モノが全盛である。

さっきまで街角を歩いていたような若い女のコがあっけらかんと服を脱ぎ、いきなり乱交や露出作品に出演。３カ月も経てば『ベテラン』と呼ばれる。

一方、男優も、クレジットが入るのはほんの一握りで、あとは射精さえすればＯＫのその他大勢の汁男優たち。あっという間に消耗される作品同様、出演者も使い捨てだ。

だからこそ、撮影現場に小西の力の抜けた普通さが必要なのだと、現場を知ったいまならよくわかる。きっと、あっちの現場、こっちのスタジオと、忙しくしてるに違いない。

取材ノートを引っ張り出し、小西の携帯番号をプッシュしてみる。と、聞こえてきたのは〈ただいまおかけになった番号は、現在、使われておりません…〉のアナウンスだ。

以前、小西を使っていたビデオメーカーに消息を尋ねるが、彼女のことを知る者は誰もいなか

どした〜ん？

った。たった2年の間に、ほとんどのスタッフが入れ替わってしまったらしい。

取材時に名刺をもらった企画専門監督のYさんに問い合わせて、初めて事情がわかった。彼女はその後、結婚し、業界を引退したのだという。

「すっかりAVの世界から足を洗って、いまは奄美大島の方に住んでるらしいですよ」

結婚相手が業界の人かどうか不明だが、旦那の故郷が奄美の方だったようだ。

南の島と小西亜佐美。考えてみれば、これ以上、癒やされる組み合わせはない。もし僕が人生に行き詰まったら、ふらりと彼女を訪ねてみようか。

『どしたん？　よう来たね。お茶でも出すからまあ入りぃや』

そう言ってフツーな顔で出迎えてくれる彼女の姿が浮かんだ。

平成の裏仕事師列伝……17

77歳のホテトル嬢

おサネを舐めていただくとやはり濡れてきますわね

取材＋文＝佐藤正喜
裏モノJAPAN編集部

月刊「裏モノJAPAN」06年2月号

77歳。喜寿とも言う。

普通なら、縁側でお茶をすすりつつ余生を送るオバアちゃんだ。よほど体力がありあまっていても、ゲートボールはちょっとキツイ。せいぜい台所に立って家事をこなす程度か。77歳とはそういう年齢である。

ところが、東京・巣鴨一帯を拠点とする、某熟女専門ホテトル事務所には、バリバリの現役嬢として喜寿を迎えた女性がいる。おそらく風俗嬢としては我が国最高齢だろう。

熟女や妊婦をウリとする、一種おぞましい風俗が存在することは以前から知っていた。そのテの女性を好む男性がいることも理解はできる。

にしても77歳はどうだ。

本誌読者にしてみれば、母親どころか祖母の世代になろう。しばし目をつむり、正月か盆に会う程度のその顔を思い出してほしい。歯は抜け落ち、目鼻も区別できぬほどシワクシャになったバアさんの顔を。

もしその祖母が普段ホテトルで働き、不特定多数の男のペニスに体を貫かれているとしたら…。私なら卒倒する。

77歳のホテトル嬢、安田さん（仮名）。彼女はいったいどんな人物なのだろう。計算すれば、生まれは昭和2〜3年。金融恐慌から太平洋戦争、そして戦後の混乱期や経済成長を体験した女性が、この平成の世にカラダを売っている理由とは何なのか。そもそもその年齢でセックスは可能なのか。

かくして平成17年11月の下旬、私はホテトル業者に電話し、お話を聞かせても

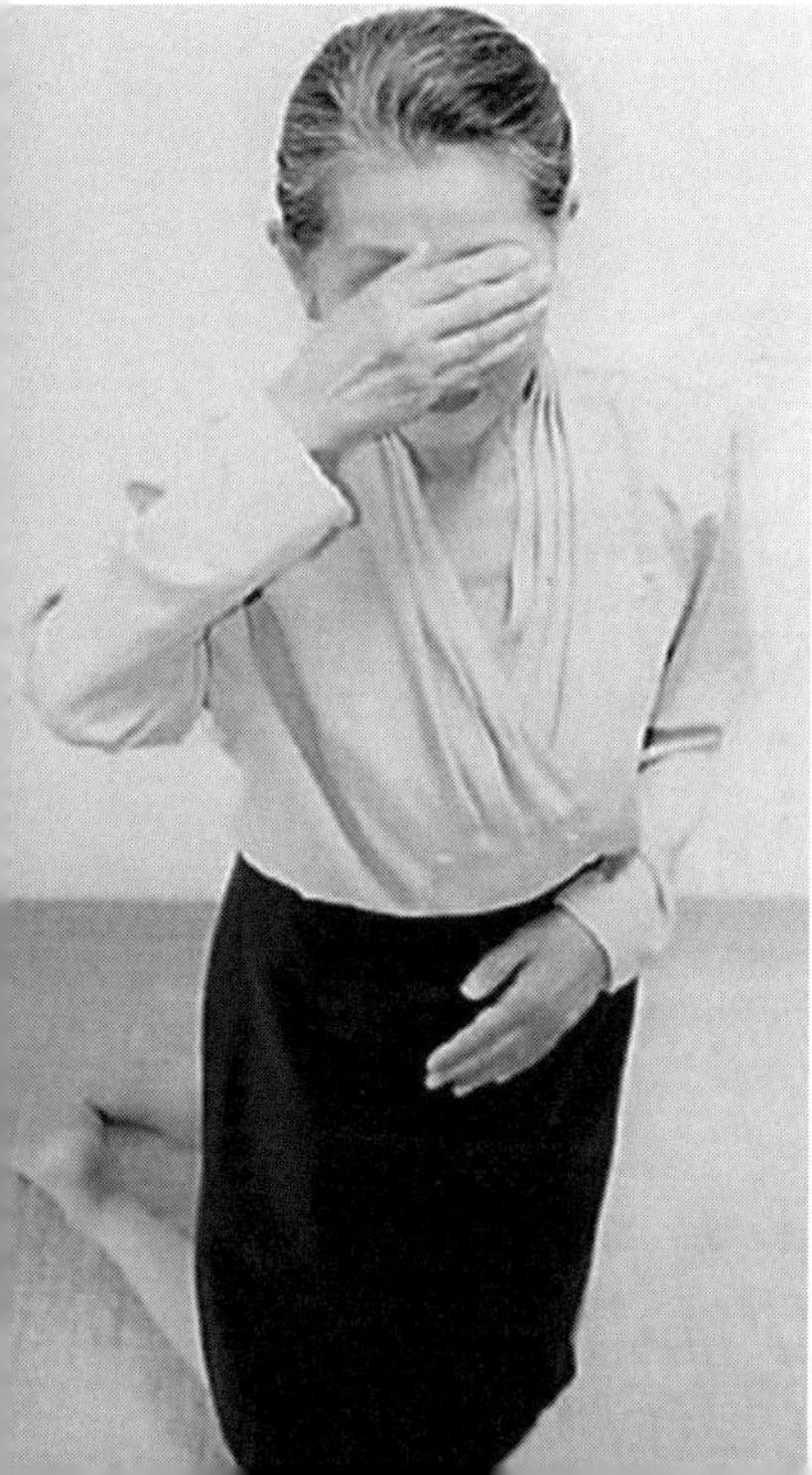

らうこと、そしていざとなればお相手してもらうことを要望として伝え、安田さんを指名したのだった。

むしろ上品な部類に入るだろう

老人の原宿、とげぬき地蔵をひかえ、巣鴨駅前は平日というのに年寄り連中で賑わっていた。

交差点が赤になっても渡りきれず途中で引き返す、杖をついたジイさん。犬の散歩ではなく、まるで犬に連れられているような、腰が90度に曲がったバアさん。みな、この町の主人公である。

余談ながら、熟女専門のホテトル業者は、ここ巣鴨を中心に、西は大塚、東は鶯谷あたりまでのいわゆる山手線東北部地域に事務所を構えることが多い。北東に進路を取れ、が東京の年寄りビジネス

界の合言葉だ。

駅前の安っぽいラブホテルに入室し、待つこと20分、ドアをノックする音が聞こえた。鍵を開けて重いドアを押すと、1人の白髪の老婆、安田さんが笑顔で立っていた。

「お邪魔しますね」

折れそうな細い体。顔に刻まれた深いシワ。あらためて77歳という年齢を目の当たりにし、軽いショックを覚える。本当にこの人がセックスをするのか？

「お待ちになられましたか」

丁寧な言葉遣いとこざっぱりした服装からは、売春業に携わる者特有のスレた印象は受けない。むしろその逆、巣鴨界隈で茶菓子を買い歩くお婆ちゃんたちに交じれば、上品な部類に入るだろう。

「畳の部屋は落ち着きますね」

そう言って正座になった安田さんは、事務所に電話をかけ、「私でお役に立ちますでしょうか」と、申し訳なさそうな表情でこちらを見つめた。

体験人数は75年間で夫1人

「いつごろからこの仕事を？」

あわてて服を脱がせる気になんてとてもなれない。ゆっくり煙草でも吸いながら、まずはお話をうかがおう。

対面するまで私は、おそらく昔から赤線などで働き、そのままズルズルとこの世界から身動き取れなくなったのだろうと想像していた。遅くとも40代あたりで、場末のピンク業界に飛び込んだことは間違いないと。

ところが意外や、安田さんがこの世界に入ったのは、わずか2年前のことなのだそうだ。つまり75歳になって初めてフーゾク嬢になったのである。

当時、長年連れ添った主人が亡くなったことで、子供のいない彼女は独居老人として細々とした年金生活を余儀なくされていた。

老人問題に疎い私には、その生活ぶりはいまいち想像できない。この国では老婆1人ぐらい労なく食べていける程度のお金は渡されているものとばかり思っていたのだが、実情はそうでもないようだ。

「知り合いの方がね、こういうお仕事があるからやってみないかって」

「でも75歳で、そんな思い切ったことをよく…」

「こんな年配でお仕事はなかなかないですからね。掃除婦でも雇ってもらえませんから」

掃除婦がダメなら、自宅での内職なり、日々の糧を得るぐらいの仕事は何かしらあるだろうに。いきなり売春業とはあまりに突飛ではないか。

「まあ、この年齢でお仕事いただけるだけでありがたいと思いまして、ちょっと興味を持ちまして（業者の方に）お会いしましたの」

尋常ではない。私が思うに、やはりそこには一番に経済的な問題があったはずだ。手っ取り早い手段で稼がねばならぬ事情が。

彼女が言葉を濁すのは、世代特有のたしなみであると同時に、今後もこの仕事を続ける上で、お金のために渋々働いている女だと曲解されることを恐れてのことではないか。

若い風俗嬢なら、借金だブランド物だ海外旅行だと、屈託なくしゃべるところ、安田さんはそれを良しとしない。詮索はすまいが、75歳のホテトル入門は、何か重大な金銭的理由があったとしか私には考えられない。

彼女が門を叩いた熟女専門業者は、在籍嬢の全員が50〜60代で、安田さんはいきなり最年長メンバーとなった。

「特に、こういうことをしなさいっていう指導はなかったです。お客さんの求めていることをしてあげてくださいって感じで」

「自分が女として求められるなんて思ってましたか」

「自信なかったですね。こういう年代にも需要があるなんて。でもやっぱり女は灰になるまで、って言いますでしょ」

灰になるまで。生理こそ上がっていたが、彼女もまた女だった。

ただ、やはり自信はない。それまで彼女の体験人数は75年間で夫1人だけだったのだから。

信州への疎開を経て、戦後、東京でデパートガールをしていた彼女は、知人の紹介によって26歳で結婚。以来、旦那1人のみに貞操を捧げ続ける。

「いまの若い方は違いますけど、私のときは貞淑なる妻であるのが当然でしたから」

男ならまだしも、女が浮気をするなんてとても考えれらない時代だ。その言葉に嘘はなかろう。夫、その両親、貞淑な妻。4人の生活はおよそ45年の長きに渡って続く。子供が生まれていれば今の状況も変わっていたはずだろうが、最初の流産によって、5人目の家族ができる希望は早くから消えていた。

フェラもクンニも知らなかった

「お風呂にお湯入れてきましょうね」

浴室から戻ってきた彼女は、いそいそとシャツのボタンを外し、シミーズを脱いで、痩せた体を露にした。

裸体の描写については、本人の希望もあり勘弁していただきたい。乳房も腹も肌つやも、みなさんのご想像どおりと考えてもらって差し支えないだろう。

「前は152あったんですけど、今は2センチ縮んだんです」

その小柄な体を浴槽に沈め、安田さんは私の肩を揉み始めた。

「こってない？　気持ちいいでしょう」

今でこそこうして一緒に風呂にも入れるようになった彼女だが、75歳で初めて旦那以外の男に肌を触れられたときは、処女のように心臓がドキドキし、記憶すら定かでないという。

「清水の舞台から飛び降りるっていうんですか。もう頭真っ白なんですよね」

「それに、普段と違って色々サービスしたりとか」

「ええ。もう、この業界での交わりっていうのは、夫婦間での営みとは雲泥の差ですからね」

雲泥の差、その1。安田さん、それまでフェラチオの経験がなかった。そもそも口でペニスをしゃぶるなんて想像したこともない。

その2。さらにはクンニも知らなかった。唯一の相手だった旦那は、気が向いたとき布団の中に潜り込んできて、ヘコヘコ腰を振るだけだった。

その3。正常位以外の体位を知らなかった。セックスは、カエルのように足を広げているうちに終わるものだと思っていた。

その4。もっと言えば、ペニスをちゃんと見たこともなかったし、自分の局部を凝視されたこともなかった。夫婦の営みは常に暗がりで行われていたのだから。

いまや小学生でも知っていそうなことを何一つ知識として持っていなかった75歳の安田さんは、必然的にすべてを客に教えてもらうことになる。

「運が良かったんでしょうね。50代くらいの方が、いろいろ教えてくださって」

「初めて口でしたときなんかは…」

「んー、もぉ、んぐぅって感じでしたよね」

「やっぱり大きさも違うでしょう」

「そう、それが一番ビックリ！」

純情、という表現もどうかと思うが、ペニスの大小にいちいち驚く75歳なんて可愛いもんではないか。

死んだバアちゃんの代わりに

やはり不思議である。何度考えても、やはり不思議である。いったいどんな男が安田さんを買うのだろう。

私のように取材でやってくる者を除き、客の全員は、彼女の77歳という年齢に魅力を感じて指名してくるわけで、それはいったいどういうことなのか。

「ひと月に何人ぐらいお相手されるんですか？」

「それは、なんとも申せませんけど…」

これもまた、たしなみか。ただ、業者の女性は言っていた。「安田さんは人気がありますので、予約していただかないと…」。不思議だらけだ。

ベッドに並んで横たわると、天井のミラーに映る2人の体は、大きさにして倍ほどの違いがある。細いお婆ちゃんのシワだらけの体。陰毛には白髪が目立つ。私のペニスは普段よりも小さく縮こまっており、襲い掛かる勇気などわいてこない。

しかし一般客はここで勃つのだ。彼女に興奮するのだ。

まず同世代の70～80代の男性客。彼らはセックス目当てよりもむしろ、話友達としてやってくる。戦時中の厳しさなどを語り合える異性は、彼らにとって貴重な存在なのである。

しかしそれより若い世代になると、明確にセックスを目的としている。彼らは何に興奮するのか。疑問はこんなエピソードによって、少し解ける。

「そのお客様は小さいころご両親が共働きで、おばあちゃんっ子だったんですね」

先が読めたろうか。おぞましいが続けよう。

昔おばあちゃんっ子だった、現在推定30代の男性は、安田さんを愛でた。全身を愛撫し、深く挿入した。童心に帰ったような幼い泣き声を発しながら。

「お婆ちゃん、どうして死んじゃったの。お婆ちゃん」

涙の理由を聞き、安田さんは腰を抜かす。彼は思春期のころ、実の祖母の体によって性行為を教わり、そのまま亡くなる直前まで誰にも内緒で愛し合い続けたというのだ。

つまりは、死んだバアちゃんの代わりに安田さんの体を愛でる、という構図である。不気味な話ではあるが、「結構いらっしゃいますよ」と言うのだから、私たちが思う以上に、世の家族は壊れているのかもしれない。

中には、母と息子の場合もある。セックスパートナーだった母親を失った40過ぎの男性が、代理母として安田老人を抱く。乳房を吸い、甘えた声で「マ

マ〜」とじゃれてくる。

当初こそ驚いた安田さんだったが、そういう役割を担うこともこの仕事の重要な一面だと悟り、今では相手の望むキャラクターを演じることも多い。

「○○君って呼んであげたりとかしますね。やっぱり満足して帰っていただきたいですから」

2年間でヤリ逃げ1回

職場は客と2人きりのラブホの密室。ただでさえ危険な状況に加え、77歳という非力な彼女にしてみれば、何かコトが起きた場合、対処のしようがない。今でも私が力ずくで何かやらかせば、難なく完遂できるだろう。

しかし幸運なことに、かつてトラブルらしいトラブルは一度、金を払わずに逃げた男が1人いただけだという。

この業者、ホテトルには珍しく後払いのシステムを採用している。欲望を満たし終え、男は金が惜しくなったのだろう。

「車の中に財布を置いてきたのでって。それで駐車場まで行ったら、今度はお金が入ってないから友達に借りてくるって」

途中で、これはもう逃げられるなと覚悟はしていたらしい。年寄りなりに意地でも食らい付く気持ちはあったようだが、どうせ力では勝てない。町中に置いてきぼりにされた時点で、あっさりあきらめた。

それでもこの2年でヤリ逃げが1回きりだったとはラッキーと言うしかない。元々、おばあちゃん好きな男には悪い人間が少ないのだろうか。

「生で出されて困ったとかいうことは」

「それはお客様に合わせてね。付けないでやりたいって方もいらっしゃいますから」

「子供の心配はないですもんね」

「それはもう、アハハハ」

ちなみに病気に関しては、年に何度かの定期検査を行っているそうで、抵抗力が弱っているはずなのに性病にかかったことは一度もないとのことである。

「お話ばかりじゃなくて、少しサービスいたしましょうか」

満足して帰ってもらいたい、という言葉どおり、取材目的の私にもそれなりの快楽は味わってほしいようだ。安田さんは私を横向きに寝転ばせた。

子供がいないから締まりはいいそうです

ここまで来て拒むのも失礼かと、言われるがまま横を向くと、安田さんは私のアナルをもぞもぞと舐め始めた。温かな舌下が上下に動く。

「ここ、気持ちいいでしょ」

　なんとも妙な気分である。なるほど、柔らかな舌になぞられ、ある程度の快感は訪れる。しかし相手が相手だけに、興奮とまではいかないし、今77歳の老女が尻の穴を舐めているという現実が、どうしても不憫な感情を呼び起こしてしまう。同世代がほうじ茶をすすっているときに、どうしてこの人は私のアナルなんかを…。

　でも彼女は、それを苦痛とは思っていないのだろう。アナルをふやけさせた後は、キンタマを口に含み､続いてなめくじ状態のペニスも口に含んでくれる。なかなかのテクニシャンではないか。

　残念ながら、と言うべきか、ペニスはいっさい反応しない。彼女の名誉のためにも、ワザそのものに不満はないと言っておく。あくまでこちらの心の問題だ。

　ならば攻守交替、という意味なのか。仰向けに寝転がった彼女が、股間に手をやりながら恥ずかしそうに言う。

「ここの、おサネを舐めていただくと、やはり濡れてきますわね」

　ドキリとした。クリトリスを舐めよ、という意味なのか。

「こういうのもおかしいんですけど、子供がいないから、締まりはいいそうなんです」

　そう言われても、いったいどうすればいいのだ。軽く指で陰部を開いて見れば、なるほど一般成人女性のそれとさして変わりはない。長きに渡り二夫にまみえなかった彼女ならではのお宝なのだとも思う。でもしかし…。

「なるべく考えないようにはしていますが」

と、安田さんは言う。仕事中、もし自分に子供や孫がいれば、このお客さんぐらいの年代なんだろうなと思うことが、ときどきあるんですよと。

さらに、この仕事を始めて、男性というのは普段は弱さを隠して生活しているものなのだと知り、生きている間に主人にもっと優しくしてあげればよかったと反省もしたという。

「この仕事はね、健康で長生きできれば続けようと思いますよ。皆さんにも80になっても頑張ってくださいって言われてますから」

いつもはホテルのフロントでそそくさと逃げるように客と別れるらしいが、駅前まで一緒に歩くことにした。不自然なカップルを前に、人々の驚く顔がオカシイ。

「それでは、あなたもお元気で」

深いお辞儀をし、周りの老人の群れの中に交じっていく安田さん。この後は特に用事もないので、家でゆっくりお茶でも飲むつもりだそうだ。

平成の裏仕事師列伝

77歳のホテトル嬢　それから

わざわざ大阪から来てくださった方がいらっしゃいました

取材+文＝佐藤正喜
裏モノJAPAN編集部

あれから1年と半年、つまり現在は78〜79歳。あらためて話を聞こうにも、ひょっとしたら鬼籍に……との心配は杞憂に終わった。巣鴨駅前の老人御用達喫茶店『伯爵』に現れた安田さんは、不思議なことに以前より肌が若返っているようにも見えた。店内にいるどの老人よりも年上であろうはずなのに、妙に若々しい。この仕事には、そういう作用もあるのだろうか。

「お変わりないですか？」

「ええ、おかげさまで健康でやってます。少しヒザが悪くなりましたけど」

「あの後、記事を見て来たお客さんは？」

「そういうのは私は聞いておりませんが」

巣鴨「伯爵」にて。この人がホテトル嬢だとは誰も気づかないはず

美人フードルの紹介グラビアと違い、失礼ながらあの記事では男たちの股間を熱くすることなどだい無理だったのだろう。「77歳？　よし行こう！」なんて考えるほうが確かにオカシイ。

「そういえば一回、わざわざ大阪から来てくださった方がいらっしゃいましたね。こういうお店がないらしくて。私を見て、圧倒されたっておっしゃってました」

関西では、田舎はもちろん大阪神戸などの都市部でも、やはり地縁血縁のつながりが強く、70を超える高齢者がホテトルで働くことなどまずありえないのだろう。79歳が売春できる東京という町は、やはりどこか異常だ。

いまの安田さんは、週に約3日勤務し、それ以外はほとんど家に閉じこもって、テレビを見るでもなくただじっと座っているそうだ。前回会ったときも思ったのだが、いったいお金は何に使っているのだろうか。

やや遠回しに尋ねると、やはり戦前生まれのたしなみか、安田さんもまた遠回しに答えた。

「この歳ですから、誰にも迷惑をかけないでちゃんと後始末したいですからね」

こうして出会ったのも何かの縁、後始末の時期はまだ先のことだと思いたい。肌も若いし。もしかして取材があるから入念に化粧してきたとか？

「乳液とパウダーを使ってるだけですよ。このあたりでキレイなおばあちゃんを見ると、ああいうふうになりたいって思いますね」

女は灰になるまで、のポリシーはまだ消えていないようだ。

安田さんは来年、傘寿《さんじゅ》を迎える。

平成の裏仕事師列伝……18

フーゾク嬢再生人

お茶っ引き嬢をナンバーワン人気に変える話術とは？

取材＋文＝佐藤正喜
裏モノJAPAN編集部

月刊「裏モノJAPAN」06年9月号

関東の、とあるフーゾク店密集地域で、1人のヘルス嬢が働いている。

26歳、容姿は中の上。スタイルにさして取り得はない、見た目だけならどこにでもいる女性だ。

しかし彼女の出勤日は、朝から店に電話が殺到し、ほんの30分ほどですべて予約客で埋まってしまう。押しも押されぬナンバーワン人気嬢である。

わずか4年前、彼女は日に2人の客がつくのがやっとの、平凡以下のヘルス嬢に過ぎなかった。

いっときは業界を辞めようと決意したこともある。

彼女が変化したきっかけは、ある1人の男との出会いだった。

店長が意見しても女の子は聞く耳持たず

ふらっと飛び込みでファッションヘルスに遊びに行ったと想像してほしい。

初めての店なので勝手はよくわからないが、店構えはちゃんとしているし、写真指名もできるそうなので安心してよかろう。呼び込みのニイちゃんに誘われるまま、階段を下りる。

5枚並んだポラロイドから、断トツに可愛い真由美ちゃんを指名。まもなく個室へ案内される。

「いらっしゃいませ」

写真よりやや見劣りする本人は、すべてをソツなくこなした。流れ作業的な態度は見え隠れするものの、特に粗相はなし。きっちり30分で射精を迎え、残り時間はおざなりな雑談に費やされた。

（ふぅ）

わずかな虚無感とわずかな充実感ないまぜに、あなたは店を出る。顔は可愛かった。胸も大きい。サービスは可もなく不可もなく。満足したにはした。

だが、しかし。

後日、またこの店に来て彼女を指名することはあるだろうか?

「そうなんです。可愛いだけの女の子は写真指名は取れるけど、リピーターがつかないんです。だから稼げなくなると簡単に店を移るんです」

坂本和孝(仮名39歳)は話す。西郷隆盛のような人懐っこい風貌に、丸々と太った大柄な体。肩書きは小さな土建屋の社長である。

その本業とは別に、彼は関東某所一帯の風俗店から一風変わった依頼を引き受けている。

『ウチの不人気な子を稼げるようにしてやってくれないか』

在籍嬢が稼いでくれれば本人も店も潤うから。そんなムシのいい依頼を第三者にお願いするとは、おかしな話である。店があの手この手を使って教育すればいいだけではないか。

しかし現実には、店と風俗嬢とは、教師と生徒のような関係にはない。雇用主と従業員、ともまた違う。

下手に機嫌を損ねて辞められたくない店と、働いてやってるという意識の強い風俗嬢。これが実像だ。長年勤務し、仕事が軌道に乗っている子ならば信頼関係も生まれようが、不遇をかこっている風俗嬢にとって、店とはあくまで給料をピンハネする敵でしかない。

オーナーや店長、あるいは店員が口を酸っぱくして教育を施そうとしたところで、聞く耳など持たないのが実情なのだ。

そこで再生を期すには、第三者という外部の立場が必要となる。いや、ほとんどの店ではそんな発想すらないかもしれない。稼げないならお茶を引いてもらうか自発的に辞めてもらうか。入れ替わりの激しい業界、どうせまた新しい子が面接に来るだろうから。

現実に、新宿でも池袋でも渋谷でも、稼げる場を求めて各店をさまようジプシー風俗嬢はゴマンといる。

見た目は悪くないけど本数取れないんだよね

坂本の仕事内容を知るには、彼に依頼が舞い込むようになった6年前の話にさかのぼるのが手っ取り早い。

00年当時（今もだが）、大のフーゾク好きだった坂本氏は、繁華街にある1軒の情報喫茶にしょっちゅう入り浸っていた。壁中パネルだらけの現在の紹介所ではなく、昔ながらの喫茶店形式の店舗だ。

1杯500円のコーヒーを飲みながら、女の子たちのポラ写真を眺め、この子はいい、あの子はダメだったとマスターを交えて雑談をかわす。土建屋社長ならではの優雅な暇つぶしだ。

ある日、いつものように情報喫茶で趣味に興じていたところ、1人のヘルス店長が近くのテーブルにやってきた。情報の集まる場には、一般客だけでなく関係者もふらっと現れるものだ。

店長が写真を取り出して、マスターにグチり出した。

「この子、見た目は悪くないんだけど、なかなか本数取れない（客が付かない）んだよね」

近くにいた坂本も写真を見せてもらった。なるほど、そそこ可愛い。これで人気がないなんて性格に問題でもあるのか？

悩む店長にマスターは言った。

「それじゃあ、坂本さんに講習を頼めばいいじゃない。この人、すごく好きなんだしさ」

マスターは冗談半分のつもりだったのだろうが、店長は身を乗り出してきた。ぜひお願いしてよろしいですか？

「3万円くれるって言うから、じゃあやってみようかってなったんですよ。別に仕事だってつもりはなくて、俺の気持ちいいプレイを教えればいいんだろって」

むろん彼は講習などしたことはない。あくまで1人の客としての願望しか持ち合わせていなかった。しかし彼女らの接する相手が一介の男たちである以上、自分の願望こそが反映されるべきだとの思いもあった。

お前らは女優だ。演技で客を騙せ

講習人の肩書きを携えた坂本は、店が借りたホテルの一室で、いざ本人のA嬢と対面。「いつもやってるようにしてごらん」とサービスをさせてみた。

彼女が不人気な理由は、すぐにわかった。

顔はカワイイ。でもまた指名するか？

客をどこか見下している。発言ではなく態度で、だ。とっとと精子を吐き出すところなど、作業としてこなしているのがバレバレ。これじゃあリピーターは付かないだろう。

だからこうしろ、とはまだ彼は言わなかった。そんな素直な説得を受け入れるぐらいなら、とっくに稼げるようになっている。まずは雑談から入ってみるか。

「お前はどうしてヘルスやってんの？」

「お金がほしいから」

「いくらくらい？」

「月100万くらい」

ありがちな望みだった。かつて彼の出会ったフーゾク嬢で、お金目的以外に働いている子はいない。ただ月100万となると、毎日出勤しても日に5本は必要だ。現状とは程遠い。

顔は悪くないんだからヤル気さえ起こさせれば。きっかけを探りつつ、坂本は雑談を続ける。

聞けば彼女、なんと慶応大学に通うお嬢様で、父親は会社経営者。しかし父の商売が傾いたのを機に、浪費癖の抜け切らぬ彼女自身も借金を重ねるようになり、やむをえず風俗入りしたという。

ポイントはそこだと見た。おそらく彼女の育ちから来るプライドが、客を見下す態度に表れているのだ。

だからといって彼は「お客様を大事にしろ」とは言わない。むしろ逆。「お前の演技で客を騙せ」とプライドを煽った。

「いいか、この仕事ってのは客を騙す仕事なんだよ。いわば女優みたいなもんだな」

後に、彼が頻繁に使うことになる女優というキーワードは、この時点で発明された。陳腐ながら、彼女らにとってはどこかくすぐられる言葉らしい。

なぜA嬢は坂本の言葉を素直に受け入れたのか。その分析は後回しにするとして、ともかくこのやりとりで彼女は変わった。

ハードサービスと接客方法を教え込まれ、現場で忠実に再現してみせた。ただそれだけで、彼女は実に月160本の客を取るまでになったのである。

噂が広まらぬはずがない。

金が欲しい理由がカウンセリングに

平凡な子を月160本指名に変えた男がいるらしい――。

まずヘルス関係者が聞きつけた。さらに現役で働く女の子たちも、どこで連絡先を知ったのか、私にも稼がせてくれと直接電話をかけてきた。

フーゾク界の景気も、世間同様、良好なわけではない。浮上へのちょっとしたきっかけを誰もが望んでいた。

面白いもので、この業界は信用さえ付けば、一気に人と金が集まる。「この人の言うことなら」と、フーゾク嬢たちが聞く耳を持ち、彼女らが結果好成績を収めれば、また噂が広まる。

元来どんぶり勘定がまかりとおる世界、最初は3万円だった再生料が、5万、10万とふっかけても依頼は途切れない。いつしか収入は本業に迫る勢いを見せた。

「自分では何か特別なことをしてるつもりはないんですよ。ただ俺ならこうされたいと思うことを伝えるだけで」

彼の説法は、いつも同じことの繰り返しである。

①いくら金が欲しいのか。
②なぜそれだけ欲しいのか。
③俺の言うとおりにすれば必ず稼げる。

①の問いには、誰でも素直に答える。1日に5万、月に100万、いくらでも稼げるだけ欲しい。答えは明快だ。

そこで②の質問に移る。なぜ、それだけの金が必要なのか？　普通の仕事じゃなぜダメなんだ？　実はこの問いが一種のカウンセリングになっている。

理由を答えるには、彼女らは必然的に自らの境遇について語らねばならない。家庭環境か、恋人に貢ぐのか、借金問題か、夢のためか。いずれにせよ、女性が赤の他人のチンチンをしゃぶってまで金を欲する理由は、必ずある。

とはいえ彼女らの理由なんて、くだらないものが多い。それを大げさに誉めて、行動を認める。

「お前はスゴイな、それだけ借金あっても頑張ってるんだもんな。なかなかできることじゃないよ。まだ若いのに偉いよ」

「ホストにハマってんのか。悔しいけどあいつら格好いいもんな。まあ、金はかかるだろうけど、喜んでもらえるならお前もいっぱい稼いで通ってやれよ」

西郷隆盛似のオッチャンが、目をクリクリ丸くして誉めてくる。親兄弟ならすぐバカにしそうなことなのに、このオッチャンは私を認めてくれている。

坂本は言う。

「あの子たちってどれだけあっけらかんとしてても深層心理では負い目を感じているから、自分

稼ぎのために、あっちこっちの店を移り変わる風俗嬢は多いが

を認めてくれる人間には本当に弱いんですよ」

だから時間をかける。聞く、誉める、聞く、認める。どうやらこの人はキレイ事を言う大人ではなく、フーゾク大好きな人間味あふれるオッサンで、さらに稼ぐ術も教えてくれる人らしい。心が開く。

感じたフリをするな。シーツを嚙め

③の段階でようやく、いわゆる講習に入ることになる。
おおよそ想像がつくように、彼の講習内容もまた『態度』と『技術』の2点に集約される。

態度とは、文字どおり客に対する身の施し方である。ムダなおしゃべりは極力避け、客が話したがってれば、聞く間はチンコを握っていろ。終了時間ギリギリまで寄り添って体の一部を触ってろ。これだけでも印象は明らかに変わる。

技術。客の好みは様々なので一概には言えないが、最大公約数はやはり濃厚なサービスを求めている。男は、妻や恋人にはとても求められない快楽のために高い金を払うのだ。

足指舐め、タマ舐め、アナル舐め、口内発射、射精後のお掃除フェラ。自ら実験台になり、大げさに感じながらツボを逐一伝える。

「それほどうるさく注文はつけません。俺が気持ちいいことを教えれば他の客も気に入るだろうぐらいのノリですから」

気取ったヘルス嬢は、よくこれらハードサービスを「できない」という。NGだという。しかし、衛生上の理由で断固拒否している子は意外と少ない。「する理由がない」からしないだけだ。

「店もNG項目を認めてるし、客も怒らないならしなくていいやってなっちゃうでしょ。易きに流れるのがあの子たちですから」

しかし信用を植えつけた後、「やれば必ず稼げる」と説かれれば素直に受け入れるのもまた彼女らの特性だ。

受身の講習というものもある。客の中には、自らの快感はさておき、とにかく指や舌で攻めたがる者も少なくない。

「そういうとき、たいていの子はアンアン感じたフリをしてるんですね。気持ちいい！　とか言って。喜んでもらおうと思ってるんでしょうけど、それはリピーターにさせるには間違ってるんです」

なぜか。客はこう考える。アエギ声を出すような女は、誰に対しても同じように声を上げるはずだ。価値が低い。

だから坂本は説く。声を出すな。シーツやタオルを噛んで、耐えるフリをしろ。気持ちいい顔ではなく、どちらかと言えば悲しげな顔をしろ。

攻め好きな読者にはピンと来るのではないか。

恋人ではなく、ヘルス嬢と客という関係である以上、感じてしまうのは本来恥ずかしいことのはずだ。だから耐えに耐え、それでも反応してしまう女としての身体。グッと来ないだろうか。

金に執着のない女をいかにその気にさせるか

以上見てきたのは、少なくともフーゾク嬢本人も金が欲しいと願っているケースである。稼ぎたい、稼がせてやる。互いの利害関係が一致しているので、当人が開眼しさえすれば話は早い。

しかし中にはいるのだ。特に大金が欲しいわけではなく、ダラダラその日暮らしできる程度の給料をもらえればOKと考える子が。

「佐藤さんもそういう子に当たったことないですか。口数も少なくて、ずっとうつむき加減で、ありがとうございましたも言わないような」

いる。生気のない顔をした、もう二度と会いたくないフーゾク嬢。確かにいる。

本人に稼ぐ意思がなければ放っておきたいところだが、店からの依頼である以上、デタラメな真似はできない。悪評を立てられれば今後の活動に影響する。

カネへの執着なしと判断すれば、彼はゆっくり諭す。

「決まって言うんですよ。お前さ、国産の高級車1台買えるぐらいの金は持っとけよって。将来好きな男ができたら結婚したいだろ。その相手が病気にでもなったらどうするんだ。400万あれば、子供がいても1年は暮らせるからゆっくり考えられるだろって」

まるで娘に貯金を薦める父親のような台詞だが、実は彼女たちが求めているのはこういう親身な（フリをした）助言だったりする。

金さえあれば何でもできるんだからとホリエモン的論理を持ち出しても、彼女らには効かない。そんなことはもうわかりきっているのだ。金にまつわるドロドロしたものを見てきたからこそ、執着を捨ててしまったのだから。

むしろ、結婚、子供といった、ファンシーな言葉を交えて将来を案じてやるほうがよっぽど胸に響く。突然起こる不幸という例え話にも、たいていの場合、過去に同種の体験をしているだけに、イメージが湧きやすいのだ。

「やっぱりそうだよねぇって、うなずいて聞いてますよ。まあ、その気持ちがどれだけ持続するかまでは責任取れませんけど」

ブスが理由で客が付かないんじゃない

不人気嬢の代表例として、ブサイクな女、というのがある。採用基準の緩い店では、明らかに接客業に不向きなタイプがいそいそ働いていたりするのだ。正直、純度の高いブスには彼もお手上げするしかない。プチ整形でも薦めるのが関の山だ。

ただこういうパターンはあった。

あるヘルスに、魚のように目が離れた顔の子がいた。本人もコンプレックスを抱いており、店の指名写真は斜めから撮影し、極力アンバランスさを悟られないようにしていた。

「彼女に限らず、写真写りを良くして指名を稼ごうって子は多いですよね。店ぐるみで加工してるところもあるし。でもそれは客が騙されたと思って終わりですよ。二度と来なくなるし」

あきらめ半分で彼は説いた。お前はブスかもしれない。でも男の立場から言えば、それが理由で客が付かないんじゃないぞ。お前はまだ本気で気持ちよくなってもらおうと思ってないんだ。どうせこの客はもう二度と来ないと思ってるんだろ。

面と向かってブスと言われたのは初めてだったのか、彼女は声を上げて泣き出した。そして素直に話を聞いた。わかりました。やってみます。足指舐めもアナル舐めもします。ゴックンもします。

「それで稼げちゃったんですよ。ルックス目当てじゃない客ってのもいるものなんですね」

彼女はその後2年で目標額を達成し、フーゾクを引退してめでたく結婚。今でもときどき坂本にメールを送ってくるという。

取材途中、子供と写った彼女の写メールを見せてもらった。やっぱり目が離れているのがおかしかったが、ちゃんと正面から撮っているところに好感を覚える。彼女こそが本当の意味での再生を果たした例なのかもしれない。

本番させなくするため一芝居打つことも

少し疑問に感じたことがある。何も難しい講習などしなくても、本番させれば済む話なのではないか？　ヘルス本番を至上の喜びとする男は多いはずだが。

「確かに客のときは俺も好きなんですよ、本番。でも本番好きの立場から言うと、あれは1回できればもう満足なんです。また指名しようとは思わない。だって次も必ずできるってわかってるんだから」

本番を解禁すれば、必ず噂は広まり、本番マニアが大挙してやってくる。いきなり指名数が伸びる。

しかし波が引くのは早い。誰にでもヤラせる女にありがたみは少ない。男の身勝手な価値観ではあるが、それが現実だ。

「むしろ、本番してる子をさせなくする仕事が多いんですよ。店にとっては、長期的に見れば絶対そのほうがいいから」

在籍嬢の本番は、店も薄々気付いていながら確証を持てないケースが多い。

どうやら本番しているらしいが、クビにするにはもったいない。ただこのまま続けられても、それはそれで困る。警察はもちろん、周りの女の子にも示しがつかない。とはいえ、女本人に詰問してもシラを切るはずだ…。

そこで店はスパイを送り込む。ギョーカイ用語で、影を飛ばす、とも言う。

「俺が一般客のフリで入って本番しちゃうんです。で、店を出るときに店員が大げさに殴りかかってくるんです、女の子に聞こえるように」

驚く女の子の前で、こいつ本番しただろ。大事な子に傷つけやがって！　と、正座で縮こまる坂本を、店員がスリッパで叩きつける。本人を傷つけぬよう更生させるための演技だ。

「女の子個人を稼げるようにする仕事とは違うけど、本番を止めさせたほうが長期的には店は潤うんです。だから依頼があるんですね。別に俺に頼まなくてもいいと思うんだけど（笑）」

最後にワンエピソードを。

冒頭に登場した26歳のヘルス嬢についてだ。彼女はなぜナンバーワンにまで上り詰めたのか。

いったい彼は何を仕込んだのか。

「じゃあ明後日の晩、試しに行ってみますか？　俺が言えば指名取れるから。絶対また通いたくなりますよ」

もったいぶる彼がくれたヒントはディープスロート。喉の奥までくわえこむアレである。

当日、期待して店を訪れると、情報どおりの容姿十人並みの女性が現れた。

いよいよフェラチオという段になり、思わず納得せざるを得なかった。彼はこのことを言っていたのか。

彼女、ディープスロートの状態のまま、長い舌でタマを舐め回すのである。想像できるだろうか、奥までくわえてタマ舐めなんて。

こんな技、普通は思いつかない。できるはずがないと考える。当の本人も自分の特殊性には気付いていなかった。４年前、坂本と出会うまでは。

言うまでもなく、腑抜けになった。こうして本稿を書いている最中も、彼女の次の出勤日が楽しみでならない。まんまと再生人の術中にハマった。

平成の裏仕事師列伝

フーゾク嬢再生人 それから

客数が倍以上に、本指名率も15%上がりました

取材+文＝佐藤正喜
裏モノJAPAN編集部

本記事が掲載された06年9月号発売の直後、編集部に1本の電話がかかってきた。声の主は女性である。

「裏仕事師の記事を読んだんですけど、再生人の坂本さんって方、紹介していただけませんか？」

彼女は新宿で働く24歳のヘルス嬢で、成績がイマイチ伸び悩んでいるため、ぜひとも本人に教えを請いたいという。

基本的に編集部では、このような要望にはお応えしていない。あいつに会わせろ、こいつに会わせろの声にいちいち応じていたのでは仕事にならない。

しかし本件だけは、坂本本人も「別に構わない」とのこと。例外的に連絡先を教えることにした。頑張って売れっ子になってくださいな。

彼女から感謝の電話があったのは、1年後の今夏のことだ。

「指名がすごい伸びたんですよ」

「ほう、それはよかった」

詳しい話を聞くため、歌舞伎町の喫茶店へ出向くと、風俗嬢っぽさのない女子大生のような女性が現れた。ヘルスの指名写真に彼女がいれば、まあ指名してもいいかなと思える、でも二度三度通うかと問われれば返答に窮するような、そんな見かけの子だ。

「おかげさまで、土日は本指名で埋まるぐらいにまでなりました」

1年前の彼女は、客数が月50本以下、本指名率38～40％あたりをウロウロしていたという。

本指名とは、店内のポラ写真や情報誌を見て「この子で！」と決める客ではなく、以前付いて気に入ったからまた指名する客のことを指す。本指名率40％だと、仮に1日10人の客を相手したとすれば、そのうち4人が二度目以降の客だ。

この本指名率という指標は、彼女らの人気を正確に反映するものではない。1日客5人のうち1人が本指名の子と、1日客10人のうち2人が本指名の子は、共に本指名率20％だが、人気があるのは明らかに後者だ。

したがって他人との比較に用いるにはさほどアテにならない数字なのだが、少なくとも個々人のモチベーションを高める役割は果たしている。客数が減少せずに本指名率が上がれば、繰り返し来てくれる客が増えた＝人気嬢と言えるのだから。

「40％は、ウチの店だと悪くはないけど良くもないって感じですね」

そんな凡庸ヘルス嬢だった彼女、当時は妙な信念のようなものを持っていた。

見事ナンバー1になったご本人。店名はお教えできません。申し訳ない!

「技術がないほうがウケると思ってたんですよ」

いわゆる素人っぽさをウリにしていたわけだ。男性諸氏なら理解できる部分もあるだろう。手練手管を使うテクニシャンよりも、どこかぎこちなくおどおどした子のほうが、より興奮できたりするものだ。

彼女もそう考え、あえて技術は上達させず、客をリピートさせるにはむしろ色恋を使ったほうがいいと判断した。個室では「あなただけよ」と甘え、プレゼントに大げさに喜び、こまめなメールで恋愛を意識させる。ありがちだがハマる男はハマる手段だ。

しかしこの手法を2年以上続けるも、成績は月50本以下。本指名率40％。どこがダメなのかを仕事師に問うと、坂本は即座に答えた。

「全身リップを覚えなさい」

うなじや乳首は言うに及ばず、タマ袋、アナル、足指まで、全身をくまなく舐め上げる。教えは結局のところこれだけだった。ヤル気はあるのだから、精神面をとやかく言う必要はなかったのだろう。

「つまるところヘルスに来る男の欲求とはこういうもんなんだって、おっしゃってましたね」

記事を読んだ直後ということもあり、素直に実践してみた。フリー客はもちろん、これまで色恋を使ってきた、ときには会話だけで40分のプレイタイムが終了することもあった客のアナルまで舐め始めた。まるで人が変わったかのように。

かくして半年ほどで、月の客数１１０本、本指名率は55％にまでアップした。２位に僅差で迫られているものの、堂々のナンバー1である。

「坂本さんの意見を全面的に正しいとは思ってないんです。やっぱり色恋を使ったほうがいい客もいるので。その見極めが大事だと思ってますね」

ひとつの記事が、現場で悩む女性に勇気を与え、生活をプラスの方向に向かわせたのだとすればこれほど嬉しいことはない。万事オッケー、めでたしめでたし。これにて取材は終了。それではちょっくら、再生人仕込みの技術を味わわせていただきましょうか…。

「それじゃあお店に来て指名してくださいよ。もっと本数稼ぎたいので」

軽くいなされた。君ぃ、まだまだ修行が足らんのじゃないか？

平成の裏仕事師列伝……19

ジゴロ

洗脳と調教で女から金を巻き上げる鬼畜

取材＋文＝仙頭正教
裏モノJAPAN編集部

月刊「裏モノJAPAN」07年1月号

ジゴロ。と聞いて、皆さんはどんなイメージを抱くだろう。ヒモよりも甲斐性があり、ホストよりも硬派な雰囲気。映画や小説のジャンルならハードボイルドなんぞに分類されそうな…。

現実はまったくことなる。辞書に定義されるところの女から金を巻き上げて生活する男。それがジゴロの正体だ。

小島健二（仮名）、28歳。高校時代より女から金をむさぼること11年、これまでに50人以上の女を落とし込み、実に1億円近くの金を騙し取ってきた男である。

端整な顔立ちに、清潔感のある短髪。その印象は、凛々しいという表現が正解か。が、ルックスが一番の武器になるほど、女に金を貢がせるということのハードルは低くない。

「疑似恋愛だけでは、女は大した金は出さないよ。俺は調教や洗脳で貢がせるんだ」

小島の半生を通し、いまどきジゴロの手口と、その鬼畜な思考回路を紹介しよう。

支払いは、男の専売特許じゃない

昔から女にはモテたけど、学生時代の体験人数は、あんまり多くねーな。中1の頃から俺、白バイをパクるくらいヤンチャでさあ。2年になる前に、救護院にブチ込まれたし、高校に上がって、すぐに硬派な暴走族チームに入ったから。結局、16〜18歳の間は、彼女のトモミ一人だよ。

トモミってのは、高校1年のとき、とにかく毎日セックスしたくて、好きでも何でもなかったけど、告白してヤッた女なんだ。あっ

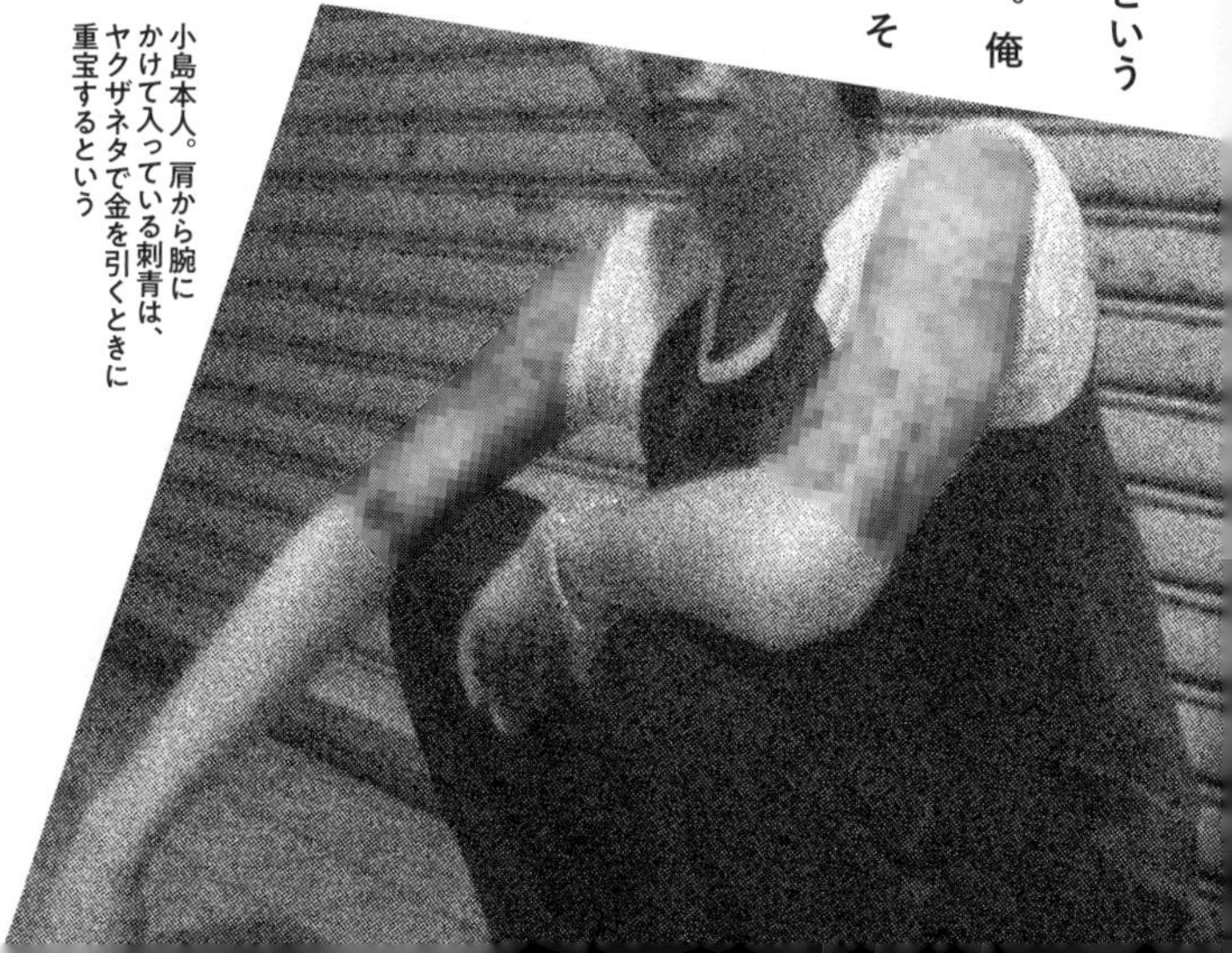

小島本人。肩から腕にかけて入っている刺青は、ヤクザネタで金を引くときに重宝するという

ちは同級生一の美人で開業医のお嬢様。こっちはドカチンの不良息子。ありえないって思うよな？

でも、そんな女に限って、ワルに憧れるんだよ。

そのトモミが、オレの人生観を変えたんだ。交際して3ヵ月ほど経ったころ、バイクに乗せてたときヤツが何げに言うんだよ。

「いつも奢ってもらってばかりだけど、お金大丈夫？　私、ガソリン代とか言ってくれたら出すよ」

そうだよな、支払いは男の専売特許じゃないよ。男が当たり前のように財布を開いちゃうのは悪い癖でしかないんだよ。なんか急に違う世界が見えた気がしたな。

で、最初に考えた作戦は、バイクを買うための共同積み立て貯金。毎日、俺に1、2千円ずつ渡すように仕向ければ、金を出す習慣が付くんじゃないかと踏んだわけだけど、これがビンゴ！

4ヵ月後、後輩から15万で譲らせたバイクを40万で買ったって報告した頃には、もうラブホ代にせよファミレスの勘定にせよ、『払っといて』と水を向けるだけで、財布を開いたよ。

その後は、パチスロに連れてって金銭感覚を狂わせてさあ。1年もたつと、もう完全に金づる。何も言わなくても、定期的に親から金を引っ張って俺に差し出したね。

一番デカかったのは、ヤクザがらみの麻雀で負けたって大ボラふいたときかな。殺されそうだって騒いだら、オヤジの書斎から30万近く盗んできたから笑ったよ。どうだろ、高校の3年間で200万くらいムシったんじゃねーかな。

罪悪感はなかったのか――。愚問とわかりつつ尋ねると、小島は予想どおり即答した。

「ないね。そんなものがあったら、今ここで話なんかしてないよ」

高校生にして、確信的に女を騙す才覚を持ち得た男。その鬼畜ぶりは、まだ始まったばかりだった。

睡眠不足に追い込み、薄暗い場所で落とす

高校卒業しても、就職する気になれなくてね。で、東京の大学に進学したトモミに付いてく格好で上京して、ヤツのアパートに転がり込んだ。

毎日、退屈で退屈で、さすがに何かやるかって考えて、選んだのがホスト。新宿じゃあ、同い年の兄ちゃんたちが毎晩ブイブイ言わせてるって聞くじゃない。面白そうじゃん。

でも、実際に歌舞伎町で働き始めてみると、これが一筋縄じゃいかない。ルックスはいいからキャッチは上手くいくんだけど、客が財布を開かないんだよ。

考えてみれば、当たり前なんだよな。ホストは、色恋で客を落とし込むのが仕事だろ。でも、オレにはろくに恋愛経験もないんだから、トントン進むわけがない。

普通なら、そこで尻をまくってもおかしくなかったと思う。けど、なんかオレ、頑張っちゃったのよ。ナンパ関係の心理学や催眠の実用書を読み漁って、女に貢がせる勉強しちゃったのよ。

高校時代、1冊の本も読まなかったこのオレがだぜ。笑うだろ、まったく。

努力の結果、編み出したのがこんなテクニック。仲良くなった客に、電話をかけて言うんだよ。

「俺、お前のことを本気で好きになってさあ」

「またまた、営業でしょ」

「営業じゃないよ。お前が信じてくれるなら仕事辞めてもいいし。いや、やっぱ辞めれないか」

「ダメじゃん」

墓穴を掘ったのは、前振りでしかない。相手の突っ込みも予想通り。この後、オレは急に声を荒げるんだ。

「昔、俺ヤクザをやってたんだけど、その時のトラブルで…。とにかく、ホストだって普通に人を好きになんだよ！」

意味深に逆ギレして、一方的に電話を終わらせた後、携帯の電源を落とす。で、2時間おきに1コールだけの着歴を残し、すぐまた電源をオフにする。これを2日間繰り返すんだ。

相手としては、意味あり気な着信が入るにもかかわらず、自分からは連絡がとれない。思うに、四六時中、気になって、夜もおちおち寝られなかったんじゃないかな。

狙いは、彼女の混乱だよ。恋愛本に、睡眠不足で冷静さを欠いた人間は取り込みやすいって本

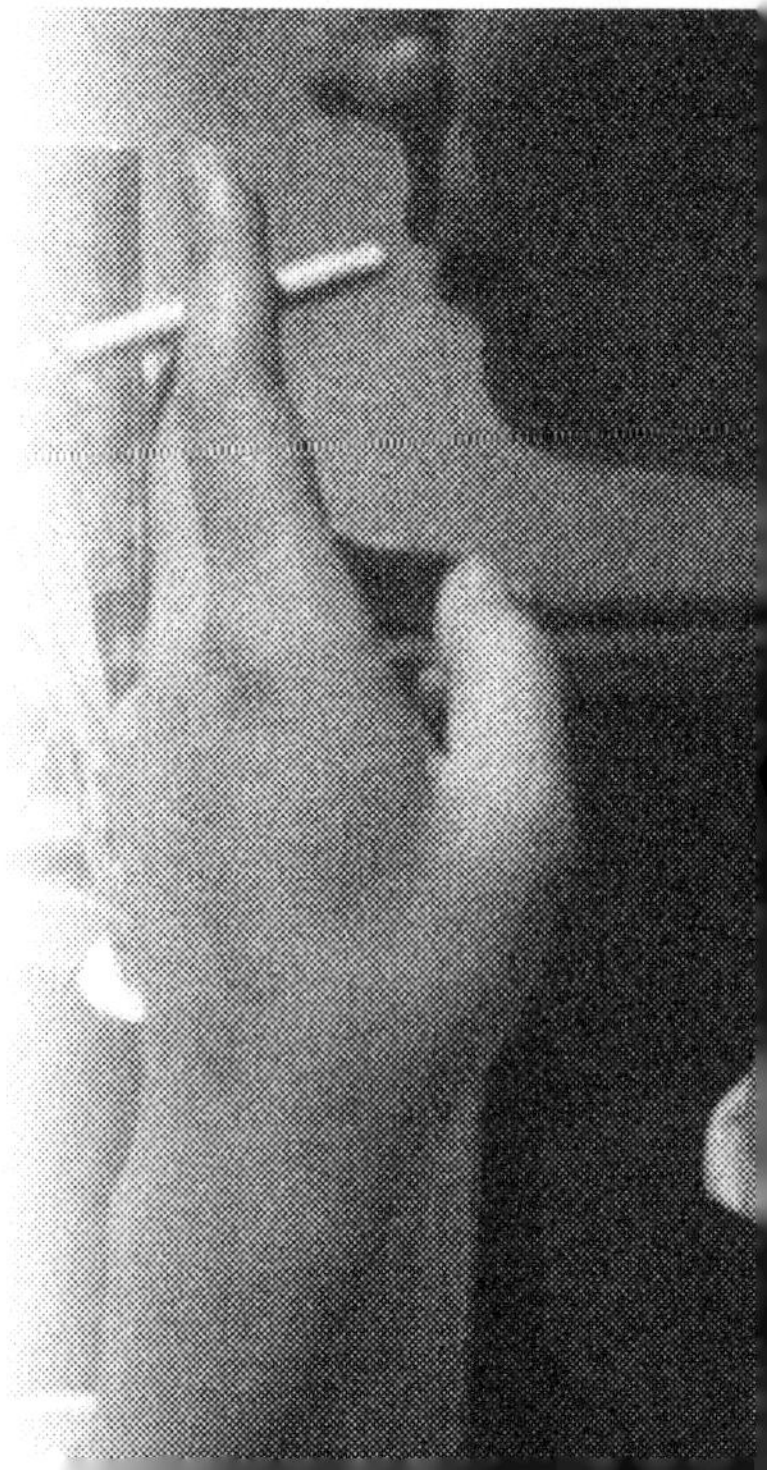

に書かれててさ。その理屈を応用したわけ。

　女を呼び出したのは3日目だ。

「この前はゴメン。ずっと寝ずにお前のことを考えていたよ。電話してみたり、未練がましいと思って止めてみたりしながら」

「……トラブルって何なの？」

「ヤクザ時代に、揉め事の責任を取る形で、大きな借金を作ったんだ。若造が返済するには、ホストくらいしか仕事なくて…」

　この時、女を誘い出した場所は、照明の落とされたバー。催眠本に習って、彼女の正面に、テーブルの上のキャンドルを向けたよ。

「大好きなお前に、俺を支える存在になってほしい」

　練りに練った心理トリックは、うまくハマったね。それからすぐに付き合い始めて、2週に1度は来店させて、最低でも20万は使う太いパトロンに育てたよ。

緊張が恋心をくすぐる『吊り橋理論』

　混乱と睡眠不足に落とし込み、優しく語りかける。巧みなマインドコントロールとは思うものの、汎用性の高い手法とは考えにくい。あくまで、自分に気のある人間に対する最後の一押し的でしかないだろう。

確かに、さほどパンチのある落とし方じゃないかもな。で、考えたのが、ワケアリの風俗嬢を狙った、もっと確実な方法。

体を売って働く女は、どこか心を病んでいるから、普通の人間より、隙がありそうだろ。あと風俗嬢って、割と借金持ちが多いから、金の問題を解決してやって、恋愛で揺さぶれば、ガッツリ取り込めるんじゃないかと考えたんだ。

最初のカモは、ヘルス嬢の…ミホって女だったかな。サラ金から150万ほどツマんでるって聞いたよ。

借金整理の方法は、昔、地元の悪い先輩に、サラ金の踏み倒し方を教えてもらってた。まずは彼女に、俺に返済交渉を依頼する旨の委任状を書かせ、債務整理の代理人にする。法的に業者が本人に連絡も督促状も送れなくなった後、女の彼氏を名乗り、担当者を呼び出すんだ。最初は、ひたすら頭を下げ、相手からボロが出るのを待ったよ。

「彼女、精神的に不安定になってましして、すいませんけど、返済できそうにないんです」

「謝られても困るよ。彼氏だったら、代わりに払ってくれよ」

欲しかったのは、この言葉ね。民法では、代理人に支払いを要求することを禁じてるんだよ。

「今、オタク、何て言った？」

手のひら返したように大声出した。恫喝に関しては、ガキの頃からの得意科目だからな。

こんな調子で、サラ金4社にゴネて、ぜんぶチャラにした。正確には、何も督促してこなくなっただけだけどな。たぶん、損金扱いにしたんじゃねーか。ともかく、これで準備はＯＫだ。

その日の夜、自分で自分の顔を殴って、青あざを作った後、女の部屋に行ったよ。

「そのアザどうしたの？」

「サラ金屋に話を付けに行ったら、ヤクザがいてさあ。まあ、手を出してくれたから無理が通せたんだけど。もう連絡は来ないよ。内々で、70万で手を打ったから」

「ありがとう。でも大丈夫？」

「問題ないよ。けど、あのヤクザ、お前の働いているヘルスを押さえていると怒鳴ってたから…」

「どうしよう！」

「一応、すぐに店は代われよ。俺の知り合いのスカウトに声かけたら、バイト先を紹介してくれるって。70万は、紹介料と最初の2ヵ月の給料の前借りで頼むぜ」

冷静に考えれば、突っ込みどころ満載の理屈だよな。ヤクザが睨んでいるから店を移れなんて、いかにもだしな。

けど、俺はカマすなら大げさなほど、女が夢中になってくれると確信してた。いわゆる『吊り橋理論』という心理さ。

これも本で読んで知ったんだけど、簡単に言えば、男女が吊り橋を一緒に渡ると、その緊張が恋心をくすぐるってやつ。女は、恐怖のドキドキを恋愛の興奮と勘違いするらしいんだ。

結果、その通りになった。フカしたように、ヤクザに借金があるから今度は俺の相談に乗ってくれと頼んだら、ちょくちょく店に来ては大金を落としてくれたよ。

マ○コの奥にシャブのかけらを

徐々に成績は伸びていったよ。ホストを始めて1年くらいで、毎月100万オーバーの売り上げを出すようになったし。ただ、頑張れば頑張るほど、ホストという仕事に、疑問を感じ始めたね。ホストクラブの月給は、たいてい自分の売り上げの半分なんだよ。つまり、客に100万円を使ってもらっても、50万円は店に取られちまう。女の気持ちは、担当ホストに全額を手渡ししているようなモノなのに、俺たちは半額しか受け取れないんだぜ。だったら、店なんかに所属せず、路上で直に引いた方がいいじゃん。

そんなある日、1人の先輩ホストが俺の陰口を叩いているという噂を聞いて、頭にきてさあ。ちょうどいいから、ソイツをブッ潰して、店を辞めてやるかって、爆弾をカマす計画を立てたんだ。爆弾ってのは、浮気のチクリ。潰したいホストの客に、『お前のオキニは彼女いるよ』なんて触れ込むわけ。業界では、絶対にやってはいけないNGだけどな。

爆弾の餌食になったのは、風俗嬢のミキ。その晩、先輩の席にヘルプに付いたとき、ヤツの目を盗んで、根も葉もないスキャンダルを吹き込んだよ。すぐさま、ミキは顔色を変えたね。詳しい話をしてやるって切り出したら、ほいほい居酒屋に付いて来てたよ。失意の女ほど落ちやすい人間もいないだろ。朝の9時半、俺のマンションでミキは裸になっていたよ。

正直、ここまでは楽勝。けど、本番はここから。爆弾での嫌がらせではなく、ミキを取り込んで金にしようと思っていたからな。

ただ、いつものように相手を落とすのに時間をかけてちゃ爆弾のボロが出そうだろ。で、短時間で女を落とすために、あれこれ頭を捻ってさあ。少々リスキーだけど、シャブを使った。

ミキに黙って、マンコの奥に0・01グラムくらいのシャブのカケラを入れたんだ。女はすぐに騒ぎ始めたよ。

「ピリピリして怖いんだけど！」

「大丈夫、合法ドラッグだよ」

「本当に合法なの？」

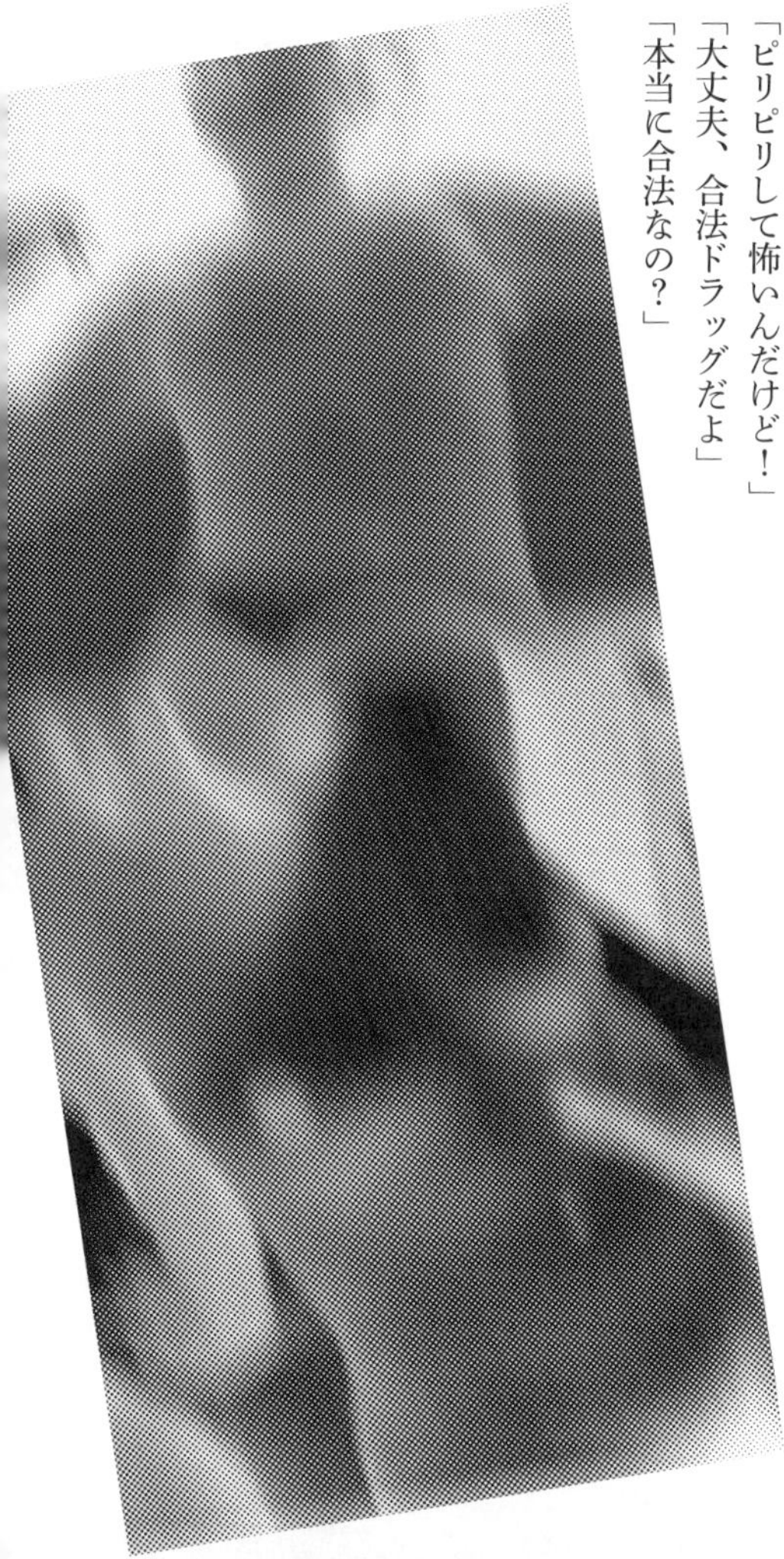

最初は質問責めだったけど、2分もすりゃイイ声で鳴き始めてさ。それから夕方近くまでにさらにネタを6回ブチ込んだんだけど、もうイキまくりだよ。

女は、Hの後も元気ハツラツでさあ。俺が仮眠している間もパキパキの頭でプレステに没頭していて、ちょうど自分が目を覚ましたところで、ようやくグッタリした。シャブは、抜け切るまでの一定時間、だるくて朦朧とするのに寝られず辛いからね。

その後、強引にミキを飯に連れ出して語りかけたよ。シャブの終わりかけは、お前をブタにしかみていないとか、過去に女を自殺に追い込んだことがあるとか。先輩は、お前をブタにしかみていないと……


「ヤツは危ないよ。もう連絡も取らない方がいい」

3時間くらい脅かしたかな。シャブが抜け切って彼女がウトウトし始めたから、マンションに連れて帰ったよ。で、俺がホストのバイトに行って、帰りに自分で自分の顔殴って戻っても、まだ寝ていたね。

「先輩に殴られたよ。昨日、俺とお前が一緒にいるとこ、アイツの友達に見られたっぽい」

「うそ!?」

「2人ともヤバイかもな…。ただ、俺は全力でお前を守るから」

このあたりは『吊り橋理論』も狙ったわけ。で、そのまま押し倒して、またシャブセックス。後は昨日の洗脳の続き。家になんて帰さねーから。

早い話、シャブ漬けの軟禁マインドコントロールだよ。5日目にはミキ、自分を殺そうとしている先輩に、俺が謝罪金の100万を立て替えといたっていう与太話を、信じ込んでさ。東京に居たら、アイツに会うかもしれねーとかビビらせて、きっちり金を回収した後、実家に戻らせた。3週間もかからなかったよ。

ヤクザを辞めたい。サラ金を回ってくれ

フリーになって歌舞伎町とか池袋でキャッチするようになって、まあ俺としては、ナンパのテクも身に付けてるし、シャブ漬けまでマスターしてるわけじゃん。そこそこイケると思っていたよ。けど、実際のところ、ホストクラブでやってたときと比べて、ぜんぜん成績が悪くてさあ。理由は、俺がフリーにもかかわらず、ホスト流で女と付き合っていることだったんだよね。

ホスト流ってのは、一言で言えば、優しさだね。男は客を煽てるし、女たちも、自分の方が立場が上だと思っている。

でも、ピンで女から金を引く場合、そんな優しさだけの恋愛テクじゃ、取り切れねー。飲み代を払わせるのと、直で現金を手渡しさせるのとじゃあ、ハードルの高さが違うから。大事なのは、どっちが偉いのかを理解させた上でカマされる上手な恋愛なわけ。

で、俺は相手に対して、オラオラでいこうと考えたの。女をナンパして飲み屋に入ったあたりから、偉そうな態度取るわけよ。

「おい、ワリ箸、割ってよ」

「何でぇ？　自分で割りなよ」

「俺は女に割って貰うのが好きなんだよ。あと、醤油とって」

「手元にあるじゃん」

「早く刺身にかけてよ」

2回目のデートなんかは、わざと待ち合わせ場所に早く行って、ノコノコ来た女を叱り飛ばした。

「遅せぇよ。何やってんだよ！」

「5分遅れるって、メール打ったじゃん？」

「理由を聞いてんだよ、バカ！」

終始こんな調子だから、大半の女は逃げてく。でも、めげずにSを貫いてくと、10人に1人くらいの割合でドMが出現するんだよ。

サツキは、携帯の会社に勤めるOLでね。渋谷の駅前でナンパして、いつものようにあれ取れこれ取れで立場をわからせていくと、スゲー物わかりがいいの。2度目に会ったときは、遅刻のペナルティとして、デート代を全部払わせてやったよ。

2週間くらい経った頃だったかな。手始めに、携番を5つ書いた紙を渡し、名前と住所を調べるように頼んでみたんだ。

さすがに渋ったたね。けど、すでに一歩踏み出した人間の理性なんて脆いもんでさ。しばらくしたら1万人分の顧客データを盗むまでになった。俺は、飼い犬が投げたボールを拾って来たときみたいに、褒めてやったよ。

こうやって、サツキのM気質を開花させたところで本題だ。

「ヤクザを辞めて真っ当になりたいんだ。組を抜けるために30万いる。サラ金から借りてくれ」

「マジで!?」

「サツキは借りてくれるだけでいい。踏み倒し方を知っているから返さなくていいし——」

何とか言いくるめて、大手の業者から30万を借り入れさせたけど、これで終わらせるわけがない。ああだこうだと理由を付けて、6社を回らせ、2ヵ月以内に200万まで引っ張ったよ。

人殺しにならずに済んだ

女を落とし込む小島のテクニックはわかった。が、年々、金づる女が増えていくとして、どのように彼女たちを同時にキープしているのだろう。そもそも小島は、どんな職業を謳い、自分の動きやすい立場を確保しているのか。


でっち上げる素性は、たいてい地方からの出稼ぎや出向の人間だよ。水商売やガテン系とか。アングラな仕事のために上京しているって言うときもあるね。とにかく、不定期的に東京からいなくっても、おかしくないような設定を作ってるんだ。

平均的な交際期間は、3ヵ月くらいだな。基本的な付き合い方は2つで、一つは金融屋を回らせて、風俗に売り飛ばすパターン。もう一つは、『夢があって借金もある』などと吹き込み、生活費を援助してもらうってやり方だな。どちらにせよ、長続きしないのは、恋愛がどうのこうのよりも、相手の金がなくなって俺が切っていくからだけどね。

　ただ、中にはすんなり別れてくれない女もいる。強引に切るのは簡単だけど、女に逆上されて、知り合いに相談とかされまくっても困るじゃん。

　だから、地雷女が当たったときは俺、女の部屋で、相手の留守中に、TVの前にウンコを垂れて帰るよ。笑われるかもしれねーけど、効果絶大だぜ。家に帰って凍り付いた女からの電話に、「気付いたらやってて…」とでも言ってやれば、頭がおかしくなったと思って、たいてい逃げ出すよ。

　実際、そうやって何度もウンコしてきたけど、一人だけ手強い女がいた。何度クソをしても別れてくれないんだ。俺の前のヨメさんで、メイってヤツだけどさ。

ん？　俺が結婚してたのが不思議だって？　俺、バツ3だぜ（笑）。

　知ってると思うけど、金融ブラックの人間でも、結婚して名前を代えると、もう1度サラ金業者を回れるじゃん。なもんで、相手の性格を見て、執着系じゃなさそうなら、あっさりゴールインするんだけど、メイの場合は見誤ったね。

　結婚してから2ヵ月くらいで9回クソをひねったんだけど、テコでも離婚届に判を押さない。質が悪いったらねーよ。しかも、そのうちに俺に包丁を向けて叫ぶのよ。

「アンタを殺して私も死ぬ！」

　体に激震が走ったけど、なるほど、その手があったのかって思ったね。殺せばいいじゃないかって。

イカれてる？　俺は正常だよ。女は金としか思ってないから。

無理に別れてバタバタされるのが怖いのはメリットがないからだし、時々しかシャブを使わないのも、小銭でリスクを背負いたくないため。殺そうと思ったのは、それに見合うだけの金が入るなら、ヤル価値はあるかなって。

計画としては、メイを他人の車にハネて殺させ、運転手の任意保険で、数千万から1億ほどの金を手にしようか、と。

具体的には、人目がなくて車がある程度スピードを出す通りで、酒と睡眠薬でフラフラにしたメイを連れて、タクシーを待っているフリをする。で、一般車が走って来た時に、後ろから彼女を突こうってシナリオまで描いた。

でも、結局、これは計画倒れに終わったよ。ビビったんじゃねーよ。ある日突然、メイが姿を消したんだ。逃げたのか、別の事情があったのか今でもよくわかんないんだ。何度クソしてもメゲなかった女なのに、な。もしかしたら、俺が殺そうとしてることに気づいたのかも…いや、それもありえねー話だ。

とにかく、俺は人殺しにならずに済んだ。最後の一歩を越えなくて、心底良かったと思ったのは、シャブでパクられてム所に入っていた04年の夏に、その頃の金づるの一人が面会に来たときだよ。

「私、赤ちゃんができたみたい。健ちゃん、もうパパだよ」

子供は本当に可愛かったよ、と小島は笑う。まあ、別れちゃったんだけどさ、と照れ隠しのような顔もした。

最後に少し救われた気分になったのは、勘違いなのだろうか。

ジゴロ それから

塀の中の夫に妻は言った。「いつまでも待ってます」

平成の裏仕事師列伝

取材＋文＝仙頭正教
裏モノJAPAN編集部

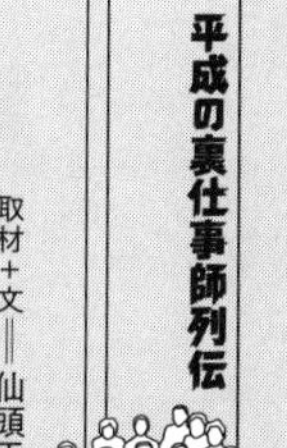

07年9月中旬。久しぶりに小島に電話してみると、どういうわけか、女が出た。

「…あのお、小島健二さんの電話ですよね？」

かけ間違えかと思いきや、相手女性は、思いも寄らぬことを言う。

「そうです。私、妻のヨウコです。健二は…捕まっちゃって」

まさか…。逮捕の驚きもさることながら、同時に疑ってしまう。この女もダマされてるのか？

どうして、彼女は小島の携帯を止めずにいるのか？

「健二に、この携帯は繋げとくように頼まれてるんです。何か電話があったら、面会の時、連絡するように言われてて…」

さて、何の話をすればいいのか。もちろん、小島の素性をおっ広げるわけにはいかないのだが…。

「前に、健二さんの人物像を取材させてもらって、今回は、その近況を取材したかったんです。

でも、こういう状況ですから、おくさんにお話を聞かせてもらいたいんですけど。ぶっちゃけ、何で捕まったんですか？」

「……覚醒剤です」

彼女は、あっさり口を開いた。小島の逮捕は今年の5月で、3年は塀の中だという。

聞けば、彼女は現在28歳。小島との出会いは今年の2月で、勤務先のスナックに小島が飲みに来たのがキッカケらしい。

「最初から、結婚したいってアプローチされましたね」

金になると見ると、のっけから飛ばしていく。小島らしいやり口だ。そのペースに、彼女はどんどん巻き込まれていったようだ。

「出会って、2週間後くらいで一緒に住むようになって、1ヵ月半後に結婚しました」

「……小島さんのどこに魅力を感じたんですか」

「もともとヤンチャな人が好きだったんですけどね。これからの彼の人生が、見てみたいと思って」

『夢があって借金もあると吹き込むんだよ』。そう笑っていた小島の顔が浮かんだ。

「何か将来の夢を語ってませんでした？」

「そう、作家になりたいと言ってましたよ。そのために、勉強してるって」

「…もしかして、おくさんがお金の援助をしたり?」

「ははっ。まあいろいろあるんですけどね…」

やはり、彼女が金ヅルにされているのは間違いなさそうだ。

結婚後、すぐに逮捕された夫に対し、彼女は「いつまでも待ってます」「あんな人、もう他では絶対に会えないから」と、小島への思いを語った。ヤツのこの洗脳っぷりは、何だろう。

今、小島はどんな気持ちで、ヨウコと面会しているのか。パクられる前に、いい世話役を見つけたとでも思ってるのか。お節介を百も承知で、電話を切る際、彼女に言った。

「少し冷静になって、旦那さんを見た方がいいですよ」

平成の裏仕事師列伝……20

現役女子高生の売春斡旋屋

医者や弁護士に援助仲間を紹介し月50万円を稼ぐ恐るべき17歳

取材＋文＝神崎スキャット
フリーライター

月刊「裏モノJAPAN」08年6月号

今どき女子高生の援助交際など珍しくもなんともない。が、女子高生自らが《売春の元締め》を働くとなれば話は別だ。

08年2月、埼玉県の17歳少女（逮捕時は無職）が5人の家出少女に男性客を紹介していたとして、児童買春・児童ポルノ禁止法違反で逮捕された。また、07年9月には、男子ではあるが現役の高校生（17歳）が2名の女生徒に１２０人もの客を斡旋し、埼玉県警に検挙されている。

携帯一つで売春斡旋の可能なご時世。まさに時代を象徴する事件だが、世の中には、我々の想像以上のスゴ腕女子高生がいる。

偏差値70のエリート高校に通う、関東在住の現役高校3年生、黒田沙織（仮名17歳）。蒼井優のような顔立ちで、父親は一流商社勤務という周囲も羨むプロフィールのその裏で、彼女は数十名の女子高生の援助交際を仲介する《女衒》の顔を持っている。

ロリータ風の外見でリピーターを摑む

埼玉県で逮捕された17歳の少女は、かつて自身が援交常連者であり、その経験を活かして斡旋業を始めた。沙織も同じく、中学時代から頻繁にウリを繰り返していたという。

「始めは、中3のときだった。ケータイ代が月に3、4万かかってたんだけど、親がイチゴーぐらいしか払ってくれなかったからさ。あと『勉強、勉強』っ

黒田沙織（仮名17歳）本人。東大を狙えるほど頭脳明晰

てしつこいママに、反発してやりたい気持ちもあったかな」

最初は、出会い系サイトで見つけた男性と食事やカラオケなどに付き合うだけだったが、まもなく体を提供するにようになった。本番ありの援交代は5万円。初体験は中2で済ませていた。

「週に2人ぐらい相手してたよ。口割り（フェラチオ）とかオナ見もしたけど、値段交渉とか面倒じゃん。Hならさっさと終わるし、だいいちお金がいいよね」

高校入学後も秘密のバイトは続いた。その間、一度も怖い目に遭わなかった。レイプ沙汰やヤリ逃げが頻発するこの世界では、かなり幸運と言えるだろう。

「一応、メールには気を遣ってた。もし警察にバレたらってことを考えて、メールは『連絡ください』とか『今、電話し

2008年（平成20年）2月21日（木曜日）　（第三種郵便物認可）

17歳少女、売春あっせん
容疑で逮捕　家出の中高生らに

出会い系サイトで売春させる女子中高生をスカウトし、無許可の派遣型風俗店（デリバリーヘルス）を経営、男客に紹介していたとして、埼玉県警少年捜査課と久喜署が同県上尾市内の無職少女(17)を児童買春・児童ポルノ禁止法違反（あっせん）の疑いで逮捕していたことが21日、わかった。

少女は同市の無職男(24)ら知人3人に指示し、東京都や埼玉、愛知県から家出してきた5人前後の女子中高生をホテルに送迎させるなどしていた。

調べによると、少女は2007年6月、上尾市内のホテルで、同市の会社社長の男(32)に、同県久喜市の中学2年の女子生徒(14)を買春相手として紹介し、報酬として部下の男とともに約3万円を受け取った疑い。

少女は、携帯電話の出会い系サイトに女性を名乗った書き込みがあった際「お金もうけしてみないか」などとメールを送信。返信があった中に家出願望のある女子中高生を見つけると、部下の男に迎えに行かせていた。売春させる女子中高生のために上尾市内にアパートを契約、住まわせていた。少女は13歳のころから自らも売春し、「経営のノウハウは経験から学んだ」などと供述している。

逮捕された少女は、3人の男を送迎に使っていたという

てもいい？』ぐらいしか送らないし、客を探すときもわからないようなメッセージにしたよ」

法改正で出会い系サイトの監視が厳しくなった現在、掲示板では独特の隠語が駆使されている。

『三也　１７００

ゆきち２ＪＫ２よろ』

三也は、待ち合わせ場所の『池袋』を示す。『池』という漢字のヘンとツクリをバラした表記。１７００は夕方5時、ゆきち２は援助金１万円札２枚で、ＪＫ２は女子高２年生だ（小学生はＪＳ、中学生はＪＣ）。

「あと援助希望を隠すために『円光』とか『無道』とかも流行ってたよ。織田無道のことね。あの人、《円光》禅寺って寺の元住職らしいんだ。笑えるよね」

中学生でも通用するロリータ系のルックスが好まれ、沙織には何人もの客が付き、彼らの大半がリピーターになった。沙織の月の稼ぎは約30万円。普通の女子高生には想像もつかない大金である。

中学時代の親友に1回5千円で上客を

中学時代からの親友で、同じ高校に通う美貴（仮名）から相談を持ちかけられたのは、１年の夏休みのことだ。

客との交渉は隠語で。『池袋で午後5時に2万円。自分は高校2年生』の意

「お父さんがリストラされて、両親が毎日ケンカばかりしてるらしいのね。で、とことん嫌気がさして、家を出て弟と一緒にアパート暮らしを始めたいって言うんだけど、マックのバイトじゃ、部屋代ぐらいしか稼げないじゃん。で、援交の相手を紹介してほしいって」

戸惑った。美貴には秘密のバイトのことを打ち明けていたが、親友に売春をススメるのは、さすがに気が引ける。もし、客とトラブルを起こし警察沙汰にでもなったら大事。その一方で、自分の顧客を奪われるリスクも考えた。

が、美貴に泣きつかれ、最終的に34歳の公務員と引き合わせた。金払いのいい長年の顧客だった。

「美貴には、その後、都合13人紹介したんだけど、途中からタダで斡旋するのもバカらしくなって、1人につき5千円をもらうことにしたの。その方が互いに割り切れるじゃん」

これが斡旋業の始まりだった。美貴からの紹介で、校内の他の娘からの依頼も舞い込み、気がつけば毎月5〜10万円が入るようになった。

「学校で一番のイジメっ子の女から話があったときは嫌だったよ。パシリの子に売春させるから誰か紹介しろっていうの。ソイツ、学校裏サイトの管理人をやってる校内DQN（頭がおかしい人を指す）だから、ヘタに逆らうと私の立場もヤバくなるじゃん。仕方なく紹介したよ」

それにしても疑問である。なぜ、彼女らは、自ら客を探さないのか。沙織に仲介を頼まずとも、掲示板にメッセージを書けば簡単に相手を探せるように思うが。

「それは、援交を知らない人のセリフだよ。女の子たちは、みんな、客選びに困ってるの。Hの最中に首を絞められたり、ナイフで脅されたり、盗撮されそうになったりさ。その点、私には、安全で金にも綺麗な上客を探す力があった。だから、皆から信用されたと思うんだ」

怪しい男に商談を持ちかけられ

自分で稼ぐため、ウリ仲間に回す新たな上客を探すため、高2になっても援助交際を続けた。そんなある日、沙織は出会い系で村井博幸（仮名38歳）なる男と知り合う。

「ホテルに行ったら『なんでこんなことやってるんだ？』って聞いてきてさ。最初はウザイ説教オヤジかと思ったけど、妙に話の上手な人で、思わず周りに斡旋してるってことを話しちゃったんだよね」

村井は、指1本触れることなく話に耳を傾け、ホテルを出た後、高級日本料理屋に彼女を誘った。

「そんな人、初めてだったからさ。私もベラベラ、細かいことまでしゃべったの。そしたら村井さん、マジメな顔して、沙織ならうまくやれそうだって。要は、女の子を回せってことだったんだよね」

村井は言った。偏差値70の女子高生なら上客はいくらでも紹介できる。医者、弁護士、大学教授、上場企業の重役等々。手数料は1人1万円を支払う。どうだ。話に乗らないか？

「いかにも怪しいよね。だって村井さん、昼間からベンツ乗り回して女子高生買ってるような人だよ。ヤクザだったらヤバイじゃん。怖い話、聞くんだよね。Hが終わった後、脅されて風俗で働かされるようになったとかさ。でもさ、もし村井さんの話が本当だったら、めちゃ美味しいじゃん」

村井によると、客が1回の売春で支払う総額は10万円。そのうち4万円を村井が受け取り、沙織には1万円、売春をした女の子に5万円を支払うのだという。

取り分に若干の不公平を感じたが、とりあえず沙織は自らが実験台になろうと考えた。数名の客と実際に寝てみれば、安全を確認できる。

「で、Hしてみたら、みんな、リアルに金持ちだった。5万の他に車代とか言って2～3万のチップをくれるの。村井さん、何者～って感じ。本人は『競馬のノミ屋関係』って言ってたけど、本当のところは今もわかんない」

村井の求める条件は厳しかった。沙織と同レベルの容姿で、時間厳守のできる娘。特にスッポカシだけは絶対にNGで、そのときはペナルティを発生させるという。

「しかも10人も用意しろって言われてさぁ。オジサンたちの好みのタイプなんて女の私にゃ全然わかんないから、大変だったよ」

援助仲間や後輩に声をかけ、候補が見つかるたびに、村井へ写メを送ること3週間、15名の少女が眼鏡に適った。

「友達の友達の、そのまた友達なんて子もいたよ。ただ、みんな半信半疑だったよね。中には、過去に性病を伝染されたり、妊娠させられたり、顔は可愛いのにヘヴィな女の子がいたしさ。1回5万円の特上客なんていっても、そりゃあ信じられないよ」

いざ女の子を集めた後、村井はさらに厳しいルールを押しつけてきた。

●時間厳守（到着は5分前）
●客に直接営業をかけない
●他の女の子の情報を教えない
●客とケンカしない
●ドラッグ・薬物などをやらない
●トラブった場合はすぐに報告

「もうね、女の子に説明すると、露骨にイヤな顔をされたよ。私だって、立場が替われば同じだったと思う。スケベオヤジのくせに何様？　って感じじゃん。説得するの大変だったよ」

1千万円で飼わせてほしい

電話やメールでスケジュールを確認、女の子を客に引き合わせる。仕事自体は容易いが、想像以上にトラブルが多かった。

遅刻やバックレで、女の子を解雇したり、罰金を徴収したり（といっても1千円程度）。中には、直接、客と交渉しようとする図太い娘まで現れた。

が、沙織は、その都度別の女の子を用意するなどして、『サークル』(仲間内ではそう呼んでいた）を続ける。高額な報酬と安全な顧客は大きな魅力だった。

「客の年齢層はかなり高いよー。平均で50前半ぐらいじゃん？　最高は78歳のおじいちゃんかな。勃たない人でも紳士的で、チップは当たり前だから、一度でもサークルで働いた子はもう他ではデキなくなるよ」

実際、女の子の定着率は高く、その評判を聞いた容姿端麗の娘が自ら沙織にアプローチしてくるようになった。収入は、開始3カ月こそ10～30万とバラつきもあったが、夏の最盛期で60万を稼いで、以降は月50万で安定した。

一方で、客からの要望も増え、サービス内容が複雑化していく。

「原則的に、女の子の嫌がる行為は絶対ナシだけど、2人同時とか、顔出しナシの撮影とか。チップを積んで変態プレイをする人、多いんだよ」

他にも、リモコンバイブ装着の制服姿でドライブや食事に出かけたり、女装したオヤジを「可

愛い、きれい」とホメながらのオナ見。2日間、洗ってない女性器やアナルを舐めまくられるプレイ等々。こうした《オプション》は、すべて事前に村井からリクエストがきて、沙織が判断するのだという。

「浣腸とかSMとかは全面NGだね。それをしたくないから、サークルで援交するんじゃん。客の中で、一番ヤバかったのは某会長さん。ユミっていう高1の子を『1千万で飼わせてくれ』って。バカとしか言いようがないよね」

人の欲望には限りがない。沙織は若くして世の中を達観するようになった。

将来の夢は証券ディーラー

太いパトロン筋を見つけ、女子高生には信じられないほどの収入。それでも、沙織は以前と同様に自分でも援交を働き、サークル以外の女の子にも客を紹介していた。

「たとえ紹介料は5千円でも、昔の仲間に頼まれたら断りづらくて。女の子って気まぐれでしょ。彼氏が出来ていったんは援助を止めても、男と別れたらまた私のとこに戻ってくる。ウリをやる娘たちって、みんな孤独だから、価値観を共有できる仲間が欲しいんだよ」

仲間内の連絡に利用するのが、SNSなどに作ったコミュニティだ。客から要望があれば『明日、●万で働きたい人募集』とメールを一斉送信したり、逆に『今日、●万ぐらいでないですか?』といった要望がメッセージで届く。

「私、自分で言うのもあれだけど、面倒見がいいんだよね。何でもない相談にも乗るし、悩みとかも聞いてあげて返事も出す。そりゃあ陰で私の悪口を言ってる子もいるよ。でも、そんなの放っておけばいい。変に怒ったりするから、チクられるんだよ。もしかしたら埼玉で捕まった子も、仲間に密告されたんじゃない？」

女衒を始めて今春で2年。ブランド物を買い漁っても、数百万の金が貯まった。果たして、彼女の親は娘の様子に不審がることはないのだろうか。

「親は私に興味ないからねー。だって、お父さんは外に女がいるし、お母さんは離婚の時期を見定めるために必死なんだもん。私が貯金してるのは、家庭崩壊したときのためだよ。美貴を見て、マジ思ったんだ。いざというとき頼りになるのは、お金しかないって」

彼女は現在、某国立大学を目指し受験勉強中で、将来は証券ディーラーになるのが夢だという。

「株とかFXに興味があって、今から勉強してる。とりあえず高校出るまでに1千万貯めて、サークルからはきっちり足を洗うつもり。大学に入ったら、その資金を運用してもっと増やしたいな。だって、今さら時給900円のマックで働けないよ」

何かがおかしい。何かが壊れてるのは間違いない。が、彼女が確信を持って行動しているのもまた事実。いい意味でも悪い意味でも聡明な沙織なら、証券ディーラーとしても成功するかもしれない。

平成の裏仕事師列伝……21

ボッタクリ仲人

取材＋文＝佐藤正喜
裏モノJAPAN編集部

モテない結婚願望男を骨の髄までしゃぶり尽くす

月刊「裏モノJAPAN」07年12月号

笑顔の美男美女がエンゲージリングを交換する写真。貴方も素敵な出会いを、と呼びかけるお決まりの誘い文句。最近、結婚相談所の広告がとみに目に付くようになった。昨今の《結婚できない》現象の表れだろうか。

総務省の調べによれば、80年代から未婚率は男女問わず急上昇を続けており、05年のデータでは30〜34歳男性の47・1％。およそ2人に1人は独身である。中には、結婚《しない》だけの者も多いだろうが、この数字、結婚相談所にしてみれば格好の状況と言えよう。

もっとも、よっぽどバカ正直な人間以外、結婚相談所という業界が清廉潔白な運営をしているなどと信じる者はいないはずだ。

高額な会費。なかなか決まらない交際相手。サクラ女性を雇って男性会員を騙す大手業者もある。

だが上には上がいる。

大阪に、３人の若者が運営する、とある結婚相談所がある。ブライダル・ナイン（仮名、以下ナイン）。代表者、桜井友希（仮名）。30歳の若さにして実入りは年間３千万円。会社の年商ではない、桜井個人に入る金が３千万だ。

桜井を含め社員わずか3人のナインが発足したのは03年。以来、独特のあこぎな手口で、関西在住モテない男たちの金を根こそぎフンだくっている。中には最大で１５００万を支払った60代男性もいるほどだ。

１人のカモを落とし込んでいく過程を見れば、他の相談所とどこがどう違うのか、そしていかに巧妙で悪どい仕掛けなのかがわかるだろう。

狙いは、自立心に欠けたそこそこ金のある男

新聞、雑誌に大々的に広告を打って客を待つ大手相談所のやり方と違い、ナインのカモ探しは、地元紙に三行広告を出すところから始まる。

ターゲットは30代以上の男性オンリーで、女性は扱わない。なぜ男性会員だけで成り立つのか、そのカラクリは後述する。

三行広告の文句は、こうだ。

『入会無料　月3千円　40代以上男性』

結婚相談にしては破格の低料金である。が、むろん実際にそんなに安いわけがない。この段階はあくまで電話をかけさせることだけが目的だ。

さらに、待つだけではなく攻めのテレアポも行われる。攻撃対象は、住民票閲覧によってリスト化された独身男たちだ。

住民票閲覧。言わずと知れた、訪販業者お馴染みの手法である。

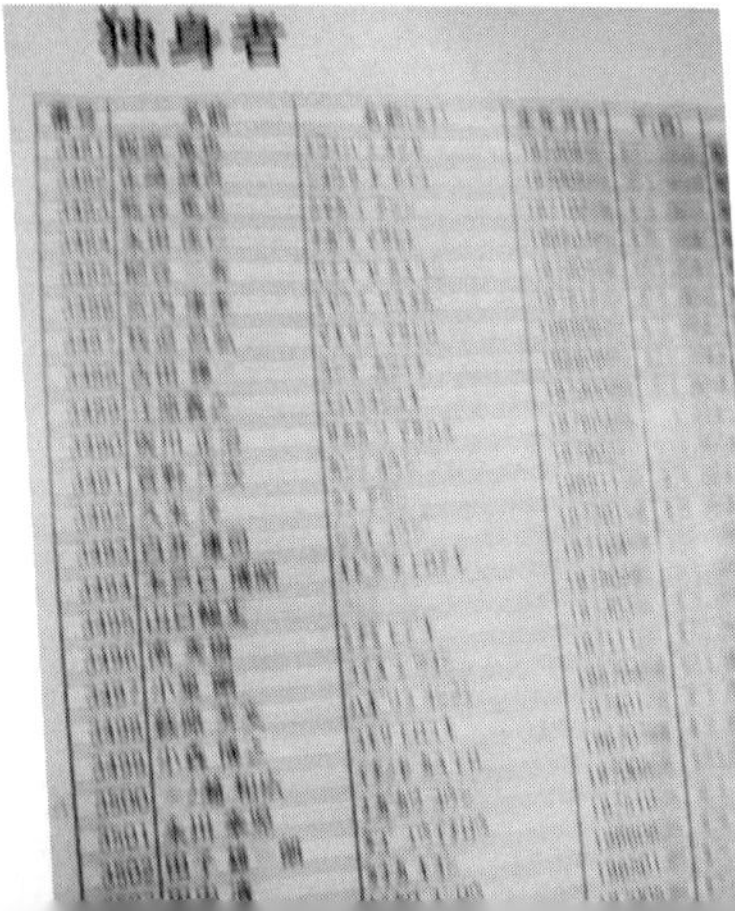
独身者

独身者リストは住民票の閲覧で作成される。50〜70年代生まれの男性が並ぶ

役所で閲覧できるのは、一家の家族構成（各々の生年月日）と住所のみで、誰が父で息子かなどは記されていないが、構成を見れば検討はつく。

たとえば

正治（1942・7・19生）
由美子（1945・5・1生）
正伸（1970・5・15生）

の構成ならば、先2人が夫婦で、正伸は同居中の37歳の息子だ。既婚者ならば籍は抜けているはずなのだから。

こうして推理したターゲットのデータを役所で朝から夕方まで書き写し（コピー不可）、104で電話番号を調べてリストは完成。これにより「家族と同居する高齢独身男」という、いわば自立心に欠けた、しかし金はそこそこ持っているであろうカモの自宅電話番号が入手される。

スタッフ1人が1日がかりで集められるのが約300件。ずいぶん面倒な作業のように思えるが、電話不

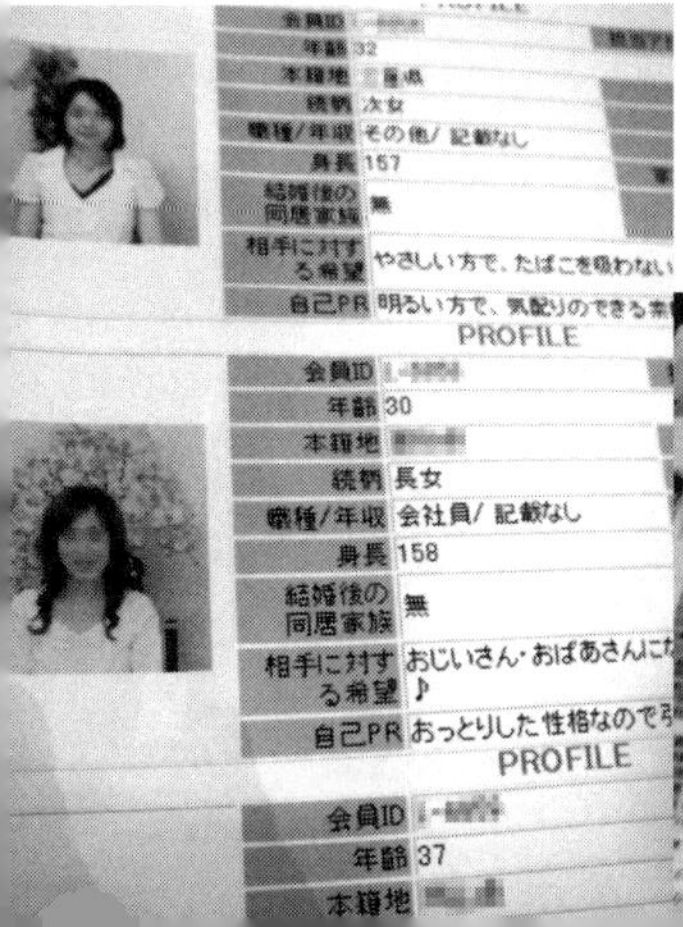

自宅訪問の際、女性アルバムを見せる。この人がいいですか。でもあなたはこの人に選ばれますか？

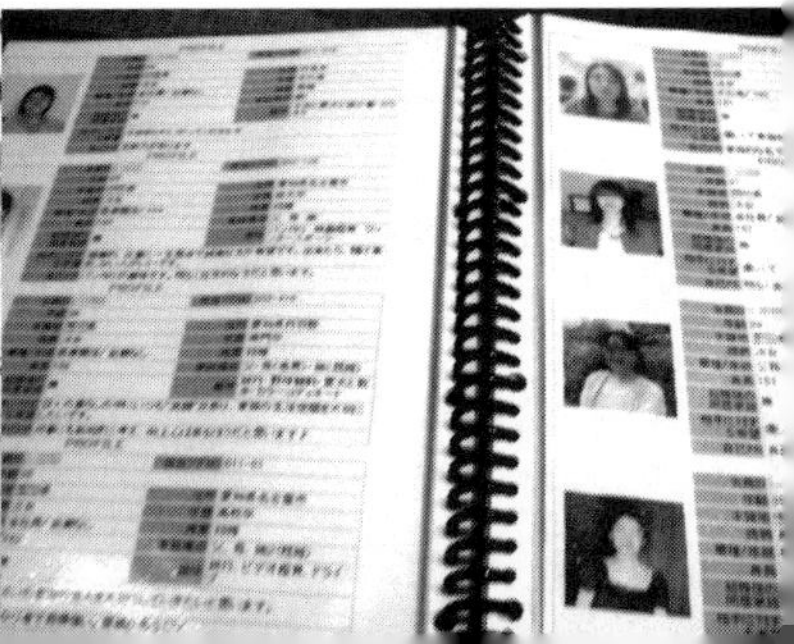

通や引越し済みなどガセの多い名簿業者のデータと違い、このリストは現在の生情報。およそ半分の確率で『息子』は同居しており、20分の1の確度で、後述の自宅訪問まで持ち込めるという。桜井は4年前に属していたテレアポ業者で本手法を学び、ナイン設立にあたり当時のデータをごっそり持ち出している。4年前とはいえ、まだ生きたリストだ。

男性会員だけで運営できるカラクリ

広告を見た男からかかってくる電話でも、独身者リストを頼りにこちらからかける電話でも、会話の最終目的は1つ、自宅への訪問である。

「テレアポ訪問販売と一緒で、自宅に行って説得するのが基本ですから」

凡百の相談所は、事務所に呼ぶか、検討してくださいと資料を送るかのどちらか。これでは男の重い腰は上がらない。

電話での桜井の決め文句は1つ。

「女性会員のアルバムだけでも見てみませんか?」

ヘルスの呼び込みが使う「指名写真だけでも見ていってよ」と同じだ。見るだけなら見てみたい人情を突き、自宅訪問の約束を取り付ける。

当然、まったく相手にされないことも多々ある。結婚には関心があるが相談所はどうにも、と拒まれることもある。しかし、だからこそいいのだと桜井は言う。テレアポによって選別されるのは、電話だけで自宅に招いてしまうような人間のみ。迂闊な性格なのは明らかだ。

「その男は相当に問題があることがわかるわけです。普通に思考力のある男ならまず相手にしないはずですから」

ところで男しかいないはずのナインに、なぜ女性会員のアルバムが存在するのか。

「大阪に結婚相談所が300社以上加盟する正式な組織があるんですよ。ただの親睦団体じゃなくて、登録業者同士で会員を紹介しあえるんです。A社の女性とB社の男性というふうに。いわば会員を共有しあえる相互扶助のような組織ですね」

小規模な相談所は、自社で集めた数少ない会員だけでは到底成婚まで持っていけないため、他社から会員を借りてくるのだ。本人たちにはわざわざ伝えられないが、当人たちにすればどこの会員だろうが結婚できるなら問題はない。これこそが男性会員のみで相談所が運営できる所以だ。

つまり、桜井が持っているのは、他の相談所に入会した女性を適当にピックアップしただけのアルバムに過ぎない。

年収300万のあなたが選ばれる自信ありますか

カモの自宅へ。落とし込みトークの開始だ。

「大前提として、この段階ですでにターゲットの人間像は見えています。バリバリ合コンやナンパをしてるような男では当然ない。自力で女を探せるタイプでもない。結婚はあきらめてないけど、自分がモテないことは重々わかってる、そんな男です」

他の相談所もここまでは把握しているが、当人たちの深層心理にまで迫れていないから勧誘に失敗するのだと桜井は言う。

たとえばほとんどの結婚相談所の売りは、女性会員数の多さと相場が決まっている。1万人の女性から選べるので1人はパートナーが見つかるはずですという論法だ。

手元の広告を見てみよう。

『女性27728人（オーネット）』

『会員数4万人、男女比6：4（ノッツェ）』

全国規模の大手ならではの会員数は、ずいぶん魅力的に思える。

「そこが違うんです。気づいていない業者はいまだに多いんですけど、自分がモテない人間だってことをわかっている男にとっては、女性の多さは魅力にならない」

どういうことか。

自宅訪問で、桜井は約束どおり女性会員の写ったアルバムを見せる。この中ならどの方がいいですか？　40代、収入300万、ハゲ、チビ。こんなひどい条件の男でも、理想相手として選ぶ

勧誘時には他業者との料金比較も。結果的にナインがいちばん高くつくことはもちろん伏せる

相談所名	料金A	料金B
オーネット	603.600円	495.600円
ツヴァイ	394.800円	325.500
ノッツェ	336.000円	
サンマリエ	390.000円	210.0
マリックス	451.000円	346.5
ウェディングベル	525.000円	315.
アクティブクラブ	376.000円	230.
[illegible]	250.000円	
[illegible]	500.000円	37
[illegible]	205.800円 +見合料8400円	

のは美人で若い女性だ。

この女性？　なるほど。でもですね、この女性にももちろん選択権はあるんですよ。年収300万円のあなたがこの方に選ばれる自信はありますか？

「こうストレートに聞ける業者はまずないです。不快感を与えないように褒めて自信を与えて入会させようとするとこばかりです。でも長い人生でモテなかった男なら気づきますよ。おべんちゃら言ってるだけだって」

だから桜井は男に言う。選ばれる自信ないですよね。だって他の男性会員は年収500万以上で身長170以上なんてのがいっぱいいるんですよ。アルバムを見ると多くの中から選べるように錯覚するけれど、あなたが選ばれないなら意味ないんです。アルバムで1万人いようが10万人いようが関係ないんです。

トークは続く。

大手業者は、まず女性に希望の条件を書かせます。年齢、収入、身長、親と同居か。これらの条件にマッチした相手だけを紹介する方式だから、あなたはいつまでも選ばれないんです。お見合いすらできないんです――。

かつて他の相談所でも、あるいは実生活においても、女に《選ばれた》機会など一度もない男にとって、桜井の言説はまさに真理そのものを突いている。そう、選ばれなかったからこそ、今自分はここにいるのだ。

そこで、桜井がナイン独自のシステムを解説する。

うちでは条件で絞るマッチングシステムはしていません。女性に男性のアルバムを1人ずつ見せ、その際に人柄を伝えて、お見合いしたいかどうか決めてもらいます。大勢の中からなら選ばれなくても、あなたの写真だけを見せて人柄を伝えればお見合いできると思いませんか？「この方法なら、年収が低くても、チビでもハゲでも、とりあえずお見合いまでは行けると思うわけですね」

クロージングトークはここまで。入会金は人物を見て20〜50万円の幅を設けている。取れそうな相手からはガッポリ。ナインの社則とも言える原理原則だ。

「その場で即金50万払えるのはそういないです。かといってウチらの業界はローンが組めないので、毎月5万ずつ回収するような形ですね」

自宅も職場も押さえてあるのでバックレる男はいない。

信頼を勝ち得るため、入会を決めた男には、ローンで苦しんでいるなら債務整理の弁護士を紹介し、恋人商法で毛皮を買わされたなら解約の手続きを手伝ってやる。親身な対応を装い、すべて自分に金を回そうという魂胆だ。

いったん絶望させると何でも言うことを聞く

入会させてしまえば、後は掌でカモを転がすだけ。まずは、ドン底に叩き落とす作業からだ。アルバムから1人の女性を選ばせる。お見合いしたいですか？　したい？　わかりました。では女性にあなたの人柄を伝えて、意思を確認いたします。

実際は確認などしやしない。団体に加盟しているので、正式な手続きを踏めば紹介はできるのだが、圧倒的に女性不足の業界のため、よそから女性を奪ってしまう形になってばかりだと立場が悪くなる。

残念ですけど、お断りが入りました。では次にこの女性はどうですか？　お見合いしたい？わかりました、確認いたします。

幾度と繰り返すうち、男はあきらめの境地に至る。なんだ、結局ダメなんじゃないか。

「いったん絶望させておくと、後はすんなり言うことを聞くようになるんです。だからこの過程は踏んでおいたほうがいい」

絶望過程が終わったところで、今度は一転、女性から申し込みが入る。相手の写真を見せて桜井は言う。

「あなたの人柄を伝えたところ、この方がお見合いしたいと言ってますが、どうしますか？」

お見合い料は2万円。さんざん断られた後なので、当然男は食らいつく。しかも相手はそこそこ美人だ。さすが人柄紹介、こんな俺とでもお見合いしたくなるのか。

女性の正体は、バイト情報誌で《指導お見合いの先生募集、30分6千円》の条件で集められたバイトだ。悪事が広まるとよろしくないので、彼女らにはサクラだとは伝えず、本当に見合いの先生として働いてもらう。男に見せる写真は、履歴書の顔写真をこっそりデジカメ撮影して引き伸ばしたものだ。

「バイトには、女性慣れしていない男性と会話してくださいと伝えるだけです」

桜井を含む3人で、喫茶店にて30分。お見合いはつつがなく終了する。

「今日の結果は後ほど女性に聞いておきますので」

むろん返事はお断りである。2度3度繰り返したところで、結果は同じだ。

「1回2万だから、何度も回数を重ねさせたほうがそりゃオイシイですよ。15回ぐらいお見合いしたのもいましたね、バイトの女と」

男は思う。向こうから申し込んできたはずなのに、どこがマズかったんだろう?

髪型と服装を整えるジェントルコース

サクラ女性を使ったお見合い、そしてお断りという流れは、大手の相談所でもしばしば用いられる裏技だ。とりたてて大騒ぎするほどのことではない。

「でも、大手はここで終わるから、サクラ疑惑を持たれただけで退会されちゃう。昔はサクラと適当にお見合いさせるだけでもよかったけど、今はそうじゃない」

昔と今の違いは、04年から、結婚相談所が特定商取引法の該当業者になったことと関係している。小難しい話は置いておくが、要は会員が中途解約しやすくなり、業者は返金に応じなければならなくなったのだ。解約による返金には応じかねます、の言い分はいっさい通らない。

「辞めさせちゃいけないんです。まだまだ期待を持たせ続けなきゃ」

次頑張りましょう、今度こそは大丈夫ですよ。ハッパをかけるだけの、だから会員が不信感を募らせる大手と異なり、ナインはこの段階でまた落とす。

「ガツンと言ってやるんです。あなた、人柄は良さそうだと思われたのにお見合いで上手くいかなかったのは外見のせいだって気づいたでしょって」

かくして登場するのが『ジェントルコース』なる70万円のプランである。髪型や服装を変えて、その後でパーティに出ましょうという手取り足取りのコースだ。

この手の改造プランは、ネットにはびこる《ナンパ塾》がよく用いているが、結婚相談所が手を出すのはせいぜい講演会などによるおざなりな内面磨き程度。おしゃれな美容院を紹介し、服まで買ってやるところはない。

「有名な美容院なんて自分で調べて行けばいいのに、これが行けない。彼らはそういう場所に行くのが怖いんですよ、バカにされそうで。だから70万払ってジェントルコースに入る」

洋服代はもちろん実費。しかし100万円預かっておきながら50万円分だけ買ってきて差額を抜いても、彼らにはわからない。領収書もないのにすんなり納得するのだからおかしなものだ。

身なりが整えば、次はパーティ。これも大手とは方式が違う。

「相談所の開催するパーティってのは会員の男女が集まるだけです。司会が盛り上げようとはするけど、しょせんモテない男女が集まって上手くいくわけがない」

ちなみに、筆者もかつて大手相談所のパーティに潜入したことがあるが、それはもう惨憺たるものだった。女性に話しかけようともせず突っ立ってる男、食べてばかりの女。スタッフばかりがせわしなく動き回る妙な空間だったのを、よく記憶している。

ジェントルコースへの勧誘の際、桜井はこう説明している。

「ただパーティに行っても1人でぼんやりして終わりますから、僕があなたの親友として参加して、あなたの長所を女性に伝えますよ」

むろん女性会員がいないナインに、パーティなど開く力はない。合コンセッティング業者に外注するか、市井のねるとんパーティに参加する。

「それでも、もちろんカップルにはなれません。僕が必死で持ち上げてやってんのに、携帯で高校野球見始めるようなのもいますから。逆に僕がカップルになって『やっぱり桜井さんはスゴイわ』って敬意が増すだけです」

100万円を払いキスや愛撫法を学習

入会金すら分割で払う者や、貯金が底をついた者には、このあたりでサラ金に向かわせる。鬼が本性を現す。

搾り取りはさらに続く。ジェントルコースでも芽の出ない会員に、桜井は次なる提案、エスコートコースを持ちかける。

「女性のリードの仕方を学びましょう」

そもそもが女性経験など皆無に近い者ばかり。童貞も少なからずいる。そんな彼らに、キスやセックスの方法を学ぶべしと説くのである。このコースがなんと100万円。実際は風俗嬢に謝礼30万円を渡し、ホテルでキスや愛撫の方法を実地で教えてもらうだけだ。

「ソープなら5万も出せば行けるけど、あなたはいつも受け身で気持ちよくなるだけでしょ。やはり一度、女性を喜ばせる方法を知っておかないと」

こんな物言いに100万円出す男がいるとは驚きだが、4年間でエスコートコースに参加した者は100人を超えるという。

ただこのコース、ときにちょっとした問題が生じることがある。

「風俗嬢もやっぱり賢いから、こいつからはいくらでも金取れるって直感でわかるんですよね。で、色恋使って客を持ってっちゃうのがいるんですよ」

カモは誰の目から見てもカモ。好きになっちゃったと迫れば、貢がせることなど屁でもない。「恋人ができました」と桜井の元を離れ、金の支払い先を変更してしまった男が少なからずいるそうだ。

ジェントルコースに入れる前に、現状がいかにダメダメかを理解させるためのもの。チェックがつく項目はまずない

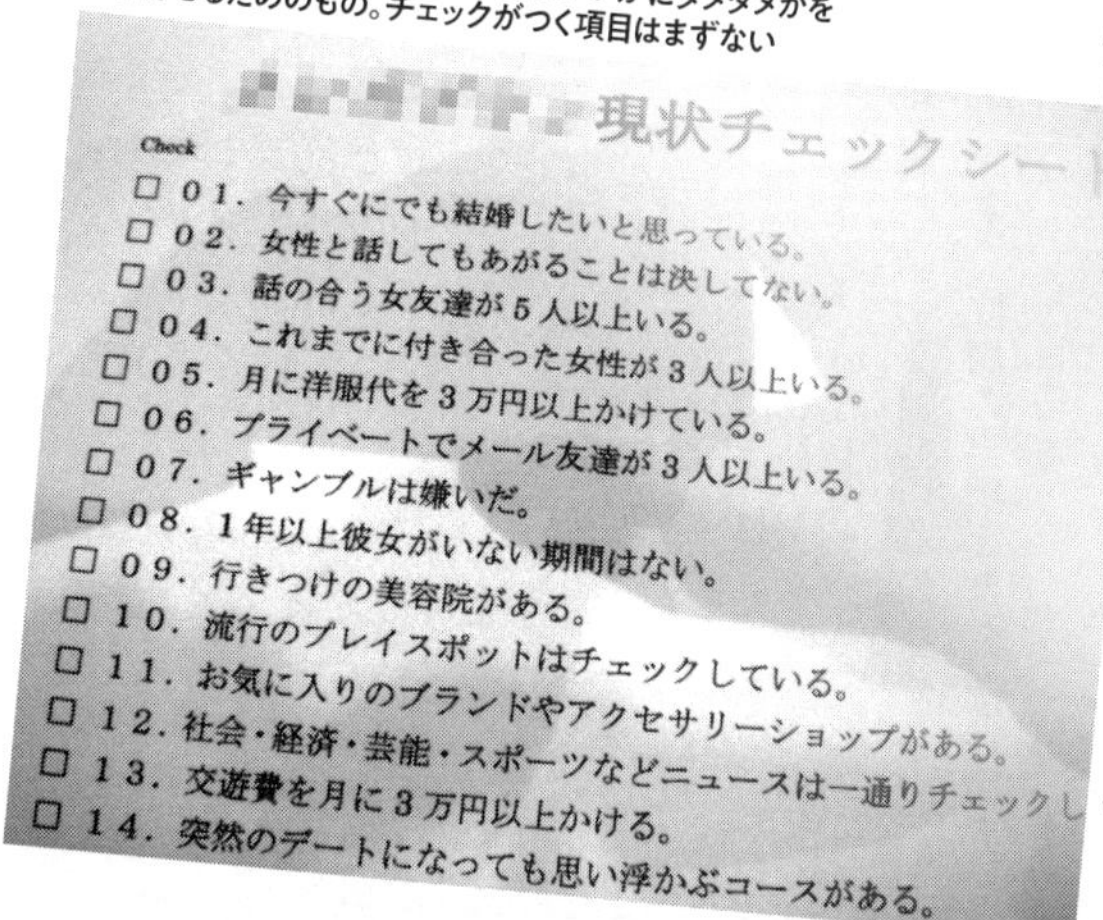

現状チェックシート
Check
□ 01．今すぐにでも結婚したいと思っている。
□ 02．女性と話してもあがることは決してない。
□ 03．話の合う女友達が5人以上いる。
□ 04．これまでに付き合った女性が3人以上いる。
□ 05．月に洋服代を3万円以上かけている。
□ 06．プライベートでメール友達が3人以上いる。
□ 07．ギャンブルは嫌いだ。
□ 08．1年以上彼女がいない期間はない。
□ 09．行きつけの美容院がある。
□ 10．流行のプレイスポットはチェックしている。
□ 11．お気に入りのブランドやアクセサリーショップがある。
□ 12．社会・経済・芸能・スポーツなどニュースは一通りチェックし
□ 13．交遊費を月に3万円以上かける。
□ 14．突然のデートになっても思い浮かぶコースがある。

いざとなれば中国人と結婚させる

ここまでむしり取れば、会員の怒りのみを買いそうなものだが、不思議なことに、桜井の元にはときどき感謝の手紙や年賀状が届く。親から食事に招かれることもある。そう、成婚した者がいるのだ。

答えは、在日中国人との国際結婚である。

説明不要だろう。期限付きの就労ビザで働く在日中国人女性の中には、日本人男性との形式的な結婚を望む者などいくらでもおり、専門の斡旋業者も多数存在する。

いよいよとなれば、ナインは中国人との結婚を勧める。

「このコースは300万です。斡旋業者と僕とで150万ずつ折半ですね」

完全にバトンタッチしてしまうので、どんな女とどんな生活を送っているのかまでは把握できていないそうだが、感謝状が届くぐらいなのだから仲良く暮らしている夫婦もいるのだろう。

「食事に招かれた家の場合だと、仲良さそうにしてましたよ。まあ、同居の実績をある程度積んで、偽装結婚の疑惑を避けてるんでしょうけども」

サラ金地獄に落ちた40代。老父母の年金をつぎこんだ50代。なけなしの退職金をはたいた60代。結婚を夢見て桜井を頼ったオジサンたちは、いま大阪のどこで何をしているのだろう。

「搾り取った人とも交流はあるんですよ。ちょくちょくお見合いやってあげたりして。あの子たちってパソコンもよくわかってないから、モー娘。のアイコラなんかプリントしてあげると、すごく喜んでますよ。なっちのパンツ見えてる！ って」

父親世代の男を「あの子たち」と呼ぶ桜井の懐には、今年も3千万の金が入るのだろうか。

希望者には内面を磨くための講義も行う。真剣に聞く受講者だが役に立つことはまずない（ボード前は桜井本人）

果てしなき欲望の街

第4章

平成の裏仕事師列伝……22

性転換手術コーディネイター

女から男へ。性同一性障害者の悩みは悩んだ者にしかわかりません

取材＋文＝柿崎マモル
フリーライター

「平成の裏仕事師列伝07」07年11月

04年7月、一つの法律が施行された。性同一性障害者特例法。外見は男でも心が女、見た目は男でも精神は女。こうした特殊な精神疾患に悩む患者たちに、国が、本人が自認する性に戸籍の変更を認めたのだ。

いわゆるオカマやオナベと呼ばれる人々がテレビや雑誌に頻繁に登場する昨今、彼らに向けたニッチビジネスを手がける人物がいる。新条椋也、36歳。人体改造計画を生業とした、性転換手術コーディネイターだ。

「実は、私も性転換手術を経験した人間なんです。だからこそ、お客さんの相談に乗りやすいってのはありますね」

短髪にヒゲ面。そのワイルドなルックスから、彼が過去、女であったとはとても想像できない。

新条によると、現在、わが国の性同一性障害者数は、推定1万人。その中で、性転換手術を行っているのは1千人にも満たないという。

「やりたいと思っている人はたくさんいても、日本国内で手術してくれる病院は皆無に等しい。だったら、海外の病院で手術を受けるためのコーディネイトを始めたらどうか、と」

新条の仕事を通し、知られざる性同一性障害者の苦悩をのぞいてみた。

本人。ホルモン注射で、ヒゲもモジャモジャ。ちょいワルおやじにしか見えません

合法的な手術は日本ではほぼ不可能

ちょっと小むずかしい話になるが、最初に我が国における性転換手術の実態について、説明しておきたい。

69年、性転換手術を行った産婦人科医に、東京地裁が優生保護法（現・母体保護法）なる法律を適用、性器の改造は倫理違反も甚だしいとして、有罪の判決を下した。

結果、国内の性転換手術は、地下でこっそり行われるようになり、技術力は、当然のように諸外国に年々遅れをとる。

再び、公の場に性転換手術が引き戻されるのは、96年。埼玉医大からの提言を受けた医学界が、長期間のカウンセリングとホルモン治療を行った場合に限り医療行為として性転換を認めるという、ガイドラインを作成。性転換手術は合法となった。

ただ、このガイドラインに沿った手術は、専門のスタッフと長い準備期間が必要で、簡単には実践できない。実際、過去10年間に、公式に手術を行った病院は、埼玉医科大学を含む5つの大学機関のみだ。

新条の会社で販売するナベシャツ、9千円。バスト78センチのDカップがご覧の通り。
左頁は8千円の偽ペニス

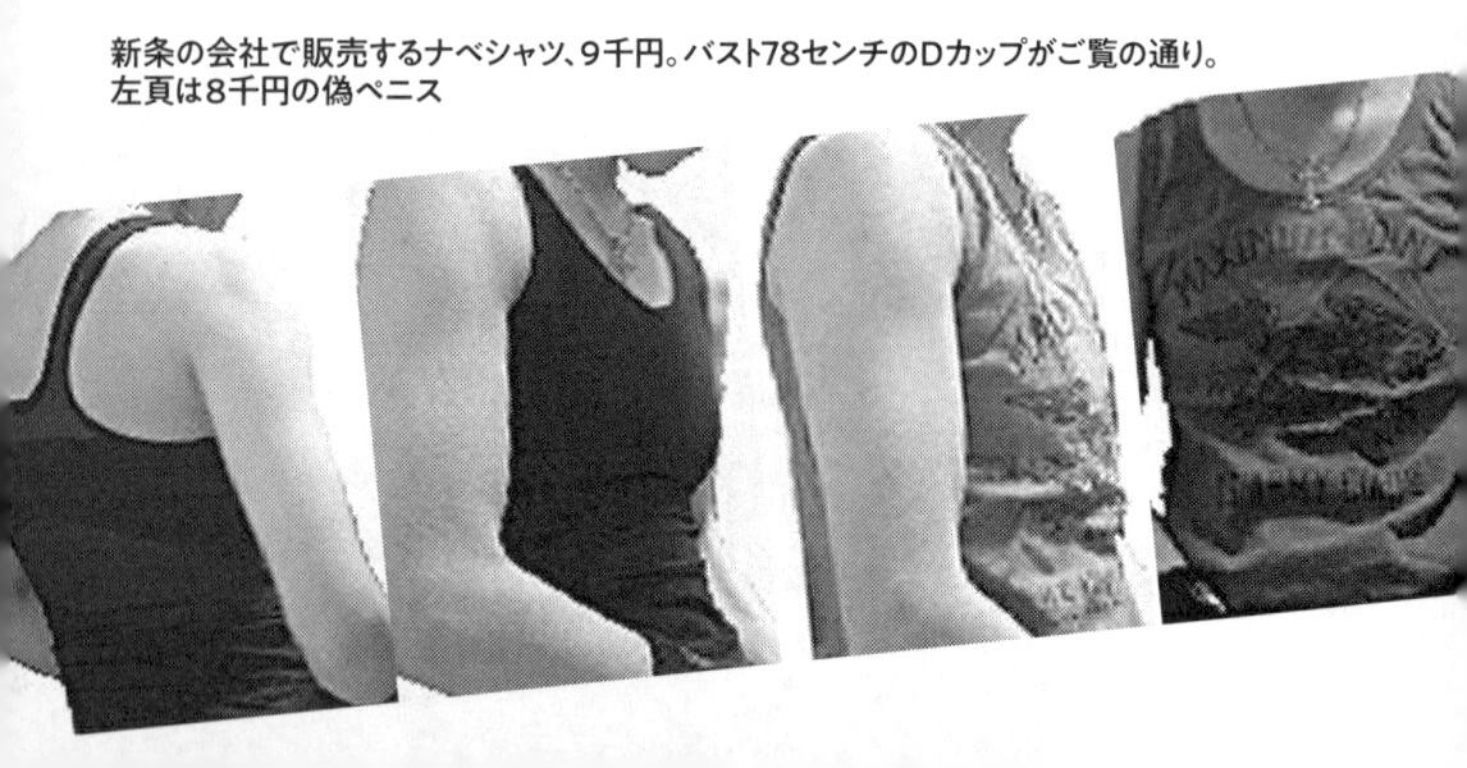

しかも、これら機関も、現在は手術の間口をほとんど開いていない。埼玉医大は、学界に一石を投じた教授の定年により、手術受付を中止し、他3つの大学も諸事情で事実上ストップ状態。岡山大学のみがコンスタントに手術を実施しているが、その予約は何年も先まで一杯だ。

「数は少ないですが、個人クリニックでも行われています。ただ、その大半はガイドラインから外れた、いわゆるヤミ手術です」

これでは、残された道は海外より他ない。

「実は私、パスグッズって商品を製造販売している会社の社員で、性転換のコーディネイトは、1年ほど前に、その一部門として始まった事業なんです」

パスグッズ。耳慣れぬ言葉に首をかしげると、おもむろに、新条が手元のTシャツを差し出した。胸の回りにメッシュ型のナイロンのネットを巻いた、風変わりなデザインである。

「オナベ用語で『パスる』って言葉があるんです。女であることがバレないという意味。そのためのアイテムがパスグッズです。このシャツは『ナベシャツ』っていって、オッパイを押さえる下着なんですよ」

その他、彼の会社では、ペニスバンドのような偽の男性器や、背を高くするための靴の中敷きなども販売中だという。

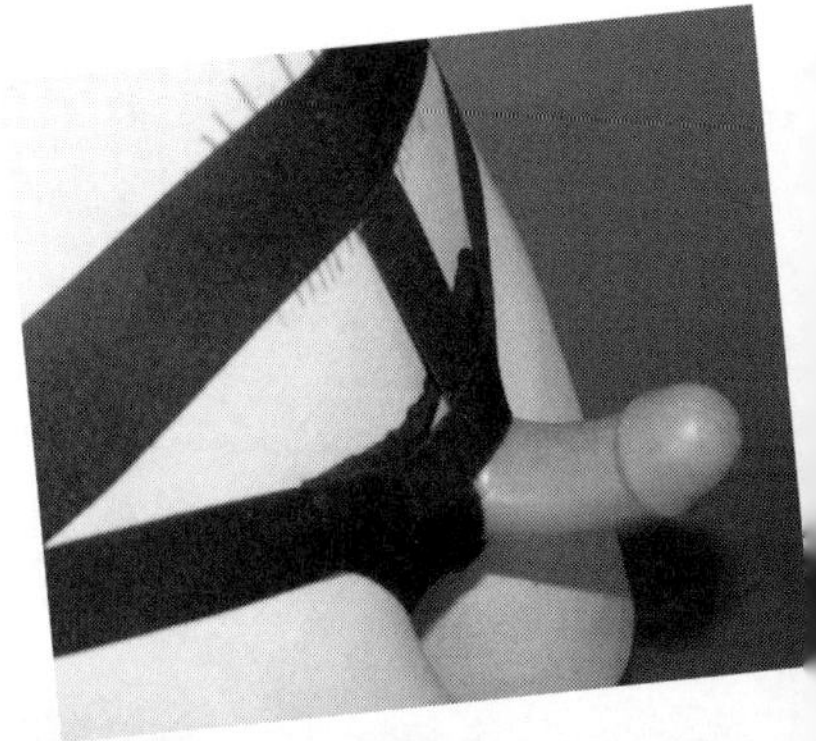

「こうしたグッズを購入してくださるお客さんから、手術の相談を受けるんです」

「女から男へ」の費用は「男から女へ」の3倍

新条が担当する性転換手術コーディネイトとは、具体的にいかなる仕事なのか。

「まず、紹介する病院ですが、これは日本から一番近くで、世界で指折りの性転換手術施設といっていい、タイのヤンヒー病院での手術をお薦めしています」

手術に対する不安の相談、必要書類の作成。入院期間中は、現地在住の日本人スタッフの付き添いサポートや、退院後の術後経過のために必要な宿泊施設の手配まで手がけているのだという。

「母体がパスグッズ会社だから、女から男への手術希望者が多いですね。金額的には、男から女よりも高くなります。改造行程がまったく違うんです」

具体的な性転換手術費用と滞在機関を、両者で比較してみよう。

〈男→女〉
女性器形成／１２０万（３週間）

〈女→男〉
●ステージ１　乳房の除去、卵巣と子宮摘出／90万（２週間）

●ステージ2　ホールの閉鎖と尿道延長、腕にペニス様の肉茎形成／１００万（3週間）
●ステージ3　腕の肉茎を股間に装着／１６０万（1ヵ月）

前者が1回の手術で終わるのに対し、後者は3回で計３５０万円。ビジネスとして、どちらが儲かるかは言うまでもない。

「この1年で受けた仕事は、まだステージ1段階目までばかりなんで、大したことはないですよ。ただ、うちはかなり良心的と思いますよ。他にも、似たような会社が数社あるんですけど、どこもプラス30万はボッてますね」

まともに手術ができるならまだまし。過去には、入金直後から連絡が取れなくなるような詐欺業者も存在したらしい。

「一人で悩み続け、藁をもすがる思いの人間を喰い物にするなんて、自分も同じように生きてきたから、本当に頭にきますね」

手続きの煩わしさで大半が手術を断念

71年、広島市で生まれた新条が、自分の性別に違和感を感じ始めたのは幼稚園の頃。男子女子という分け方に対して、肩に重いモノが乗りかかるような感覚に陥ったのだという。

以来、その重みは、年を追う事に増すばかり。制服という見た目で男女が区別される中学時代は、何度、学ランで登校しようと考えたかわからなかった。

そんな中学2年のある日、新条は世の中に、男と女以外の人種がいることを知る。

「雑誌で、たまたまオナベバーの記事を見たんです。いつかここで働きたいと思いましたね」

15歳で上京し、9年後の24歳で念願のオナベバーにデビュー。そのころからホルモン注射も打ち始めた。

「オナベバーもそれなりに楽しかったんですが、2年ほど前に今の会社の求人広告を見まして。同じ悩みを持つ仲間を助ける仕事の方がやり甲斐があるんじゃないかと、転職を決めたんです」

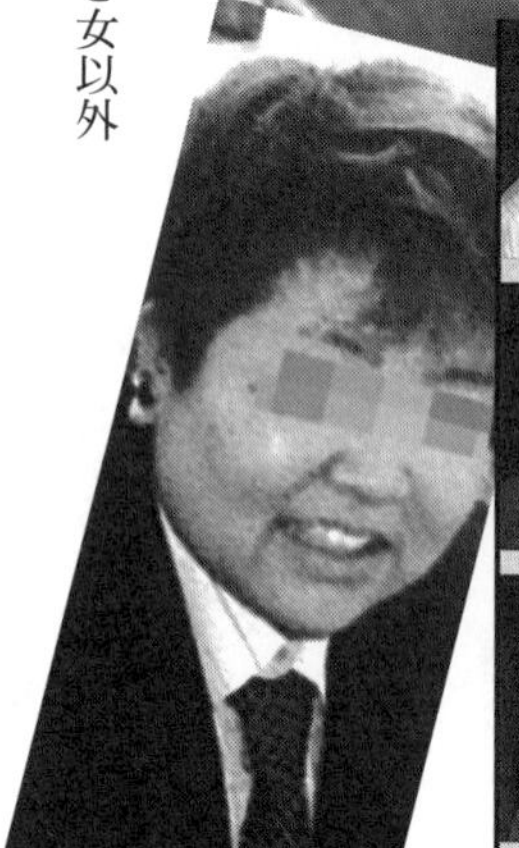

オナベバーのホストたちでも、性転換手術を受けている者は少ない

新天地のパスグッズ屋は、東京都台東区の浅草橋という、昔ながらの問屋街にあった。事務所を置くビルには、ラブホテルや風俗店のアメニティグッズ、SMのコスチュームやコスプレ衣装などを作る系列会社も入っており、当然のように、スタッフは、ゲイ、レズビアン、オカマ、オナベといった面々だった。

「一応、断っておくと、オカマやオナベといった呼称は偏見臭が強いので、当人たちは使いません。例えば、オカマのことは『MTF』、オナベは『FTM』、性同一性障害は『GID』という医学用語で呼ぶのが、この世界では一般的ですね」

そんな環境で働き始めて2ヵ月ほど。同僚の社員が海外で性転換手術を行うという話を聞き、新条は背中を押される。

以前から、興味を持ち、自分なりに調べてはいた。が、大学病院の予約は先の先まで一杯。だからといって、言葉の通じない海外での手術はやはり不安。一歩踏み出せずにいた。

同僚によると、現在、大々的に性転換手術を行っているのは、アメリカ、台湾、タイの三カ国。イメージ的には先進国のアメリカを選びたいが、アメリカの場合、ちょっとした仕上がりの悪さで訴訟問題に発展するため、医者が東南アジアに流れているらしい。

「それにアメリカは値段もバカ高ですし。結果的に、同僚はタイのヤンヒー病院で、ステージ1を受けることになったんで、自分もそれに倣おうかと」

手術までのハードルは高かった。一番のネックは英語である。

病院のホームページに設けられている相談受付けに英文でメールし、何度もやりとりした結果、ようやく手術を申し込めたと思えば、今度は、掛かり付けの医師の英文の推薦状を要求される。誰に、どんな書式で書いてもらえばいいのか、まったくわからない。

「最終的に、知り合いの医者を辿って、何とか推薦状は入手しました。けど、この手続きの期間中に手術を断念してしまう人が多いんです。それを身をもって経験し、ならばビジネスにもつながるんじゃないかって、社長にコーディネイター業の立ち上げを打診しました」

信用できる医者か己の目で確かめる

性問題に造詣の深い社風もあってか、新事業の提案はあっさりゴーサインが出た。同時に、新条の海外手術は、視察という名目で、英語の話せる社員の同行許可も下りる。

「とりあえず、新事業のシステムは、自分の手術が終わってから考えようと思いました。ただ、せっかくタイに行くんだから、将来必要になる現地スタッフだけは確保しておかなきゃいけない」

荷物運びやトラブル対応に男性1人、入院時の付き添いに女性1人。タイの求人サイトで募集をかけ、出発までに6人と面接のアポを取った。

04年3月、手術渡航日当日。首都、バンコクの市内から30分ほど車で走った場所に、ヤンヒー病院はあった。第一印象は高級リゾートホテルだ。近代的な機器が並ぶ施設内を、事務の女性がインラインスケートで書類を運び、ミニスカの制服を来たナースが忙しそうに動いていた。

部屋（ヤンヒー病院の外国人入院患者は、基本的に個室）で荷物をほどいた後、執刀医と対面した。Dr・スキット。性転換手術の世界的権威である。

自分の人生を託すと同時に、自らがコーディネイトする人間たちの手術を頼むことになるかもしれない相手である。新条は、スタッフの通訳を通して、思いつくままに質問を投げかける。本当に頼れる人物か見極めておきたかった。

「話しているうちに、この人ならと思いましたね。だから、手術室に入っても全く恐くなかったです」

乳房の除去と、卵巣、子宮の摘出で約4時間。術後は、外国人専用の病棟に入り、トイレに行くにも30分かけて這って行くような状態だったが、肩の重荷が半分なくなったような清々しい気分だった。

「現地スタッフは退院後、面接を行って40代の男女2名と契約しました。男性の方は、普段、旅行代理店でガイドをしている人間で、宿泊施設の手配や航空券の手配にも明るい。いい人材を得られましたよ」

現地スタッフの雇用形態は、コーディネイトの受注が入ったときのみ不定期のアシストだ。

『思い切って踏み出して本当に良かったです』

帰国後、半年かけて具体的なシステムを作った。料金を設定し、英語のできる従業員を雇用。自社の通販サイトにホームページのリンクを貼った。

需要は必ずある──。読みは、徐々に形になって表れる。早急の申し込みではないものの、現状に悩む相談メールが、休むまもなく入るのだ。

〈学生時代は化粧をしなくても周りは何も言いませんでしたが、社会に出てからは奇異の目で見られるようになった気がします。私は今後、どのような人生を送ればいいのでしょうか？〉

〈家族との距離がわかりません。母親は自分のことを、『娘』という認識しかなく、接し方が難しいです〉

〈ホルモン注射の受診は、いつ頃が適しているのですか？〉

〈就職活動の面接時に、女性として入社しますが、後日公表するべきか…始めから公表するべきでしょうか〉

一つ一つの悩みに、真剣に向き合ううち、相談者の心は確実に開かれ、さらに突っ込んだ質問が増えていく。

〈血圧が高いけど大丈夫なんですか〉

〈どういったアレルギーがあるとダメなんですか〉

〈ヘビースモーカーなんだけど、今から禁煙すれば平気

ヤンヒー病院では1日100人以上の美容外科手術を行っている

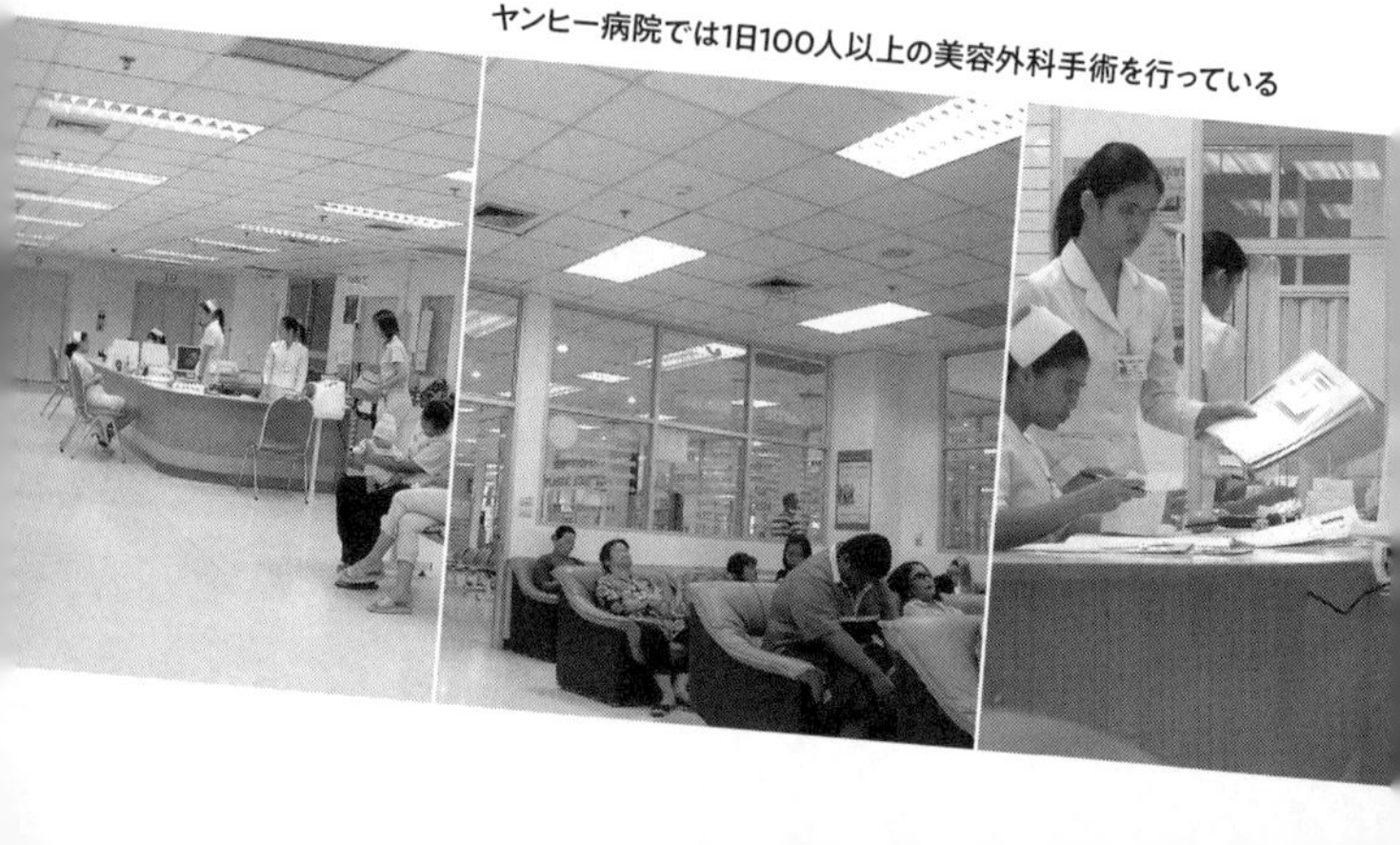

ですか〉

答えられる質問にはすぐに返信。わからなければ、病院の相談受付に問い合わせた。

初契約は、ホームページ開設2ヵ月後。ホルモン投与暦10年、45歳の『FTM』だった。

「うちを含めた3業者で、どこのコーディネイターを使うのか迷っていた方でしたよ。悩んでいただけに、30回以上にわたって、メールや電話を寄こしてきましたね」

真剣な相談に、新条は相手と直接面会し、自らの苦い体験まで打ち明けた。

「実は手術後に、乳首の下の手術痕が白くなっていることに気付いて、怖くなったんです。で、都内の病院を数十件回ったのですが、どこも相手にしてくれない。『あなたの様な特殊な身体の人は診察出来ません』って。結論から言えば、ちょっと傷跡が化膿しただけで、何ともなかった。そういう話をしながら、相手に不安になるのはよくわ

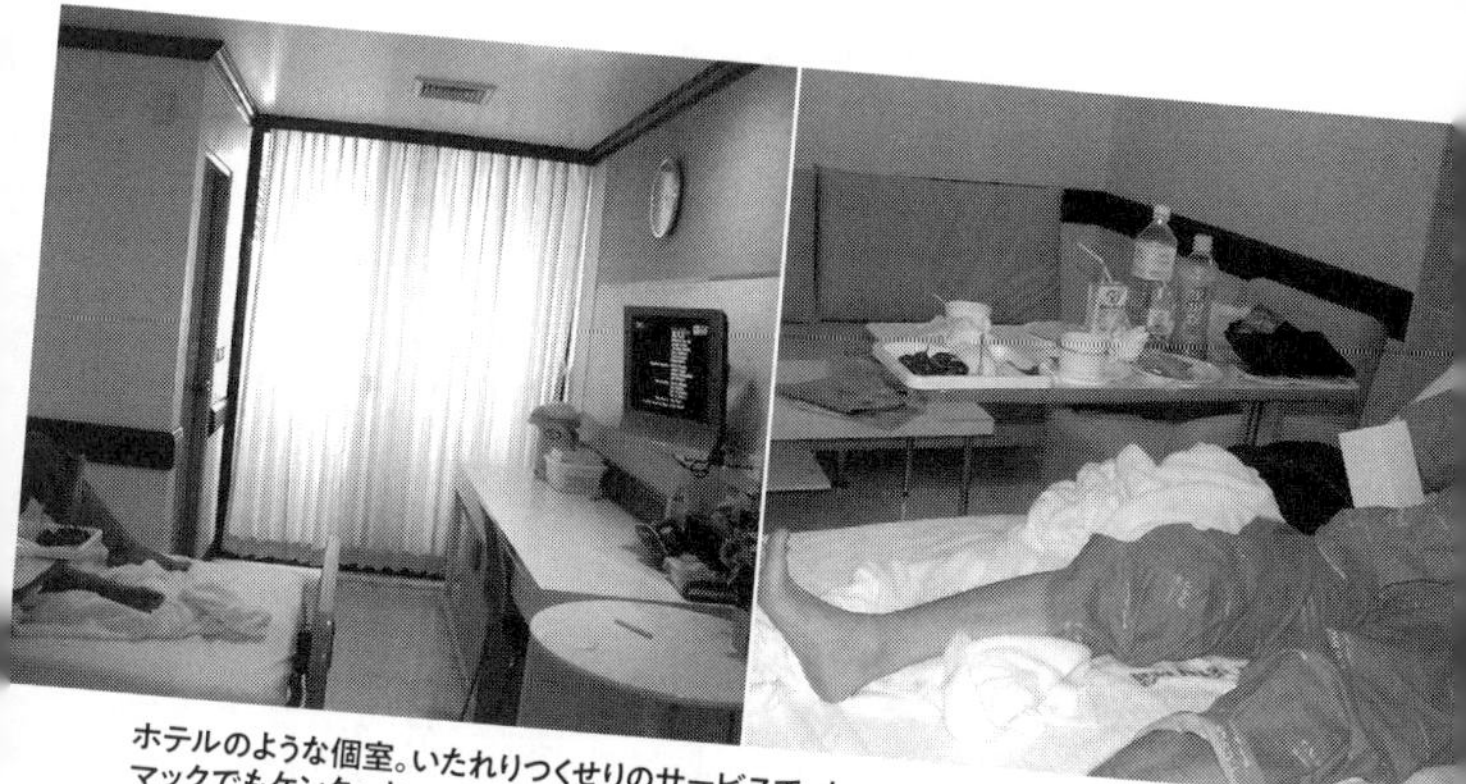

ホテルのような個室。いたれりつくせりのサービスで、ナースに頼めば、マックでもケンタッキーで入手可とか

かると話したら、ニコっと笑って契約してくださいました」

その後、ステージ1の代金の3割を振り込んでもらった後、すぐに渡航の準備に取りかかった。

「手こずったのは、やはり、その方の掛かりつけ医の推薦状です。年配の人で、英語が全くダメだったんで、作成を断ってきたんです。幸い、性転換手術に対する理解はあるとのことなので、文章はこちらで作成して、サインだけ頼みました。ルール違反と思われるかもしれませんが、私自身、事前に十分カウンセリングして、見極めてから薦めてますので自信がありました」

患者は契約から2ヵ月後、タイに渡航。手術は無事に終わり、術後も問題なく経過した。大成功である。

「その方が、帰国してからまもなく電話をくださったんです。『思い切って踏み出して、本当に良かったです』って。心底うれしかったし、この仕事をやっていける自信にもなりました」

1ステージの手術で、新条の会社に入るお金はわずかなものらしい。近頃、ヤンヒー病院が治療費を値上げしたため、利益率はさらに下がっているという。

「商売的には、ステージ2や3に進んでくれるよう考えなければなりません。が、この仕事は金だけじゃない。悩める者の気持ちは、同じく悩んだ経験のある人間じゃないとわかりませんから」

新条の性転換コーディネイター業は、ジェンダーフリーの真の開放に向け、今、踏み出したばかりだ。

平成の裏仕事師列伝……23

サテライトスタジオ経営者

大阪・ミナミの高級博打サロン

取材＋文＝横濱龍之介
フリーライター

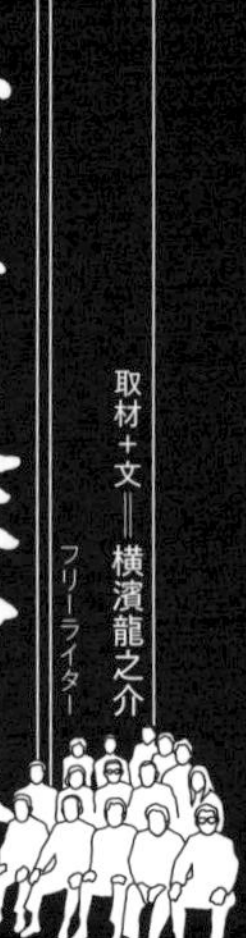

「平成の裏仕事師列伝07」07年11月

競馬場、ＷＩＮＳ（場外馬券場）、インターネット投票。通常、馬券を買うには３つの方法があるが、他に『博打サロン』なる店舗型賭博場があるのをご存知だろうか。都会の雑居ビルの一室などを改装して、複数のモニタを設置。全国津々浦々のレースを放映し、競馬の他に競輪、競艇、オートレースの投票も可能。もちろん、買い目が的中すれば、その場で配当金が支払われる。

言うまでもなく非合法のため、警察の摘発に遭うリスクはあるものの、客にしてみれば、買い目を記入した紙を従業員に渡すだけでＯＫ。的中しなくても賭け金の１割が戻されたり、ジュース類が飲み放題などの特典があり、客足が絶えないらしい。

が、最近は少し事情が異なるようだ。公営ギャンブル自体の人気が衰退したことに加え、地下カジノなどの人気で、めっきり数が減少。新宿・歌舞伎町では04年の浄化作戦の影響を受け、完全な斜陽産業と化してしまったという。

そんな中、大阪ミナミの歓楽街に今なお人気の店があるという。関西では、この手の博打サロンは通称『サテライトスタジオ』と呼ばれているのだが、その店「X」は、潰れた高級クラブの内装をそのまま使い、雀荘のような雰囲気だったかつての鉄火場とは、かなり様子が違うという。

非合法な博打サロンで、今なお営業を続ける「X」のオーナーに話を聞いた。

警察も、覚せい剤とは違って、ギャンブルくらいなら…みたいな考えがあるんちゃうかな

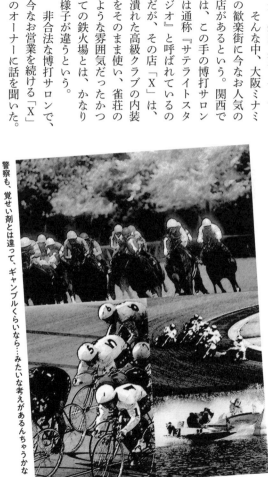

摘発回避のため店は半年ごとに移転

大阪ミナミの一角に、居酒屋やキャバクラが入った8階建てのレジャービルがある。「X」が居を構えるのはその5階だ。

現地を訪れ、まずはセキュリティに驚かされた。エレベータの5階ボタンは意味不明なステッカーで隠されており、階段を上がっても踊り場とフロアの間は重い金属トビラで密閉。さらに店の入口には黒服の従業員が立っており、ドアの開閉は店内の機械で完全操作されている。

店内は完全に異空間だった。入口すぐそばの待合室は落ち着いた大理石調で、カウンターではバーテンがカクテルグラスを磨いている。フカフカの客席ソファは、まんま高級クラブの調度品のようだ。

数名の先客が、パーテーションで区切られた座席で、シート脇のTV画面や新聞を眺めている。

店内入口。どう見てもバクチの香りはしない

精算カウンター

待合室

壁にはモニタが7台。そのすべてに衛星放送の競馬や競輪が映し出されている。サテライト（＝衛星）スタジオとはよくいったものだ。

「遅れてスマンなぁ。アッチで話そかぁ」

マオカラースーツの男が現れた。店のオーナーである優輝アキラ（仮名）41歳。パッと見、ホストとしか思えない。

壁のモニタには競馬や競輪の情報が絶えず流されている

某広域暴力団を後ろ盾にして、他にもバカラを2軒経営しているが、この店舗のオープンはまだ2カ月前。何でも警察の目を警戒して、半年毎に店の場所を移転しているのだという。

優輝がバクチ稼業に足を踏み入れ10年。オーナー歴は5年になる。

「競馬場から引っ張ってきたギャンブラーに投票させて、当たったら配当金を支払い、負けたら賭け金をもらう。ほんま単純な商売やけど、これでも色んなノウハウがあってな。まず大原則として、お客さんには最低8レースは遊んでもらう。経験上、それやないと商売の旨みがないんや」

購入できるレースは競馬、競輪、競艇、オートレース。

『グリーンチャンネル』や『スピードチャンネル』といった専門番組をモニタに流し、リアルタイムでレースが観戦できる。営業時間は朝8時から、最終レース終了の夕方5時くらいまで。夜間開催がある日は夜11時まで延長される。

「ウチは飲み食い、タバコがタダやし、綿棒、目薬、眼鏡拭きなどまで用意する。生活費をケチってレースに突っ込むのがジャンキーやからな。今は、関西圏にサテライトスタジオは20軒ぐらいあるねんけど、客を呼びこむためにどこも必死や」

ホールでは、客のオーダーを受けるスタッフがせわしくなく動き回っている。彼らは、すべて求人誌で募ったアルバイトらしい。

「もちろん、面接の時点で仕事の内容はぜんぶ話してある。でも、非合法やってわかってても、誰も断らん。なんせ時給が1800円やからな。それに最近の子は、あんまり危険とか思わへんみたいやし、逆に店の金を持ち逃げするようなアホもおらん。もちろん客筋も悪ないで」

競艇ブースには、スラックス・ブルゾン姿の商店主風のオヤジが数名。競馬ブースには、いかにも仕立てのいいスーツ姿の中年と、その脇に派手な化粧のホステス風が座っていた。確かに競馬場で見かける、赤ら顔・作業着姿のワンカップ親父とは一味違う。

JRAには真似できない手厚いサービス

午前10時40分、競輪の第1レースが近づいた。店内がにわかに活気づき、スタッフが客の買い目を必死に聞き取っている。その場で投票用紙に車番を書き込み、半券を渡すシステムらしい。

レース開始。先導車に導かれた一団がドラの音と共にペダルを踏み込み始め、客たちがテレビ画面に釘付けになる。そして、いよいよ最終周回の佳境に入ると、ブースから歓声と怒声が一斉に響き渡った。

「差せ、差せ、差せや、コラ～！」

「まくれっ！　まくれっ！　まくれっ！」

「こんの、アホンダラ！　お前の足は飾りもんか!!」

客筋は悪くないと言った優輝の言葉がウソのように、店内に汚い大声が鳴り響き、レースが終わるや、それは一転、ため息に変わった。

「最小ベットは、1レース1千円から。で、当たった客には、ウチが10％の寺銭を徴収してもらい、残りを払い戻すんや」

例えば10枚（1万円分）購入した投票券に10倍の配当がついたら、10％（1万円）の寺銭を引いて、9万円が客の取り分となる。

その他、冒頭でも書いたが、非合法の鉄火場ならではの払い戻しシステムがある。

「負けが込んでる客には、レース後に賭け金の1割を戻したりする。オチといって、ノミ屋の場合だと1割5分を戻すとこもあるわ。リピーターを増やすための営業努力やな。JRAとか競輪協会には絶対マネできひんやろ」

こうした胴元の巧みなサービスで、客はどんどん金を注ぎ込んでいく。

「昔より客は減った。けど、普通に馬券を買うよりウチの方が割はいいし、馬や選手がゲートインするまで投票は受け付けるから（通常は出走の5分前で終了）、本物のバクチ好きには重宝されるわな」

半ば公然とイカサマが行われる地下バカラなどと違い、公営ギャンブルに不正はありえない。古くからのファンには信頼が厚く、１００年後にはわからないが、10年20年は、まだこの商売は続くだろうと優輝は断言する。

１５００万当てた客にはタクシー呼んだったわ

素人考えで、一つ疑問が生じた。例えばオッズ10倍のところに１００万円を投入された場合、1千万円の払い戻し。店側には大きな痛手だが？

「そんなときは、保険をかけるんや。他のノミ屋に同じ目を注文したり、ネットから本物の投票券を購入したりもする。まぁリスク分散させるワケやな」

もっとも、大口の買いが入ったからといって毎度保険をかけていたら、損もしない代わりに利も少ない。店を運営させていくコストがある以上は、ドコかで勝負せねばならないのでは？

「痛いトコ突きよるな。ヨソの店は知らんからあまり手の内明かしたなかったんやけど、ウチではＪＲＡの馬券に限っては専門家を雇ってるんや」

優輝によると、サテライトスタジオXでは、レースの傾向から馬の成績、人気の過多など、最も金の集まるＪＲＡ開催に限り、専門スタッフが1名、常に分析に取り組んでいるという。大学卒の元厩務員で、徹底した確率論と統計論を用いて、リスクヘッジに全力を注いでいるらしい。

「小難しい話を省いて説明するけど、結局、専門家でも馬券を当てるのは不可能なんや。所詮、馬やから。ただし、これは『来ないだろう』というネガティブな判断なら、割と当てられる。だから、もし客に大金を張られて、人気馬が飛びそうならそのまま受けるし、判断つかない状況なら、確率に応じて保険をかけていくんや」

さらには、優輝自身がケツモチに紹介してもらった馬主や、競艇においては元選手を抱え込み、好不調を尋ねる。情報としては些細だが、複数の客から投票を受ける側の胴元にとっては、大きな助けとなるという。

それでも、客が大金を当てることもあるだろう。たとえ、それが数百万、数千万でもその場で支払うのか？

「きみ、怒るで、ホンマ。オレらは、信用商売でやってるんや。どこの組が仕切ってるかなんて、遊びに来てる素人さんは知らんやろうけど、承知してる人間もおる。そこから悪評でも出てみぃ。博打の世界で商売できひんやないか。確かに、他のドチンピラの店では、米びつ（組の資金）の底が見えるほどボロ勝ちした客を裏に連れてって…、というのはあったらしい。が、そんな店はすぐに跡形もなくなる。この世界に長くいたけりゃ約束事と仁義、決済だけはスジ通すことや。だから、こうやって半年毎に場所を変えても、馴染みのお客さんが来てくれはるんや」

語気を強めた優輝の目が、鋭く光る。

「ただな、うちは上限を100倍に定めてんねん。三連単（1着から3着を順位どおり当てる）なんかだと、1千倍以上も時々出てるけど、そこは面倒みーひんし、お客さんにも了承してもらってる。それでも過去には最高で1レース1500万持ってかれたこともあるで。客が誰かに襲われたらかなわんから、表にタクシー呼んだったわ」

新規客の開拓はインターネットで

どんな商売にしろ、常連だけで回っていくほど世のなか甘くない。サテライトスタジオも然り。新規客開拓のため、宣伝や営業はいかに行っているのか。

「昔はティッシュ配ったりしてたけど、今は発想を変えた。インターネットや」

何でもXには、女性の営業担当が数名おり、無料の予想専門サイトを開設して店舗へ誘導したり、カジノサイトのチャットやミクシィのギャンブルコミュニティに潜入、コアな客を引っ張っているらしい。

「地味やって？　それがバカにしたもんやない。ギャンブルサイトなんて、普通、男しかおらへんやろ。そこでオンナに『競馬好きなんですか？　教えてくださいよ』なんて声かけられてみぃ。すぐ熱を上げる。あいつら女にモテへんから。それに、引っ掛ける客は何十人も必要ない。太い幹を一本見つけたら、自然と知り合いの枝葉を連れてきよるから」

さらには、競馬ファンや競艇ファン、競輪ファンが集う居酒屋やバーも増えており、そこへ紛れ込ませることもあるという。こう考えたら、彼女ら営業担当が、実質、店の経営を支えているといっても過言ではない。

「ついでに教えておくと、ウチに出入りしてる人間には、新聞購入代行業者ってのがおってな。競輪なら四日市とか小倉とか全国の地域専門誌を早朝に買い付けて、ここまで送り届けてくれるんや。朝から新幹線や特急電車に飛び乗って、連中も大変やで」

その分、値段も張る。主要な地方レースが掲載された新聞・雑誌のセットで毎月30～50万円（開催場所で価格が変わる）。現金決済が基本であり、公営ギャンブル全盛期には、専門の会社を立ち上げるほど儲かるところもあった。

ただし、最近は新聞屋もすっかり高齢化してしまい、細々と営業しているところばかり。それでも優輝は彼らを重宝している。

「最近は競馬や競輪だけで商売やってる店もあるけど、ウチが競艇とオートレースまで手を広げるのは、すべてサービスのためや。バカ高い新聞も同じ。他の業者に差をつけるためには、あのサテライトは充実してるって印象を与えなアカンから」

他店との差別化が営業成績につながるのは、バクチの世界とて同様らしい。

場を荒らされたらケツ持ち同士で話し合い

他店といえば、電話一本で馬券の注文を受けつける『ノミ屋』もライバルになろう。ノミ屋なら店舗を構える必要もない。摘発のリスクも激減すると思われるが。

「あかんあかん、ノミ屋はとにかく面倒や。たとえばＪＲＡ主催のレースは土日の２日間営業やろ。けど、買い目を全部集計して、ヌケ（利益）の回収にガミ（負け）の支払いまで完了するのに、１週間みっちりかかってまう。精算が鬱陶し過ぎるのは最悪やで」

勝った客の中には、夜中や早朝などの時間を指定して、ツケと呼ばれる配当金を運ばせる者もいる。ましてや負けた者から強引に徴収すれば、血走って警察に密告しないとも限らない。ノミ屋は、労多くして実りが薄いのだと、優輝は言う。

「その点、うちは原則的にその場で決済やから、延滞に悩まされることもない。そら、たまに負け込んだ顧客に種銭を回すこともあるよ。けど、そんな状態で張ったたって、99％負けよる。だから身元と収入のシッカリした人にしか貸されへん」

金銭の貸し借りは、どんな場面においてもトラブルの元。非合法の賭博場を開くからには、徹底したリスク管理が必要だ。

リスクの回避という意味では、他店から嫌がらせを受けることなどないのだろうか。

「場荒らしもたまにおるな。けど、絶対に喧嘩なんてせえへん。チクられたら困るし、場所変えなあかんようになる。たいていは、ちょっとばかり迷惑料包んで帰ってもらって、後は、ケツモチ同士の話し合いや。ただ、昔な、遊び終わったお客さんを襲って金を強奪する輩がおってな。そのときは…まぁ、そういうことや。お客さんは、ウチの身内やから」

はっきりと言葉にはしないが、その強盗が非情な制裁を喰らったのは明白だろう。

摘発は、事前に順番が決められている

『X』の月の利益は約3千万。ケツモチに半額を支払い、人件費や家賃、光熱費などの経費500万を支払っても、優輝の手元には1千万が残る。

これが非合法商売のリスクに見合った収入か否か。すべては摘発のリスクとの天秤だろう。万が一、逮捕の憂き目に遭った場合はどう対応するのか？

「パクられたところで、そない大したもんやないで。常習賭博及び賭博場開帳等図利ってやつでな、どうせ懲役3年以下や。他に富くじ販売っていう量刑もあるけど、コッチは2年以下の懲役もしくは150万円以下の罰金や」

ちなみに、ガサ入れの際、店で遊んでいた客も逮捕されるが、せいぜい一晩勾留され書類送検で終わり。被害者が誰もいない犯罪と言われているように、バクチの世界は、さほど取り締まりも厳しくないらしい。

「今は、カジノで逮捕される連中の方が圧倒的に多いから。これはなんとなくの実感なんやけと、警察も公営関係の犯罪には、そないに力を入れてないなって思う」

06年の統計では、競馬法、自転車競技法、モーターボート競走法の違反行為での検挙数は185名。一方、カジノ系のゲーム機での摘発人数は564人にものぼる。優輝のことばは、数字的にも裏づけられているようだ。

本人。手元には業者から仕入れた全国の専門新聞が

「あまり大きな声では言われへんのやけど、実は、手入れは事前に情報が入る場合が多い。摘発される順番が決まってるのよ。だから、組関係の経営なら、ジャンケンで決めて逮捕者を差し出したりするんや。その点、警察とは、なぁなぁやから」

もちろん約束の文書などない。したがって証拠もない。しかし、警察とは3カ月ないし半年に一度の割合で逮捕者を差し出す協定が暗黙のうちに結ばれているという。

「警察も、覚せい剤とは違って、ギャンブルくらいなら…みたいな考えがあるんちゃうかな」

取材を終えたのが夕方4時。ちょうどJRAのメインレースが終わったらしく、場内は勝敗の影が色濃くなっていた。

配当を受け取る者。最終レースにさらに突っ込む者。オンナ連れの初老紳士は満面の笑みを浮かべている。見れば、マネージャーがトレーに100万はあろうかという札束を載せていた。

「あのオッチャン、某企業のヤリ手社長さんでな。今は、悠々自適に隠居生活してるんや。あのオンナに、全部吸い取られなきゃええけどな」

もしかして、オンナって営業部隊の一人では…？　最後に質問を投げかけると、優輝は黙って笑うだけだった。

平成の裏仕事師列伝……24

恐縮屋

美人主婦が歩んだ土下座人生13年。債務者に代わって、深くお詫び申し上げます

取材＋文＝神崎スキャット
フリーライター

月刊「裏モノJAPAN」06年11月号

知り合いに土下座一本で１００万を稼ぐ女性の債権回収屋がいる、と教えてくれたのは、ネタ元のヤミ金業者だった。

「債権者会議って知ってるやろ？　そこで多重債務者に代わって、借金取りを追い返す仕事なんや。かなりキッツイから、１００万でも安いかもしれんで」

債権者会議とは、倒産寸前の会社に借金取りが集まり、残った資産を分け合う合法会議のことだ。むろん、会議とは名ばかりで、現場には一般債権者の他にヤクザや企業舎弟も頻繁に顔を出し、死肉の漁り場と化す。そんなデンジャラスな場面に債務者の代理人として登場すれば、当然、タダでは済まされないはずだが。

「男ならクリスタルの灰皿で鼻を潰されたり、歯を折られたりすることも珍しないな。せやけど、債務者が女だったら借金取りもムリできひんやろ。そこで重宝されとんのや」

土下座をする連中は、その世界で恐縮屋や謝り屋などと呼ばれ、男女問わず、無事に会議を乗り切ったら金を受け取る、完全出来高制の仕事らしい。

が、肝心の報酬は、いったい誰が支払うのだろう。依頼者である倒産企業の社長に、余裕はないだろう。

本物のヤクザ相手に土下座だけで通用するとも思えない。海や山まで拉致されて、という最悪

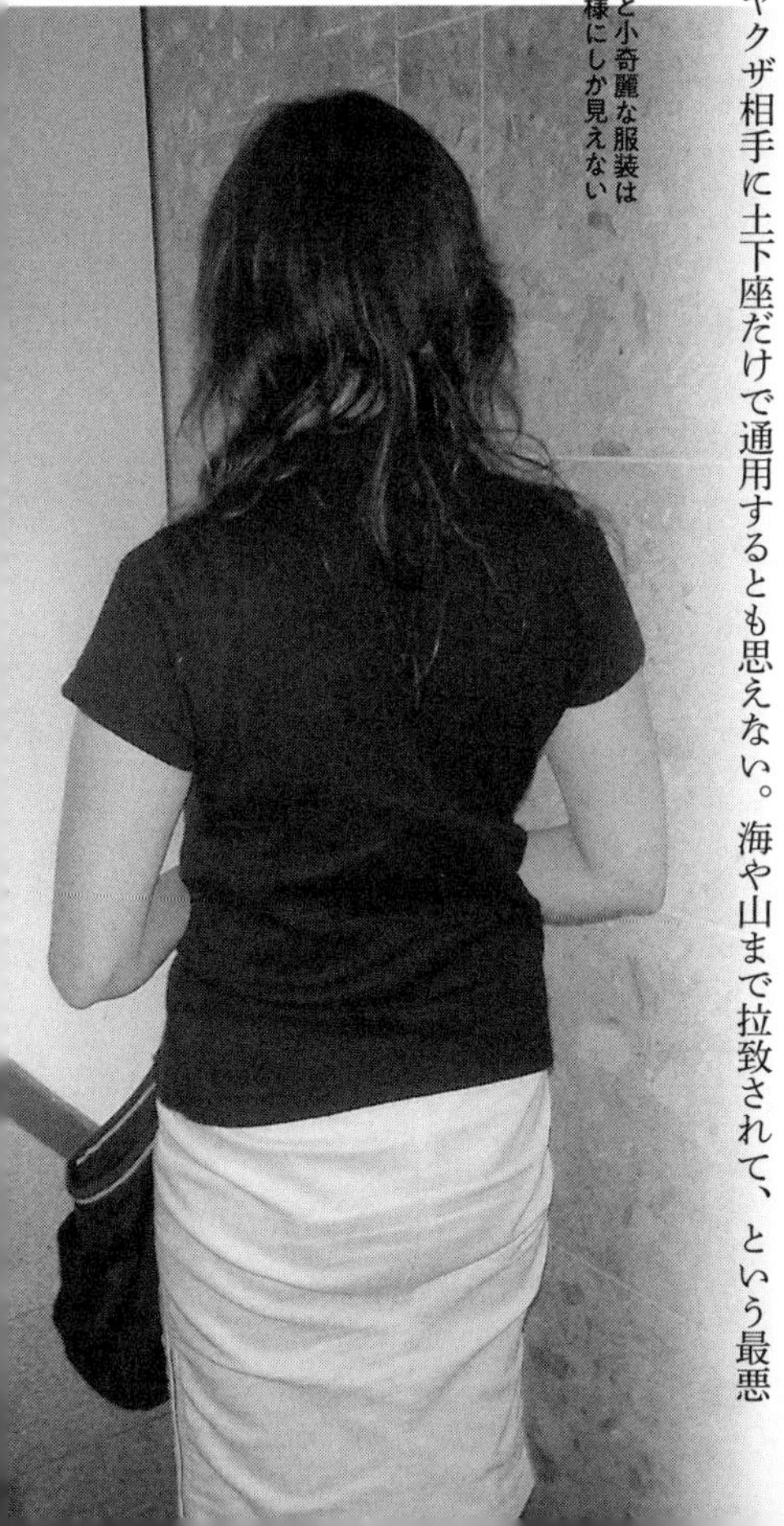

スリムな体型と小奇麗な服装は
育ちの良い奥様にしか見えない

の結末もあるのではないか。

「詳しくは、取材で聞いたらええやんけ。その女、10年以上謝り続けて、1億以上の大金を稼ぎ出したらしいんや」

土下座オンナの生き様。しかと聞いてみようではないか。

夫の会社が5千万の負債を抱えて倒産

藤田麻優子（仮名）、46歳。今回、取材に協力してくれた女性恐縮屋は、オレの予想と180度違い、石田えりをスリムにさせたような色気のある女性だった。

身なりや気配り、話し方はキメ細かく、パッと見は芦屋や宝塚のマダムといった感じだ。正直、ドギマギして妙な感情が先立つが、聞けば彼女、この職に就くまで、本当のお嬢様だったという。

「いえいえ。別にお金持ちとかじゃなくて、両親が厳格だっただけなんです。父が大学教授で母が高校教師でしたから」

私立の小学校からエスカレート式にお嬢様短大まで進み、在学中、親の勧めるがままにお見合い。昭和55年、ハタチの身空でデザイン会社の経営者と入籍した。

「父は『女は男より3歩下がって歩け』という超亭主関白な人でしたから、私が好きとか嫌いとか感情を挟む余地はありませんでした。ただ、結婚生活は幸せな方だったと思います」

麻優子の夫は30人からの従業員を抱える32歳のデザイン会社経営者だった。南港が一望できる大阪市内に億ションとベンツ2台を持ち、結婚から5年後には長女、その4年後には長男も授かった。

しかし、幸せな生活は、彼女が33歳のときに崩壊する。

バブル崩壊の煽りを受け、販促プロモーションやポスター、チラシデザインを手がけていた取引会社数社が立て続けに倒産。4千万円からの売掛金や受取手形がパーとなり、資金繰りが苦しくなった。

「それでも、まだ会社に貯蓄があるうちに手を引けばよかったのですが、負けず嫌いの夫が私の言うことを全然聞いてくれず…」

不景気に見舞われた企業が真っ先に予算を削るのは広告費だ。夫の会社は影響をモロに受け、いつしか口約束で仕事を請け負っては、支払いを反古にされる倒産スパイラルに巻き込まれた。

そして、銀行が貸し渋りから貸し剥がし（むりやり資産を奪い取る）に転じるや、水が低きに流れるように大手消費者金融から街金へ。奮闘むなしく、半年後、5千万円の負債と共に倒産してしまう。

「マンションも車も貯蓄もすべて使い果たし、大阪の府営住宅に移ってからが、本当の地獄でした」

債権者、つまり借金取りが麻優子の一家に押し寄せたのだ。

口出す前に、ソープで金作ってこんかい！

不渡り手形を出した直後にダークスーツ姿の男が3人現れ、夫が車に押し込まれた。彼女は、咄嗟に一緒に乗り込む。そばでは、子供たちが泣き叫んでいた。

「主人はもう、どうにでもなれみたいな生気のない顔でした。頑張って生きて私たちを守ろうという気もないような…」

荒れ散らかった会社に着くと、10人前後の債権者たちから、一斉に怒号が飛んできた。

『コラァ！　会社潰しといて連絡入れへんってどういうことじゃ！』

『振り出した3枚の手形、どうするつもりじゃ！　この百姓！』

『詐欺師〜ぃ！　お前の体バラバラにして、全部売ってまえ！』

小突かれ、蹴られ、ツバを吐きかけられるダンナ。ヤクザと思しき人間も1人いたが、高まる恐怖とは裏腹に体が勝手に動いた。

麻優子は亭主をかばうため、床に這いつくばって、額を冷たいタイルに擦りつけた。

『本当に申し訳ありません！　この通りです！』

『なんじゃい、女子供の出る幕やないで！　口出す前に、ソープで金作ってこんかい！』

夫婦2人、無言で頭を擦りつけ続けて30分が経過した頃、突如、亭主の顔面がカタギ風の債権者に蹴り上げられ、血が舞い散った。

それでも麻優子は気丈に、鼻血の止まらないダンナの頭を抱き寄せ、再び土下座をさせる。と、さすがに借金取りもシビレを切らしたのか、『また来るゾ』と捨て台詞を残して、その場を立ち去ってしまった。

最後に残ったのはヤクザ風情一人だけだ。タバコを吸いながら、ジリジリと近づいてくる。

『今日はもうええわ。あんた、大した奥さんやな。おい、藤田、聞いとんのか！』

『す、すいません。うちの主人は許してください！』

『もう誰もおらんから、顔上げぇな。なぁ、奥さん、借金返して子供たちを助けたいやろ？　せやったらウチんとこでバイトせーへんか。風呂に沈めたりとかしいひんから、ダンナも文句はないと思うねんけど』

『……』

ことばの真意を計りかね、相手の目を覗き込む。満更ウソをついている様子でもない。とりあえず麻優子は、会社近くの喫茶店で、その男、佐々木（42歳仮名）の話に耳を傾けることにした。

父親の虐待を逃れるために

『仕事は簡単や。債権者会議に顔を出して、さっきみたいに謝り続けたらええねん。報酬は毎回違うけど、最低でも100万ぐらいは出すで』

『ひゃ、百万円って!?　土下座だけで、ほんまにそんな大金をいただけるんですか!?』

『そぅや〜。でも簡単に土下座言うけど、ヤクザや債権者を諦めさせるには、腕っちゅうか、経験っちゅうか、ようは場数が必要やねん。その点、奥さん、かなりのもんやったよ。みんな普通に追い返してもうたからな。もしかしてこのダンナに普段から殴られたり、土下座でもさせられてんか？』

『いえ、全然そんなことはないですけど…』

否。心当たりはあった。他人には決して漏らしたことはなかったが、中学時代、麻優子は実の父親から虐待を受けていた。外面の立派な大学教授が厳格に徹する余り、家庭内でドメスティックバイオレンスに発展、ときに竹刀や木刀で殴られたこともあったらしい。

ために思春期の頃は、父親の戦意を喪失させる方法ばかり考え、高校に入ってからようやく回避する術を覚えたのだという。

「少しでも抵抗したり、逃げたり、逆にオベッカを使ったりすると、異常なまでに逆上しちゃうので、何も考えないようにしたんです。死んだ魚のように焦点の合わない目をするとか、精気覇気のない人間になりきれば、向こうも殴る気が起きなくなるんですよね」

こうした体験が、彼女に詫びる素養を生んだことは間違いないだろう。が、父親のＤＶを黙らせるのと、債権者会議に出席するのは、次元の違う話。いくら『女なら殴られないから』と言われても、なかなか決心がつく話ではない。当然ながらダンナにも猛反対された。

「でも、結局引き受けました。了解せざるを得ない状況ですよね。夫は廃人みたいになってましたし、他に稼げるような仕事もないじゃないですか。他の債権者に借りていたお金も、返済の方向で丸く納めてくれるって言うし…」

依頼者の9割が計画倒産を企んでる

ここで改めて、恐縮屋の仕事について触れておこう。

彼らの主な活躍場は、中小企業の債権者会議である。数名から十数名集まった借金取りの前に出て、全員が取り立てるのを諦めるまで謝り続ける。

では、出資者は誰か。本来金を出すべき倒産企業の社長にそんな余裕はない。と、文頭で疑問を呈したが、実際は意外にも、破産した張本人の社長が金を出すそうだ。

「あまり大きな声では言えませんが、佐々木に仕事を依頼してくる社長さんたちは、9割以上が計画倒産なんです。彼らは、事前に佐々木が建てたプラン通りに、取り込み詐欺で仕入れた商品を横流ししたり、手形で金を工面したり、なんだかんだで1億円ぐらいの隠し資産を作るんです」

そして、最後は親戚面した佐々木ら恐縮屋が現場に出向き、他の一般債権者に涙を呑んでもらうという寸法だ。ただし、敵がヤクザの場合は、合法的な手法でトコトン戦うか、または幾ばくかの金を握らせて話をつけてしまうという。

ちなみに佐々木の取り分は隠し資産の25％だから、一件のヤマが平均1億だとして、2500万。彼女に100万払っても痛くも痒くもないのだ。

「佐々木が最初に言ってました。『恐縮屋は、人の好い債権者の心の隙間に取り入るんや』って。

私も犯罪だと気づいてましたが、もう後には引けませんでした」

　記念すべき初仕事は、覚悟を決めて2日後。現場は、中堅ガス工事会社のオフィスだった。

　平成5年当時、日本の倒産企業は年間1万件を超え、恐縮屋は引く手あまた。とはいえ、いきなり第一線でデビューというワケにもいかず、まずはサクラ債権者として現場に出た。請求書や納品書を小脇に抱え、他の借金取りと同じように「社長を出しなさい！」と、わめくのだ。現場には、佐々木もサクラ債権者の一人として参加していた。

　会議が始まったのは午後1時。まずは壇上に貧相な体つきの初老の男性が立ち上がる。今回、主役を張る仲間の恐縮屋だ。

『債権者の皆様、倒産に至った経緯につきましては、社長である小島に責任がございます！　ワタクシは一応共同経営者になっております、斉藤と申します！　経営の実態は未だ把握しておりませんが、この度の失態をお詫びしたくやってまいりました！　本当に申し訳ございませんでした！』

『社長はどないしたんや！　社長、引き摺ってこんかい！』

『ふざけとったら、ぶち殺すぞ！』

　参加者は約20名。ヤクザ風情の割合が高く、その内の一人が突然、斉藤の顔面にパンチを入れた。さらには、別の1人が脇腹を蹴ると斉藤は哀れにも嘔吐してしまう。

『このボケェ、気色悪いもん見せんな！』

　言うが早いが、後方でふんぞり返っていた男が、古い電話機を投げつける。ガシャン！　斉藤の額に当たり、肉が割れ、おびただしい鮮血が流れ始めた。

『も、も、申し、訳…ありません！　債務は必ず！　必ず、責任を、責任を持ってぇ！』

もはや収集不可能となったところで、一般債権者の一人が立ち上がった。

『おいおい、警察沙汰だけは勘弁してくれや！　債権どころの話じゃなくなるやないか！　私は、とりあえず帰らせてもらうで』

彼に続き、次から次へと本物の債権者たちが帰っていく。現場に紛れ込んでいたサクラに誘導されているとも知らずに…。

「後で聞いたら、斉藤も、斉藤を殴った人も、電話機を投げた人も、全員グルだったんです。もし、事件になったら債権の取立が不可能になってしまうらしいんです。あまりに涼しい顔で佐々木が言うので、あぁ私もそういう世界に入ったんだなぁって実感しました」

サクラ債権者の仕事では、10万円をもらった。身体的リスクはないが、万が一、所業がバレればお縄は避けられない。口止め料も加算された報酬だった。

ブラウスを破られ、乳房を掴まれ

サクラの債権者として、現場を経験すること1カ月間。2～3日に一度で働いてきた彼女にも、ついにお鉢が回ってきた。舞台は従業員4名の零細町工場、『富士見精機（仮名）』である。

さっそく打ち合わせのため、社長の隠れ家のビジネスホテルに出向くと、60歳の老人がやつれた顔で佐々木と麻優子を部屋に招き入れた。

「社長さんは、まるでこの世が終わったかのような、主人と同じ眼をしてました。身体の周囲の空気が灰色みたいな…」

しかし、その社長、性根までは腐っていなかった。従業員の退職金や給料を500万ほどかき集めるため、2カ月間だけ、債権者たちを足止めしてくれというのだ。

普段の依頼者のように、倒産に乗じて私腹を肥やそうという魂胆は皆無だった。

「佐々木も最初は夜逃げを勧めてたんですけど、その社長、真面目で頑固な方でしてね。佐々木とは旧知の仲だったらしく、報酬は若干割安でも、私の練習を兼ねて引き受けることにしたんです」

町工場だけに一件一件の売上は小さく、債権は2千万に満たない。が、その分、債権者の数は多く、毎日のように工場を訪れては、未だ残る従業員たちの仕事を邪魔するのだった。

そこで麻優子は、『債権者会議開催』のチラシを工場に貼り、2日後、初の本番に挑む。

当日、現場に現れた債権者は13名。そのうち3名が佐々木と、その仲間である。一通り人数が揃うと、麻優子は大声を張り上げた。

『皆様、申し訳ありません！　私は富士見の娘です！　訳あってこの家とは違う家で育ちました

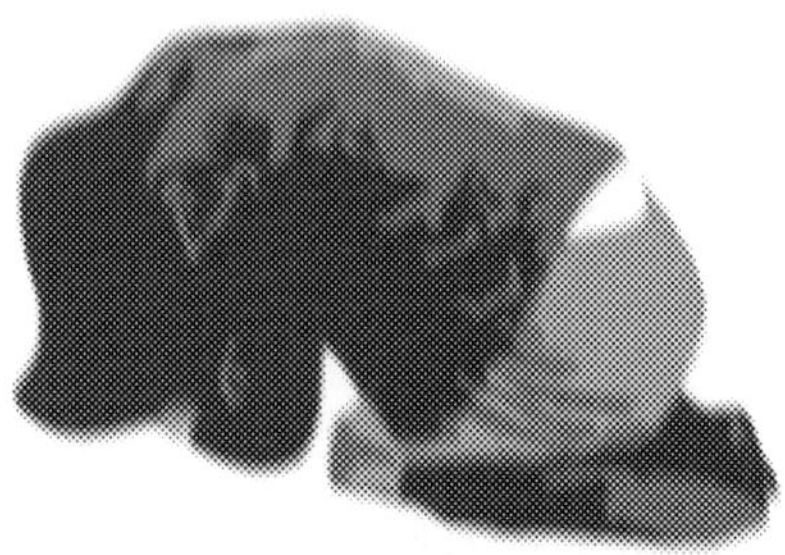

が、父の不義理をお許しください！　今、返済するお金をかき集めておりますので、必ずみなさんの前に父は姿を現します！　どうか、どうか！』

『どうするつもりなんや！　オヤジだせぇ！』

『申し訳ございません』

『お、おい、どないするぅ？』

麻優子を見て、すっかり調子が狂ったのだろう。債権者たちがザワつき始めた。

そこで突然、佐々木が叫ぶ。

『娘やったら連帯保証人になれるやろがい！　保証人になって、風呂で働けや！』

『も、申し訳ございません』

『みんな、証書出せや。この女に無理やりサインさせたらええ！』

『そうしよか！　そうしてくれ、ねえちゃん！』

他の債権者が提案に賛同し、ゾロゾロと彼女の周りに集まり始める。と、今度は佐々木の部下が信じられない言葉を口にした。

『アニキ、その前にちょっと味見しましょか。どうせ風呂に行ったら何人も咥えなきゃアカンのやし、かまへんでしょ？』

え？　どういうこと？　彼女は頭を下げながら心臓が止まりそうになった。

『そやなぁ！　ねえちゃん、恨むんならオヤジを恨みや！』

佐々木の手が伸び、麻優子が強引に押し倒された。ブラウスの胸元がバリッと一気に破られ、豊かな胸元が…。

片方の乳房が佐々木の手の平に握られたとき、突然、一般債権者の男から待ったの声が。

『アカン！　こんなんアカンて！　こんな関係のない娘に責任はないやないか！　ワシはオヤジが出てきよるまで待つわ。必ず現れるんやろ？　ほな、待っといたるさかい…』

『あんたら、そんな甘ちゃんでええんか！』

今にも麻優子を犯そうとする佐々木の声を無視して、債権者たちが工場から引き上げる。その足音が完全に遠のいたとき、彼女の眼には涙が溢れていた。

『堪忍な、麻優子ちゃん！　全部、演出やで。よう口も割らんと頑張った。アカン、アカン言いながら、あいつらみんなズボン膨らましてたで（笑）』

この仕事で、麻優子が手にした金は規定どおりの100万円。何ともいえぬ喜びが彼女を包む。

しかし――。

「1週間後に社長さんが自殺したんです。何も死ぬことはないのに、真面目すぎる人は不幸や…」

謝ってたら、チンポ切り落とされてたで

佐々木のフォローがよかったのか。麻優子の素質が開花したのか。以後、彼女の元には、月1～3回の割合で依頼が舞い込む。

あるときは債務者の娘役。またあるときは妻や愛人、従業員。佐々木の言ったとおり、債権者

の男たちは、一人っきりで気丈に振舞う彼女を殴るどころか、励ます者までいたという。

「アンタが気張る必要はないんやで、って言われる度に胸が痛みました。もちろん一筋縄じゃいかない手荒な債権者もおりましたが、そういうときは極力殴られるようにしていました」

暴力を振られた場合は、即座に警察へ出向き、告訴に踏み切る。いくらキナ臭い連中の集まりとはいえ、債権者会議は立派な商行為。理由の如何を問わず、殴った側が傷害罪で罰せられるのだ。

気がつけば月収は平均２００万に届き、ダンナの会社が抱えた負債5千万も、わずか3年足らずで完済してしまった。

「そこでキッパリ足を洗おうと思ったんですけど、主人はすっかり主夫業が板についてましたし、子供たちの学費を考えれば、やっぱり止めるワケにはいかない」

決意も新たにした彼女だったが、まもなく、かつてないほどダメージを味わうことになる。

某エステ会社の共同経営者として、議場に臨んだときのことだ。現場は、見渡す限り派手な格好の女性債権者たち。いつもと勝手が違う雰囲気に戸惑いながら、マニュアル通りに土下座をしていた。

『まことに申し訳ございません』

『なにが、申し訳ございませんや～!!　あたしらの銭返さんかい、この腐れアマァァ～!』

『せやせや!　人のもん、取っといて、その謝り方はなんじゃぁァァ～!!』

目の前の女性が突如ハイヒールを脱いだ。嫌な予感がしたと思った瞬間、背骨に激痛が走った。

続いて耳に革のベルトが…。

気を失いそうになりながら、必死に言葉をつむぐ。

『申し、訳、ございません…』

『お前が謝ったって、金は戻ってこんのじゃ〜！』

腰にブーツの先が突き刺さり、顔を持ち上げられて鼻に衝撃。胃液を吐きそうになりながら倒れこむと、口の中に拳が叩き込まれ、ボキッと鈍い音が脳髄に響いた。歯が折れたらしい。

『なんなんや、この騒ぎは！　おい、死ぬぞ、この人！　警察呼んださかい、債権者会議どころの騒ぎやないぞ！　ポリ来たら、殺人未遂で、ここにおるもんは全員逮捕やで！』

外で待機していた佐々木の声だった。ヤクザの怒声で債権者たちもようやく冷静になる。

『麻優ちゃん、いけるかぁ？　オレが普段から言ってる1発1千万の意味わかったやろ？　あいつら、君のおかげで二度とここには来られへんわ。よう怒らんかったな。恐縮屋は債権者に暴力振るったら負けやからな』

『いえ、助けてもらってすいません。今回の現場は、男性の方に譲るべきでしたかね…』

『あほう。男が謝ってたら、チンポ切り落とされてたで！』

何とも壮絶な現場である。いくら場数を踏んできたとはいえ、元々がお嬢様育ちの彼女である。

仕事を続けるのは限界ではないのか。

「ところが、逆に面白いって思ってしまったんですよね。もちろん意地もあるんでしょうけど、生活かかったら女は強いですから」

一刺し5千万ならなんぼでも刺されたる

麻優子が恐縮屋を始めて、今年で13年。長女は成人し、長男も高校生にまで成長した。主夫業に専念していたダンナも今ではすっかり自信を取り戻し、家事の合間にフリーデザイナーとして営業を再開させている。

「だからもうそろそろ潮時かなって思ってるんです」

彼女が引退を考えるようになったのは、昨年、広島の呉服問屋での事件がキッカケだ。

その日は佐々木が土下座役、麻優子がサクラ債権者として現場に顔を出していたら、偶然、過去に一度やりあった敵対ヤクザの債権回収屋が現れた。

土下座する佐々木に近づき、回収屋がウンコ座りで顔を覗き込む。

『ん？　お前。佐々木と違うか？　おい、やっぱりこいつ、○○組の謝り屋の佐々木や！　前も3千万からいかれたんや、今度は絶対に引かへん！　いてまえや！』

兄貴分の男が声を上げるや、3人の若手が一斉に飛びかかり、殴る蹴るの凄絶なリンチが始まった。四方に佐々木の血飛沫が飛び散り、どう見ても、意識が吹っ飛んだ様子だ。

『お願いですから、もう、やめてください！』

麻優子も止めに入ったが、いったん火のついた暴力団を押さえられるワケもなく、佐々木と一緒にリンチの輪に加えられる。そして、相手組織の若者がキラリと光る刃物を取り出したのを最後に、気を失ってしまった。

救急車のサイレンで目が覚めたのはそれから20分後のこと。佐々木は刺され、病院送りになっていた。

「幸い急所は外れて、その後の回復も順調でした。ベッドの上で『一刺し5千万なら、なんぼでも刺されたる』って笑ってましたから。ただ、私はもう十分かなぁって」

何百何千と土下座を重ね、今ではウン千万円という一財産を築いた麻優子。彼女が本気で土下座をしたのは、家族のため一度キリだけだった。

平成の裏仕事師列伝

恐縮屋それから

ボスのヘルプで現場復帰したが……

取材＋文＝神崎スキャット
フリーライター

前回の取材から約1年。久々に再会した藤田麻優子を見た瞬間、強烈な違和感に襲われた。以前と変わらぬスリムな右足を、ズルズルと引き摺って歩いていたのだ。

恐縮屋稼業からの引退をほのめかしていたというのに、いったい彼女に何があったのか？

「一度辞めた後に現場復帰しまして。実はこのケガも…」

借金を完済し、資産まで蓄えた主婦が、なぜ、また危険な世界に戻る必要があったのか。

債権者の車に轢かれて全治10カ月の複雑骨折

平成19年1月、新年の幕開けと共に恐縮屋を引退した麻優子は、かねてから知人と話を進めていたスイーツ専門店をオープンさせた。

カフェテラス併設の洒落た店舗で、高級住宅街からほど近い立地を選んだのが正解だったのだろう。間もなく金持ち奥様の話題となって経営は軌道に乗り、時を同じくして、廃人同然だった旦那も完全に社会復帰していく。順風満帆とはまさにこのことだ。

「けど、どうしても以前の職癖が抜けずに、倒産企業の情報を日経とかインターネットでチェックしちゃうんですよね。自分でも変だなって思いましたけど」

引退から5カ月後の平成19年6月。ふと、彼女は佐々木に電話をかける気になった。皆、元気にやってますか？ 自分は何とか新しい生活にも慣れました。

軽いOB気分で連絡を入れたまでだが、かつてのボスが3月から病院のベッドで寝ていると知るや、いてもたってもいられなくなった。

慌てて見舞いに出向くと、佐々木は苦笑いしながら言う。深夜、自宅付近で車に轢かれた。今度こそ死ぬかと思った――。

両足の複雑骨折は全治10カ月の重症。しかも加害者は現場から逃走してしまったという。

「ピンと来ましたよ。同業者に狙われたんです」

この頃、佐々木率いるグループは債権者たちを追い返す通常業務と同時に、依頼主であるはずの債務者を追い込む商売にもチカラを入れていた。

「以前に申しました通り、債務者といっても、倒産の機に1～2億の隠し財産を作る悪徳経営者がゴロゴロおります。その25％をもらうのが恐縮屋の仕事ですが、中には、さらに数千万から億単位の裏資産を私たちにも秘密にしているオーナーがいるんです」

そんな連中を仕事遂行後に脅し、半額から75％程度奪いとる。早い話、恐喝なのだが、相手はツラの皮の厚い悪徳経営者だけに、簡単な脅しスカシでは効力はない。ために、依頼を受けた時点で入念に下調べを始め、債権者会議などすべての作業が終わった後、静かに一言かます。

『社長、アンタ、他に2億は取り込んでるな。折半でどや？　今回の会議ではウチの人間もだいぶ怪我してるし、もし、この話が呑めないなら、債権者連中に身柄と金のありかをバラすしかないわ。警察に行ってもええで。計画倒産は詐欺行為に当たるさかい』

大半の人間は、これでアッサリ落ちる。が、中にはヤクザ顔負けの手荒い経営者もおり、今回、佐々木をクルマで襲ったのも、その1人と思われた。もちろん、自分にも後ろめたいことがあるだけに、警察には何一つ話してはいない。

ならば、余計にそんな危険な世界に麻優子が戻る必要はないだろう。金に困っていた昔ならいざ知らず、今は、十分に生活できるのだから。

「あくまで、佐々木さんが不在期間だけのヘルプです…。彼の入院姿を見たら、義理を返す必要を感じたし、もとより13年間も働いてきた世界ですからね。あの刺激が欲しいって、理屈抜きに思いました。ほんとバカですよね」

恐縮屋の存在自体が信用されなくなっている

もっとも彼女に与えられた仕事は以前と同じく、娘や愛人に成り代わって謝るだけの役。裏方では、グループの補佐役としての活躍を期待されていた。代打専門の主婦である以上、危険なヤマはあえて避けるためだ。

「それでも、こんなケガですから、この業界も厳しくなったなぁ、と」

麻優子がケガをした債権会議は、とある金融業者が舞台だった。平成19年9月14日、消費者金融クレディアの上場廃止が決定したように、クレジット・サラ金業界は大手ですら青息吐息。街金クラスでは何をか言わんや、だろう。

「どうしても私しか参加できずに顔を出したところ、顔ぶれはほとんどソノ筋って感じで、逆に笑いそうになりました。蹴られるコトぐらい慣れてましたが、今回は膝の関節を直撃されたみたいで」

元来、債権会議は会社更生法など倒産関連の法律に則って、話し合いと暴力ギリギリの交渉をするのが常だった。が、シノギの厳しい暴力団関係者が大挙して流れてきたため、急速に現場が荒れてきているという。

しかも彼らの中には、平気で依頼主を裏切る者が少なくないため、業界自体の評判はガタ落ち。いったい、どこの恐縮屋が信用できるのか。しかるべき事態に備え、経営者同士で情報交換をするケースも増えている。

「だから最近は宣伝にかける経費もバカにならないんですよ。弁護士さんに紹介してもらって、成功報酬の2％とか3％を支払わなきゃならない」

さらには、恐縮屋の存在が知れ始めた結果、強気になる一般債権者も増えた。会議は長引く一方で通常でも8～10時間、最長では罵声が33時間続いたこともあったという。

「乱暴に言うと、今は普通の人たちが一番怖くなってます。悪徳商法を手がけるのも一般人、ダマされるのも一般人で、債権会議が収拾つかなくなるんです。社会の縮図かもしれません」

本当の引退まであと数カ月。間もなく彼女には、待望の初孫が生まれるらしい。

平成の裏仕事師列伝……25

ストリートスクープカメラマン

シャッターチャンスは神様の意志で決められる

取材＋文＝藤塚卓実 裏モノJAPAN編集部
写真＝篝 一光

月刊「裏モノJAPAN」07年3月号

ストリートスクープ写真が、実話系雑誌や写真週刊誌の誌面を賑わせている。

ストリートスクープ写真（以下ＳＳ写真）とは、街角で撮られたハプニングやアクシデントを収めた写真である。客の取り合いで殴り合うホスト、パンツ丸見えのまま泥酔する若い女、裸で外を疾走するシャブ中、あるいはホームレスの凍死体といったものが、主たる被写体だ。どこにでもありそうで、その実、滅多にお目にかかれぬ日常の1コマ。刺激慣れした今の時代には、受けて当然の代物と言ってもいいだろう。

現在、世に出ているＳＳ写真の多くは、1人の特異なカメラマンによって撮影されている。

新宿はもう終わってますよ

06年12月29日昼、新宿区大久保。年の瀬という雰囲気からはほど遠い、客もまばらな喫茶店で、僕は老齢にさしかかった男性と対面した。

篝一光《かがりいっこう》氏。SS写真を専門に扱う、フリーカメラマンだ。

キャリア40余年。現在、多くの雑誌で作品を発表し、05年に写真集も出版した彼は、この業界の草分け的存在であり、同時に、第一線で活躍するSSカメラマンの中でもダントツの売れっ子だ。

すでに還暦を迎えたとのことだが、ベースボールキャップを目深にかぶり、後ろ髪を輪ゴムでまとめた姿は、とても自分の親父と同世代には思えない。

白昼堂々、拳銃を持ち歩く男。ヤクザの抗争か（新宿）

しかし、写真家・篝一光を語る上でもっとも重要なのは、やはり作品が持つインパクトの強さだろう。

往来のど真ん中で女が丸出しの下半身を通行人に見せつける。白昼堂々、繁華街でヤクザ風の男が拳銃を握りしめ歩く等など…。

単純に不思議に思う。いったいどうやればこんな写真が撮れるのか。なぜ人が「滅多にお目にかかれぬ」現場にいつも居合わせることが可能なのか。普通の人間なら、オッサン同士のショーモナイ殴り合いにでさえ、出くわすことが珍しいというのに。

単刀直入に尋ねると、氏は笑ってはぐらかす。

「単に運がよかっただけ」

むろん、そんな説明で納得がいくわけもない。

そこで今日の取材は、篝氏から話を伺うだけでなく、一緒に街を歩き回り、撮影現場を見学させていただくことになった。

幸い、篝氏の普段の活動場所は都内に集中している。季節によっては、湘南、小田原、高崎など関東各地に足

酔っぱらった女が
路上でご開帳。
写メの餌食に
（歌舞伎町）

を伸ばすこともあるが、この時期はもっぱら新宿、渋谷、上野といった繁華街でカメラを構えるらしい。

ならばと、僕は一つの提案を試みた。

「今日の撮影、新宿でやりませんか？　歌舞伎町だったらいい絵が撮れそうじゃないですかね？」

特にこだわりがあったわけではない。05年に出版した写真集の舞台が新宿だったこともあり、僕の中で篝一光＝歌舞伎町というイメージがあっただけの話だ。ところ

テンパったシャブ中が
電線の上を歩く姿に街は騒然（北新宿）

ホームレスの撲殺死体。
捜査は死体を放ったらかしにして進められた
（新宿 戸山公園）

が。

「新宿？　止めた方がいいんじゃないですかね」

「何でです？」

「だって、あの街はもう終わってるもの。ツマんないですよ」

当局の相次ぐ摘発とクリーン作戦によって往時の活気は失った。何より、あの街は時代に取り残された廃墟であり、そんなところに行ってもいい画は撮れっこないと篝氏は力説する。

じゃあ、どこがいいんですかね？

「六本木なんかがいいんじゃない？　無国籍、多国籍の時代を象徴する最先端の街ですよ。藤塚さん、普段は六本木で遊びますか？」

「どっちかというと、あんまり行かないですね」

「編集者に向いてないんじゃないですか？　もうちょっと時代の動きに敏感にならなきゃ」

グウの音も出ない僕を残し、そそくさと席を立つ篝氏。これから1人、上野のアメ横へ撮影しにいくのだという。

彼との再会は日付変わって30日の深夜2時。待ち合わせ場所は、六本木アマンド前だ。

休日ナシの年中フル稼働

同行取材を始める前に、篝一光の典型的な1日の行動パターンをさらっと紹介しておこう。

ハプニングは暗闇で起きる。この法則により、始動は夜の7時ごろから。自宅から電車で神田に向かい、フォーク酒場、コスプレ焼肉店などを回る。ヤングサラリーマンの生態にカメラを向けるのだ。

同じ目的で上野、銀座、赤坂と順に移動し、深夜までたっぷり撮影。お次は自転車に乗り換え、歌舞伎町へ。

個人的には完全に興味を失っているものの、歌舞伎町のホストや不良絡みのＳＳ写真を欲しがる出版社はいまだ多い。やむなくの出動である。ハイジア周辺、ゴールデン街、ラブホ街など各ポイントを探索し、夜が明けたころにようやく帰宅と相成る。

むろん、行動パターンはこれだけに限らない。別の日は池袋や渋谷にも出かけるし、昼間、アキバや駅のホームでシャッターを切ることも珍しくない。さらに土日の明け方は、始発に乗って六本木に繰り出すのが常だという。

篝氏は１日の大半を撮影に費やすという生活をここ何十年、ずっと続けている。特別な用事や体調不良のとき以外、休日はナシ。年中フル稼働である。

上が近距離用のコンパクトカメラ。下は暗闇用の赤外線カメラ

競歩並のスピードで六本木を歩く篝一光

御歳60歳。まさに驚異的な体力だが、その貪欲な姿勢にこそ、数々の貴重なショットをモノにしてきた彼の秘密の一端が隠されているのかもしれない。

「じゃあ、行きますか」

午前2時。アマンド近くの時計台に腰掛けていると、独特のしゃがれ声が耳に届いた。いつの間にやってきたのだろうか。顔を上げると、上下真っ黒のウインドブレーカーを着込んだ篝氏が目の前に立っている。

先ほど書いたように、本来、彼が六本木を撮影するのは明け方から朝の7時ごろまで。なんでもこの時間帯は、ネオンが完全に落ちて街が真っ暗になり、もっとも事件が起きやすいらしい。

今回、深夜から取材を始めるのは、僕が無理を言ってお願いしたからだ。同行のチャンスは今日1日のみ。グッドショットを撮るには、撮影時間も長い方がいい。

ちなみに本日、篝氏が持参したカメラは計3台。コンパクトカメラ、望遠レンズの一眼レフ、そして小型の赤外線カメラで、状況に応じて使い分けるそうだ。色合いや遠近感に不満のあるデジカメは1台も持っていないらしい。

決定的瞬間は待っちゃくれません

大晦日をいよいよ明日に控え、週末の六本木は大変な賑わいを見せていた。通りという通りに人が溢れ、煌々と瞬くネオンが、真昼のように辺りを照らす。

中でも目に付くのは、外国人の多さだ。白、黒、黄、さまざまな肌が入り乱れる様は、日本広しといえどこの街でしか見られない。

ワインボトルを握りしめ、陽気な叫び声を上げる屈強な黒人。寒空の下、ヘソ出しルックでクネクネ歩く南米系美人。米兵風のグループは日本人のオネーチャンとイチャコラ戯れている。

篝氏は雑踏を縫うように足早に歩き出した。じっくり周囲の様子を窺いつつ、シャッターチャンスを待つのかと思いきや、かなりのスピードである。気を抜けば置いてけぼりを食らいそうだ。

「いつどこで何が起きるかわからないでしょ。決定的瞬間は待っちゃくれませんから」

アユ釣り名人が川ごとに穴場を知っているように、SSカメラマンである彼も、各街にいくつかのシューティングポイントを持っている。六本木の場合は、六本木スクエアビル、ロアビル、TSKビル、ガスパニック（クラブ）などである。共通するのは各周辺が建物で複雑に入り組んでいる点。人の出入りが激しく、かつ死角のあるこうした場所で、アクシデントは生まれるというワケだ。

しかし、先ほどから各ポイントをグルグル回ってはいるものの、一向に事件と出くわせない。開始からすでに1時間半。腕時計の針は3時30分を指している。

「やっぱり、ただ歩き回るしかないんですかね？」

幸先の悪さを心配する僕に、彼は答える。

「これっぱっかりは神様の意志だからねぇ」

「神様？」

「そう。こういう仕事は、人の持って生まれた運が左右するっていうか。私の役目は、目の前に現れた光景にレンズを向け、シャッターを切るだけですから」

ここでも、ことさら「運」を強調する篝氏。とにかく、チャンスが訪れるまではひたすら受け身の姿勢を貫くしかなさそうだ。

ふと通りかかったドンキホーテの入り口で、ニヤけた白人がモデル風の女と熱心に話し込んでいた。それを見た僕は心の中で毒づく。チャラケてないでケンカの一つくらいやれっての。

いったい、いつ撮ったんだ⁉

午前5時。ポツポツとネオンの明かりが消え、暗闇が街を覆いだした。ここからが正念場だと深呼吸したそのとき、

「藤塚さん、ちょっとおいで」

篝氏、何か見つけたらしい。いよいよか。

慌てて後ろをついて行くと、地下鉄の入り口で熱烈なキスをかます男女がいた。なんだ？　別にどうってことないシーンじゃん。

わけがわからぬ僕を尻目に、しばし彼はボーッとカップルの様子を眺め、クルッと踵を返す。

「ＯＫ、もう撮りました」

「え、いま撮ってたんですか？」

「ええ」

ウインドブレーカーのポケットから、篝氏がコンパクトカメラを取り出した。見れば、真っ黒なペイントが施されており、完全に上着の色と同化している。彼はそのカメラを腹の位置で固定し、ファインダーも覗かずにシャッターを切っていたのだという。なるほど、これでは誰も気づきようがない。

にしても、なぜ彼は何の変哲もないキスカップルに目をつけたのか。その答えは、後日、焼き上がった写真を見て判明する。

そこにはベロチュウをかます2人だけでなく、その様子を隣で盗み見る、別の女の姿がハッキリと写っていたのだ（写真A）。

「エロとかケンカのシーンばかりじゃつまんないからね。写真にはおかしみもなきゃ」

過激でエキサイティングなイメージが先行しがちな篝氏の作品の中には、実はユーモラスな写真が少なくない。パンツ丸出しで地べたに寝ころぶ泥酔女

（A）篝氏が撮ったベロチュウカップルと覗きオンナ（左）。妙な味わいがあります

と隣でその姿に釘付けになっている若い男。あるいは水着姿のオカマに驚愕している老人などのことで、先ほどのキスカップルと覗きギャルも同様の視点で撮られたものなのだ。

とはいえ、やはり過激な写真も欲しい。

辺りをキョロキョロ見回す僕をよそに、それまで明け方の六本木の様子をカメラに収めていた彼が、チラッと目を向けた。

「ああ、空が紫色になってきましたね。そろそろ何か起こるかもしれないですよ」

命の危険は一度も経験がない

その「何か」は案外早く訪れた。ベルファーレ近くの路地から国道246に出た途端、遠くの方から甲高い罵声が聞こえてきたのだ。

「ざけんじぇねーよ、てめぇ！」

声の主は若い女性。国道を挟んだ向かい側、麻布警察署の玄関でカップルが言い争っている。止めるべきか否かと、側で様子を見守る警官も困惑気味だ。

そして次の瞬間、僕は不思議な感覚に襲われる。篝氏が一眼レフの望遠カメラを構えるやいなや、怒り狂った女が相手の男の腹を思い切り蹴り上げたのだ。まるで彼女が、その姿を写してくれと言わんばかりに（写真B）。

読者の中には、盛り場を歩き回ってりゃ、ケンカの一つや二つ珍しくも何ともないと思う方はいるかもしれない。藤塚よ、何をはしゃいでおるのだとあきれる向きもあるだろう。

が、それでも僕は、限られた時間の中でちゃんと結果を出した彼に、感心せずにはいられない。やっぱこのオジさん、凄いわ。

興奮冷めやらぬ中、ふと以前から気になっていた疑問をぶつけた。

「いままで危ない目にあったことはないんですか」

意外なことに、答えはノーだ。ヤクザの抗争事件や不良外国人の暴れっぷりを数え切れぬほど撮ってきたにもかかわらず、命の危険を感じた経験は一度もないという。

「そりゃ、撮影がバレたことは何度もありましたよ。特に外人は目がいいから。それでもフィルムを取り上げられたり、カメラを壊されるくらいですかね」

「どっかに監禁されたとか、金銭を要求されたとかも？」

「ないです、ないです」

(B) 蹴り上げられた男は、よほどのことをしたのでしょう

逆に、自分から被写体に近づくということもない。たとえノーパンの泥酔女が目の前に転がっていようと、浮浪者相手と趣味でセックスする女に出会っても、起こすアクションはただ一つ。カメラを構えるのみだ。

「とにかく写真が好きなんですよ。それ以外のことはあんまり興味ないいんだよねぇ」

肩書きは、あくまで『東京写真家』

SSカメラマンとして約40年のキャリアを持つ篝氏。その出発点は東京の風景写真だった。高校卒業あたりから、カメラに興味を持ち、都内各地に出没しては、パシャパシャとシャッターを切っていたのだという。人物中心ではなく、風景にこだわるのは浮世絵の大家、安藤広重（歌川広重）の『東海道五十三次』などの影響らしい。

以来、とある出版社で官能小説を執筆する一方、相変わらず趣味としてカメラを続けていたが、その作品が知り合いの編集者の目に留まったとき、彼の運命は決まった。

歌舞伎町の街並み、駅に暗躍するスリや痴漢の姿、ビニ本屋やダンスパブのいかがわしい雰囲気。そこには、昭和40年代のギラギラした東京の姿が詰まっていた。

「それからですかね。私の写真がちょこちょこ雑誌に掲載されるようになったのは」

ところが、隠し撮りが基本の篝作品は、キワモノ扱いこそされても、評価は決して高くなかった。ときには「こんなものは写真じゃない」と酷評を受けることも。

当然、仕事の依頼はさっぱり。糊口をしのぐため、警備員や倉庫の仕分けなどのパートをやりつつ、という生活が何十年も続いた。驚いたことに、カメラマンとしての収入だけで食べていけるようになったのは、ごく最近のことらしい。

「SS写真なんてことばが使われだしたのもここ数年のことだしね。何だか妙な気持ちですよ」

そのせいか、SSカメラマンと呼ばれるのは本意ではないと篝氏はいう。ハプニングやアクシデントなんてのはオマケであり、自分の肩書きはあくまで「東京写真家」なのだと。

前述のように、彼は六本木や歌舞伎町だけでなく、上野や赤坂などでも写真を撮っているが、それも出版社から要請されてのことではない。自分のため、ひいては歴史の記録のためだ。とにかく、根っからのカメキチであり、商業的意識が希薄なのである。

帰ったと思ったはずの篝氏が、なぜココに？

午前7時。騒乱の街はすっかり毒気を失い、カラスとゴミ収集車が行き交う、間抜けな姿を晒していた。5時間に及ぶ同行取材もコレにて終了である。

篝氏に礼を述べた僕は、彼が国会議事堂方面へ去っていくのを確認してから、逆方向の六本木交差点に歩を進めた。帰りがてら、持参のデジカメでSSカメラマンの真似事をしようと考えたのだ。

周辺をテクテク歩くこと10分。ロアビル前に赤色灯を回したパトカーを発見。事件らしい。急いで現場に駆け寄る。

と、これが実にダサイ事件だった。料金のことで、客のホストがタクシー運ちゃんがああでもない、こうでもないと揉めているところに、警察が割って入り仲裁しているだけなのだ。

でもまあせっかくだしとポケットからデジカメを取り出した僕は、それを腹に固定しシャッターを押した。…ありゃ、空しか写ってねーよ。難しいな。もういっちょカシャ。…またダメじゃん。

モニターを眺め、自分の不器用さを呪っていたそのとき、誰かがグイっと肩を揺すった。

「なにやってんの。向こうでもっと面白いこと始まってるよ」

本日一番の驚きだった。なんと後ろに篝氏が立っていたのである。

「なんかバカみたいな顔したヤツいるなーって見てたんですよ」（写真C）

「ちょ、篝さん。帰ったんじゃないんですか？」

「何となく勘がして、戻ってきたんです。そしたらホラ」

（C）篝氏と別れた直後。タクシーとホストのもめ事を傍観していたところ……ワタクシ藤塚、ちゃっかり撮られてました

彼の指さす方向には、いつのまにかパトカーが数台停まっており、大勢の警官が2人組の男を取り囲んでいる。どうやら彼ら、ケンカでしこたまやられた被害者で、興奮状態に陥っているようだ。警官らと何事か激しく言い争っている。

すかさずデジカメを持って近づいた僕は、今度はカメラを顔の前に構えて撮影開始。そして見事、連中の1人が警官に摑みかかり「公務執行妨害」を犯した瞬間を捉えることに成功する（写真D）。おおっ、やった！

喜び勇んで戻ると、もう彼の姿は消えていた。

かつて、某誌の編集部が自前のSS写真を撮ろうとしたことがあった。そのため編集部では、十数人のフリーカメラマンを動員したのだが、結局、使える写真は一枚も撮れず、誌面には篝氏の作品だけがデカデカと載ったという。

日ごろの精進が下地になっているとはいえ、やはり彼には事件を呼び込む、何か特別な能力があるように思えてならない。

読者諸君、夜遊びに出かけるときはくれぐれも粗相のなきよう。篝一光のレンズがアナタを狙っているかも知れない。

(D)公務執行妨害の瞬間をパチリ（by編集・藤塚）

ストリートスクープカメラマン それから

狂ってなきゃ60のジジィがこんな仕事はききません

平成の裏仕事師列伝

取材+文＝藤塚卓実
裏モノJAPAN編集部

「いやいやどうも。お疲れさん」

07年9月下旬。新宿・大久保の喫茶店に、人懐こい笑顔を浮かべた篝氏が現れた。

黒いベースボールキャップに黒のシャツとズボン。暗闇にとけ込む忍者のような出で立ちは相変わらずである。

「おかげさまで仕事は忙しいですよ。あちこちの出版社から声をかけていただいてます。今朝もずっと撮影であちこち歩き回ってました」

現在、週刊『アサヒ芸能』と月刊『創』の2誌で連載を抱え、写真週刊誌や実話系雑誌などにも定期的に作品を提供。さらには

(E)渋谷でのカップル同士のケンカシーン

突発的な依頼も舞い込み、編集者との打ち合わせがない日の方が珍しいらしい。

こうした氏の活躍を見る限り、一過性のブームで終わると思われていたSS写真も、今やすっかり雑誌界の人気コーナーとして定着したようである。

ところで、現在、篝氏は東京のどの街に注目しているのか。前回の取材では六本木を一番に挙げ、精力的に撮影を行っていたが。

「いまはやっぱり渋谷だねぇ。一時期ちょっとつまんなくなりかけてたけど、またクレイジーさが戻ってきたから」

むろん、六本木は六本木で多国籍な魅力がある。が、下世話さと若者の無軌道さがかいま見られるという点では、渋谷に優る街はないと彼は言い切る。

「特に円山町ね。あそこはラブホテル街の中にいくつもクラブがあるでしょ。だから、暴力、ドラッグ、エロスが充満しててカッコいい写真が撮れるんです」

つい先日もこんなことがあった。

渋谷で若者に人気のクラブから、男女4人組が出てきた。そのうちの1人の女性は、ドラッグを摂取したようで、足取りがおぼ

男どもが最後までイガミ合っている間も…彼女のケツはずっと丸出しなのであった

つかない。スカートの裾がずり上がったまま、意味不明な叫び声を上げている。驚いたことに彼女はノーパンで、プリンプリンの尻が丸見えだ。

やがて、彼女は男性陣の1人（白Tシャツ）に食ってかかり口論を始めた。

「で、別のオニーチャン（黒Tシャツ）が2人の間に仲裁に入ったんだけど、今度はその彼が白いTシャツの男と取っ組み合いになったんだよ」（写真E）

結局、4人は仲良く帰ったのだが、こういったムチャクチャな光景は渋谷では日常茶飯事。いまの若者の生態を知る上でも欠かせない街なのだ。

時代を象徴している街といえば、秋葉原も外せない（写真F）。

「ホコテンが面白いんだよ。コスプレイヤーのパンチラ目当てにカメラ小僧が大量に現れますから。あんな奇妙な光景は、日本中どこを探してもアキバしかない」

SSカメラマンとして過激な写真を撮り続けている一方、近ごろでは関東各地に足を伸ばす機会も増えた。日本の風俗文化を記録するのが目的だ。

横浜・伊勢崎町、小田原、群馬県・太田市等々。時間の許す限り、かつての赤線・青線地帯を訪れては、街の変遷をファインダーに収めている。

「都内でも同じことやってるよ。上野、歌舞伎町、秋葉原、吉原なんかの街並みは何十年も撮ってるから。やり始めたころは『ムダなことやってるねぇ』なんて笑う人もいたけど、これだけ膨大な量になれば、もう1級の歴史資料だよな。俺以上に、東京の風景をつぶさに記録してる人間はいないんじゃない？」

写真への情熱は、年々小さくなるどころか大きくなる一方。カメラを持って、自由にシャッターを切りまくる生活には、幸せすら感じるという。だから、サラリーマンなんかにならなくて本当によかったとも。

野暮は承知で、僕は最後に聞いてみた。なぜ、そこまでのめり込めるのか。飽きもせず、毎夜毎夜、彼を都会の闇だまりに向かわせるのは何なのか。

「やっぱり、狂ってるんでしょうな。だってそうじゃなきゃ、60のジジィがこんなことできっこないもん。正気に戻るまでは、ずっとファインダーを覗きながら生きてくんだろうね」

(F)アキバのホコテンにて。すべてのオタクたちがやりたいと願いつつ、できぬ行為をいとも簡単に実行する酔っぱらいオヤジ

平成の裏仕事師列伝……26

失踪請負人

逃亡先への道案内、新天地での暮らし、すべてお任せください

取材＋文＝神崎スキャット
フリーライター

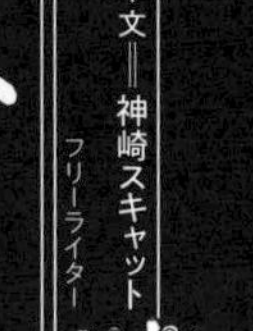

「平成の裏仕事師列伝07」07年11月

平成14年、警察が受理した家出人捜索願の件数は、約10万3千人（警察庁統計）。１日平均２80人もの日本人が行方をくらました計算だが、捜索願の未提出分を含めれば、その数は年間20万人に達するとも言われている。失踪の原因は家庭内トラブルの20％を筆頭に、仕事関係15％、疾病10％、異性問題５％と続く。

家族の一員や親しい人間が突如姿を消した場合、周囲の人間が抱える心労は言うまでもないが、当の逃げた本人にとっても、失踪は重大事だ。抱える問題に頭を悩め、逃亡を計ったのはいいとしても、いったいどこに逃げればいいのか。バレずに身を隠せる場所はどこなのか。そこでの暮らしは？

本稿で登場願う羽根友輝氏（仮名42歳）は、関西地方の某市で運送会社を経営しながら、失踪を決意した人間が安全確実に逃げられるよう、新天地への道案内を請け負う仕事人である。世捨て人たちは一体ドコへ向かうのか。自らを失踪請負人と称する羽根氏に現代の逃亡事情を語ってもらった。

荷物と家族を運んで1回70万円

羽根氏が先代の実父から運送会社を継いだのは今から平成元年のことだ。事業をさらに飛躍させんがため粉骨砕身働き、わずか数年で売り上げを倍に拡張、隣県に支店の新設予定という段階まで成長させた。

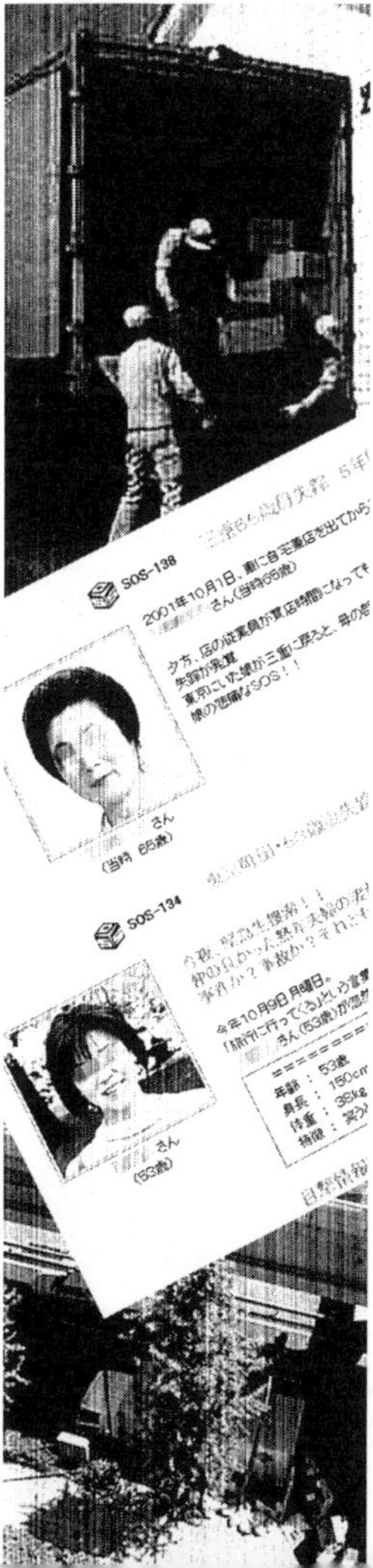

しかし、折り悪くバブルが崩壊。物流業界は真っ逆さまに下降していく。なにしろ大手の『フットワーク』まで倒産ばされた。

「支店どころか、ほんまに会社が潰れそうになった。なにしろ大手の『フットワーク』まで倒産っちゅう時代やから、従業員も次々に辞めてもうて」

口から出るのは、ため息ばかり。もはや倒産もやむなしという頃、得意先の製紙問屋に檄を飛ばされた。

『下ばかり向いとっても何も解決せんで。ワシもそうやけど、こうなったら人がやらんようなことせなアカンやろ。今、周囲の商売はどうなってる？』

どうなってるも何も、付き合いのあったクルマ屋や輸入家具屋などの贅沢産業だけでなく、商店街に地元スーパーまで虫の息。このままでは連鎖倒産に巻き込まれるのは必至だろう。

頼るべき銀行は、貸し剥がしという暴挙に出始めている。残された道は、借金を抱えたまま廃業、そして夜逃げしか──。

困惑する羽根氏に、製紙問屋は続ける。

『知り合いの弁護士が自己破産専門で商売しとるんや。どや、話だけでも聞いてみいひんか？』

早い話が、夜逃げの手伝いを請け負えってことだ。羽根氏は悩んだ。いくらせっぱ詰まったとはいえ、倒産につけ込んだような商売に手を染めていいのか。

しかし背に腹は替えられない。彼は、数日後、紹介された弁護士事務所を訪ねる。

弁護士は『法律だけではどうにもならない案件ばかりでな』と切り出してきた。

100キロから300キロほど離れた街へ、多重債務者の家族と荷物を運んで1回70万円の報酬。手伝ってもらえないか。

「金だけ見れば相場の3、4倍ですわ。けど、金を貸しとる相手いうんが非合法のヤクザ金融やと。連中は、自己破産しようが関係なしに追い込んできよるがな。万が一バレたら、シャレならんで」

躊躇して、二の句を継げないでいる羽根氏に弁護士が声を荒げた。

『初仕事は明後日なんや。あんじょう頼むで！』

数秒後、氏は静かに首を縦に振った。

逃げるなら白昼堂々

クライアントはブティック経営に躓き、自己破産した4人家族だった。逃亡先は人口40万の中堅地方都市。時間にして90分の距離である。

「夜逃げなんかいうから、最初は片田舎の農村でヒッソリ暮らすかと思うてた。けど、弁護士が言うには、都市の人込みの方が姿をくらましやすい、と。人口密度も高うて、仕事も見つけやすいらしいんやわ」

いざ現場に出向くと、ブティックの軒先には貼り紙が何重にも貼られ、傘立てやシャッターが無残な姿を晒していた。大手サラ金から暴力金融まで12社の借金は、積もり積もって3千万に達しているという。

「で、自己破産の免責がおりたその日に、身の回りの荷物だけ詰め込んで運んだんや。当時は、住民票とか、そんな事情は知らんから、全部弁護士さん任せやねん。ハンドルを握る手も震えとったぐらいでな」

兎にも角にも、目的地の街へ一家を運び、数日後、70万円の謝礼を受け取った。

「いざ札束を手にした途端、開き直った。定期的に仕事をもらって、会社も再建したるって」

こうして、羽根氏は弁護士の下へ足しげく通い、幾多の案件をこなすと同時に、逃亡ノウハウも習得していく。

「一番大事なのは時間帯。映画の『夜逃げ屋本舗』みたいに、夜中にコッソリってのは最悪や。金貸しは昼間に営業、朝夜に取立てが基本やろ。せやから白昼堂々と逃げるんや。それから、荷物の量も徹底的に絞らんとアカン」

テレビに冷蔵庫、洗濯機などの生活家電に、台所用品、仏壇、衣服、洗面道具、現金、地図のみ。子供のオモチャも禁じた。

「少しでも基準を緩めたりすると、家族は際限なく荷を積もうとするんや」

ちなみに、余った家財道具は弁護士を通じリサイクルショップに買い取ってもらうのが常套手段だったが、最近はネットオークションなどで事前に処分する客も増えたという。

「搬入はどんなに長くても1時間で終わらせる。作業中は、若い者にＰＨＳを持たせて周囲も見張らせとるよ」

近所で聞き込みに励む金融屋も少なくないため、車のロゴはあらかじめ剥がしてある。ときには、新品の冷蔵庫やテレビを荷台に積んでおき、家電業者の搬入作業を偽装するケースもあるそうだ。首尾よく荷物を積み込めば、ワンボックスに一家を乗せ、予約済みのビジネスホテルへ。そこで1日休みをとり、家族に夜逃げの意思を再度確認した上で、翌日、目的の住処へ送り届ける。

準備に余念なく万全の態勢で作業に挑むため、成功率は100％だと豪語した後、羽根氏は、「それでもエライ目には遭うこともある」と真顔で言う。

「6年ほど前や。いつも通りトラックを発車させたら黒塗りのグロリアが後ろをピタッとつけてな。ウィンカーなしでUターンしても全然振り切れへん。一通逆走や信号無視でも食い付いてくるから、これは奥の手使わなしゃあない思って…」

氏はグロリアを引き連れ、地元で有名な開かずの踏切に向かった。そこで、遮断機が降りる瞬間を狙って猛ダッシュ。一方、出遅れたグロリアは線路内で立ち往生してしまい…。

「次の日、新聞に衝突事故の記事が載っとった。まぁ運転手が死なんでよかったけど、あれはちょっと震えたな」

最低でも10年は潜伏してもらう

逃亡一家にとって重要なのは、新天地での日常生活である。むろん、住民票の異動などもっての他。債権保全という名目で、市役所からサラ金へ情報が筒抜けになってしまう。

「郵便局へ転居届け出すのも絶対アカン。届けを出してから1年間、郵便物が引っ越先に届くんや。金貸し連中の思うつぼやがな。古い住所に何度も簡易書留を送ったら、郵便局が親切心で新住所を封筒に貼って差出人に教えよるんや」

そんな面倒をかけなくとも、本人に成りすませば住所ぐらい楽勝で聞き出せると、羽根氏は言う。

金融屋のもとには、融資申込み書に記された膨大な個人情報が残されている。そこで、電話越しに『転居先に荷物が届かない。新しい住所の登録は、どうなっとんのや？』と声を荒げれば、いとも簡単に口を割ってしまうらしい。

「転居届を出すことがどんなに危険かアホでもわかる話や。でも、人間、逃亡先が確保できて2、3年暮らしたら安心してまうねん。身内や知人にも絶対連絡先を教えるなとキツく釘刺しとんのに、ついつい口を滑らしてまう」

大手サラ金の金銭貸借の時効は5年。暴力金融は、社員の個人貸借で貸し付けてるため、時効は表向き10年（現実にはヤミ金に法は無関係）。羽根氏に言わせたら、最低でも10年は連絡先を明かさず暮らす覚悟が必要だという。

「潜伏10年いうたら気が遠くなるのはわかる。けど、それを守れんばっかりに、命落とす人もおるのも現実やねん」

むろん、住民税を納めるような会社に就職するなど論外。その間は、風俗店やパチンコ屋、雀荘などの水商売系か、肉体労働で生計を立てるよりない。

また、小学生や中学生の子供がいる場合は、転居先の自治体や学校に相談した上で通学させるしかないが、それはあくまで一時的な処置。長い逃亡生活を考えた場合、親戚などへ預けるのが一番らしい。

酒乱で暴力を振るう夫から逃げたい

弁護士お抱えの夜逃げ運送を始めて16年。現在も月3件ほどの依頼を受ける一方、羽根氏は7年前ほど前から自らも積極的に営業を開始。タウンページやフリーペーパーに『夜間引越しOK・秘密厳守します』と広告を掲載した。

「月に30件ほど問い合わせがあって、仕事になるのが4、5件いうとこやな。最初はやっぱり多重債務者が多かったで。けど、5年ほど前から、ごく普通の主婦やOLさんが現れるようになった。旦那や彼氏の暴力とか、ストーカーに耐え切れず、泣きついてくるんや」

こうした場合、料金は荷物の量や移動距離に応じて30〜50万円。借金の夜逃げと比べ割高に設定している。

「素人は怖いで。金融屋は金のことしかアタマにないけど、女に狂った男は嫉妬と意地が交じり合っとるから。いよいよとなったら、ほんまに殺しかねへん」

平成13年春のことだ。羽根氏の事務所に29歳の主婦がやってきた。頬や目の周りはドス黒く腫れ上がり、足を少し引きずっている。足元に4歳の幼稚園児がいなければ、格闘技の敗者にしか見えない姿だった。

『夫が極度に嫉妬深い人で、酒乱で…』

主婦が語り始めた詳細はこうだ。35歳の夫は一流商社勤務の若きエリート。が、その正体は1日30回、40回と電話をかけてくる偏執狂で、酒を飲んでは暴力を振るう。このままでは自分の身が危ない。どうにか、夫の目が届かない場所へ逃げ隠れたい――。

「事情を聞く限り、問題は旦那の監視や。なにせ昼夜問わず在宅確認の電話が来るらしい。で、少しでも出るのが遅れたり、留守電になったりしたら、どえらい剣幕で怒るらしいねん」

考えた末、羽根氏は自宅の電話を依頼人の妻の携帯に転送設定しておくとにした。これなら、たとえ外出していても自宅にいるフリが可能だ。

「とりあえず夫を安心させといたら、逃亡作業も楽になる。後は出たとこ勝負や」

荷積みが終わった瞬間、包丁を持った旦那が

決行日、夫の出社を離れた場所から見送った羽根氏は、大急ぎで梱包作業に取り掛かった。借金の夜逃げと違い、旦那と同居中の妻を逃がすには、荷造りは当日行わなければならない。

依頼人の言うとおり、その夫は駅のホーム、会社の入口、トイレと、場所を移すたびに電話を

かけてきた。聞きしに勝る偏執ぶりである。ならば、荷物より先に奥さんと子供だけでも逃がしておくか。

思うが早いが、氏は2人をバンに乗せ、若い従業員の運転で車を山陰地方へ走らせた。残されたメンバーは全力で梱包作業に取り掛かる。

と、30分もしないうちに、高速を走ってるはずのバンから電話がかかってきた。

『羽根さん、マズイっすわ！　ちょうどトンネルに差しかかったところで電話が入ってしもうて。電波の状況が悪くてダンナにバレてしまいました。一刻も早く積み込みを終わらせてください！』

連絡を受け、大慌てで作業を終了、2t車に乗り込んだ直後、背後で1台のタクシーが停まった。ミラーの中に、旦那らしき男の姿が映った。と、包丁片手にマンションの中へ駆け込んでいくではないか。もはや一刻の猶予も許されない。

「マンガみたいな話やけど、そんなときに限ってエンジンのかかりが悪いねん。そしたら、2分もたたんうちに旦那が戻ってきてな。部屋の中を見て、ぜんぶわかったんやろ。物凄い顔でこっちに向かってきよったで」

間一髪で振り切ったものの、この一件で嫌気が差した、若い従業員が1人職場を去った。

「毎月、危険手当も含めて手取り50万ぐらい渡しとるんやけど、命と天秤にかけたら、割に合わんからなぁ」

ちなみに、十数名からなる従業員の大半は、元暴走族やヤンキーなど20代の勝気な若者ばかりだという。

ない。

『もう嫌になった』だけの理由なき逃亡

ストーカーやDVからの逃亡は、人助けにもなるが、羽根氏の元には理解不能な依頼も少なくない。

耳を疑う依頼も増えてきたと、羽根氏は話す。

「指名手配されとるから女と一緒に逃がしてくれとか、10歳ぐらいの少女を連れたオッサンが『どこか遠くへ』って事務所に来たこともあった。どう見ても親子やない。警察に通報したろか思たで。依頼？　もちろん断ったがな」

物理的に不可能なケースも、絶対に受け付けない。ゾウガメ5匹、グランドピアノ2台、呆れたところでは、10年間買い続けた『週刊少年ジャンプ』全冊と一緒に夜逃げを頼まれたこともあった。

「寝たきりの婆サンを置いて夜逃げしたいってヤツもおったな。さすがに腹立って電話越しに説教したったわ」

羽根氏によれば、ここ2～3年で急増しているのが理由なき逃亡者たちだという。

借金もない。仕事も普通にしている。にもかかわらず、今の環境が気に入らないからといって、新天地を望む20～30代が増えているそうだ。

「コッチがなんぼ突っ込んでも『もう嫌になった』としか言わん。まぁ断る理由もないから20～

30万で請け負ったるけどな」

まずは、ボストンバッグに衣服や洗面用具、現金を詰め、キャッシュカードは失踪前に廃棄させる。銀行は近親者にはガードが緩く、いとも容易く足が付くという。

逃亡先は、大都市のカラオケボックスやサウナ、インターネットカフェなど。リサーチ済みの監視の緩い店から、お好みで紹介するのが通常だ。

「格好の隠れ家やからな。個室のマンガ喫茶で職質かけたら、4人に1人ぐらいは家出人登録かかってるんちゃうか。仕事が決まれば、アパートを借りるための保証人代行屋も紹介したるよ」

実行日が決まったら、堅く他人には漏らさず、いつも以上に平凡な毎日を心がけさせる。そして最後に、一枚の書き置きを――。

『生活のすべてが嫌になりました。とりあえず家を出ます。心配しないで下さい』

いわゆる失踪宣言書だ。自筆で日付と氏名、自らの意思を綴った宣誓書は、法律でもきちんと拘束力が認められている。そのまま7年経過すると晴れて「死亡」が認められ、本人の財産の分与や元の配偶者も離婚となる。

この救済措置、本来は、遭難者や海外の行方不明者たちの家族のためだが、生きてる人間にも適用され、それをうっかり出し忘れたがため地獄を味わった依頼人もいたそうだ。

「家族が大騒ぎして捜索願を出してな。まぁ、そこまでは普通の話なんやけど、依頼者の顔写真がテレビで放映されてしもたんや」

なんと、テレビ朝日系『TVのチカラ』という番組に家族が顔写真を投稿、後日、強制送還さ

れてしまったというのだ。羽根氏が就職を世話した運送屋の得意先に情報提供されたらしい。

「後で知ったんやけど、この依頼者、同居していた嫁とその両親に奴隷同然の扱いを受けとってな。最初に言うてくれたら、もっと確実な逃亡先も用意できたのに。ほんまに悔しいわ」

逃亡者には逃亡者の理屈がある。氏は、お涙頂戴のテレビ番組を見る度に、吐き気を覚えるそうだ。

残された家族は静かに待つのが一番

1年なり2年なり期間限定の逃亡なら、簡単な衣食住を世話するだけで相応の生活はできる。

ややこしいのは、新天地での永住を望んだ場合だ。ネックとなるのは、やはり住民票や健康保険だろう。

「一番確実なのは、戸籍を買う方法やな。ホームレスでは年齢が高すぎてアカン。ブローカーが日雇い連中から40万で仕入れたのをオレが70万で買うて、それを100万で客に卸すんや」

他にも荒技がある。役所で住民基本台帳を閲覧、とある方法で戸籍謄本を1通入手し、印鑑証明や健康保険証などの各種身分証明を勝手に作ってしまうのだ。

「実在する人物になり切るんやから、リスクは大きい。滅多に指南せーへんけどな」

逃亡者は、あくまでヒッソリと暮らすのが筋。過去には、完全に身分を消すため、お寺へ出家させたケースもあるという。

「単独失踪の場合、最大の問題は残された家族なんや。警察も動かれへんから、何も知らずにアコギな興信所に依頼したりする。3年ほど前に、消えた人間の友人がヤクザまがいの探偵にボコにされ、居場所を吐いてしもたこともあったんや」

羽根氏が、知人にも家族にも、絶対に連絡先を告げるなと釘を刺すのは、こうした危険を予想してのことだ。

「逃げた人に無事に戻って来て欲しければ、慌てず騒がずジッと待てることや。逃亡者がなんぼ新しい職場や住居を手にしても、結局は孤独や日々の苦労に耐えられなくなり、また元の鞘に収まろうとする。経験から言って70％以上が帰っていくで」

失踪請負人 それから

逃がしてやった先で犯罪を犯すバカが増えて困っとんのや

平成の裏仕事師列伝

取材＋文＝神崎スキャット
フリーライター

寺院や修道院なら完全に気配を消せる

平成19年9月某日。日焼けした顔をニッコリさせながら待ち合わせ場所に現れた羽根氏は、開口一番、言った。

「いやぁ、あの記事が載った後、憎き『TVのチカラ』が終了してよかった。プロデューサーの裏金疑惑が降って湧いて、ホンマ、溜飲が下がったわ」

逃亡する側の意見を無視した偽善番組に嫌悪感を抱いていた同氏。現在の失踪事情は以前とナニが変わったのだろうか。

「家族連れが減って、単身者が増え続けてる。それも理由は現実逃避やから、笑われへん」

生活が面白くなく、将来に希望も持てない。かといって自殺する根性もない。そんな惰性人間が着の身着のまま今から逃げ出したいという。

「最近、よく使う手が出家やね。新興宗教は信者集めに必死やから、駆け込み寺として宿泊できる施設には、つながり持つようにしとる。T教とかメジャーどころではなくもっとマイナーなとこ。身分証明書や住宅を用意せんでもイケるし、その宗教にハマったとしても、個人の自由やから」

あまり知られてないが、市井の寺院や修道院などでも、修行を条件に滞在させてくれるところがあるという。たとえ犯罪歴があっても、仏や神の前で人は平等。生活の面倒を見てもらえるそうだ。なにより、集団に溶け込むことで個人の気配を存分に消せるメリットが大きい。

「当たり前やけど、一番ラクなのは、自分で逃亡先を探してくれる依頼者やな。失踪生活では、男女に限らず精神力を消耗する。だから支えになってくれる女や男がほしくなるもんや。客の中にも、ヒモになって過去をほとんど完璧に消せたヤツもおるよ」

とは言うが、そんな好条件のパートナーを自ら探せる人間はそうはいないのでは？

「正直、男はムリやな。逆に女ならナンボでもいける。結婚相談所のスタッフが、お見合いサイトであぶれた男どもを斡旋してくれてな。それを紹介したんねん」

そこで女性たちに求められるのは夜の生活。好きでもない男に抱かれる苦痛に耐えられれば、3食昼寝付きの暮らしが待っているという寸法だ。

むろん、中には、我慢できずに、再失踪の依頼を相談する者もいる。

「いっそのこと整形して、一生自分を消したいっていう娘もおる。この商売、人脈が広がって美容整形のセンセなんかにもツテはあるから。ただ、大金がかかるから、マジで実行したケースはないな」

顔を変えてまで完全失踪を願うのは犯罪者か、あるいは生命の危険にある者だろう。

そこまで語ると、羽根氏の顔つきが一瞬厳しくなった。最近、気になる現象が急増しているらしい。

「せっかくコッチが必死になって逃がしたってんのに、逃亡先でワケわからん犯罪をおかすケースが増えて困っとんのや。まるで、わざと目立ちたいような振る舞いや」

一度失踪したら二度と元には戻れない

平成19年9月4日、氏の言葉を裏付けるような、象徴的な出来事が起きた。静岡で少女をクルマで拉致しようとした男が刺殺された殺人事件だ。羽根氏が直接携わった案件ではないが、驚いたことにこの両者、警察に捜索願が提出されていた立派な失踪者だった。特に男の方は同様の失踪騒ぎを15年前にも起こしていたらしい。

羽根氏の依頼者にも、似たようなハプニングを起こす者がいる。

「逃亡先で婦女暴行や窃盗を起こした者もいて、ほんまタマランで。コッチにいつ飛び火するかわからん。他にも無銭飲食でパクられたヤツもおったな。普通に仕事もしてたし、事件直後にはポケットに2万円も入ってたから、金がないワケじゃない。ほんま、こいつらいったい、何がしたいねん」

逃亡者たちの心理を強引に解読してみれば『人恋しくなったから』ではなかろうか。結局、人間は1人じゃ生きられない。家族や知人に自分を見つけてもらいたい余りに、騒ぎを起こす。一応、筋は通ってる気がするが…。

「でもなぁ、現実はそんな甘いもんやない。コレだけは憶えておいてほしいんやけど、いったん逃げ出したら、二度と元の人生には戻れない。軽い気持ちで失踪したサラリーマンが、4年ぶりに家に戻ったときの話したっけ？」

7年前のことだ。32歳の会社員が羽根氏の元を訪れた。

亡くなった父から受け継いだ実家で、妻子と実母の4人暮らし。世間から見れば、相当に恵まれた生活環境だったが、ノルマ主義の職場に耐え切れず、男は安易な気持ちで失踪を果たす。母の年金と妻のパート代があれば、ラクに暮らしていけるだろう。家族の生活は一生心配ないという計算だった。

ところが、独身生活を満喫していたところ、気付けば心にポッカリ穴が空いた。そして失踪から3回目の正月を越えたある日、彼は耐え切れずに実家を訪れる。

と、かつて見慣れた家は、表札が別姓に変わっていた。どういうことだ？　我が目を疑いつつ、近所の人間に聞いて回ると、恐るべき事実が明らかになった。

「奥さんが家を売り払った金で、ダンナの居場所を探してたんや。けど、その頃からお母さんが精神をおかしくして施設へ送られ、後日、会社員本人が再会を果たしても会話にならなかったらしい。ほんで、もっと悲惨なのが奥さんと子供でな」

彼が必死に妻子の住所を突き止めたところ、転居先は、今にも朽ち果てそうなボロアパートだった。離れた場所から様子を窺っていると、成長した子供は洗濯機の横でうずくまり、妻が派手な化粧で情夫らしき男を連れて帰ってきた。

水商売に身を落としたのは明らかだ。しかも帰ってくるなり、子供を叱り飛ばし、情夫を部屋へ連れ込んで喘ぎ声を漏らし始める。まさに地獄絵図だった。

「逃げる以上は、家族や友人がどんな悲惨な目に遭おうと、腹を決めなアカンねん。強制記憶喪失にでもなる覚悟や。さもないと…」

自分まで気が狂うほどの地獄を味わう

『TVのチカラ』は6月30日の2時間スペシャルの放送をもって最終回となりました。
番組スタート以来4年半に渡り、視聴者の皆様からは、実に4万7千件を超える
情報提供をいただきました。さらに、番組に対するご声援、
ご協力をいただきましたことに対し、この場を借りて改めて感謝を申し上げます。
本当にありがとうございました。

なお番組で取り上げた事件等について何らかの情報をお持ちの方は、
今後は最寄りの警察署、またはテレビ朝日の視聴者窓口「はい!テレビ朝日です」
へお知らせいただきますよう、よろしくお願いいたします。
(詳細はコチラ)

『TVのチカラ』スタッ

ことになるで。羽根氏はいつもにもまして真剣な顔つきで言葉を吐き捨てた。ちなみに、その会社員は現在鬱病を患い、公園でホームレス生活を送っている。

平成の裏仕事師列伝……27

犯罪プロデューサー

簡単確実なのはATM強盗。高額狙いなら現金輸送車襲撃

取材＋文＝中本杏子
フリーライター

月刊「裏モノJAPAN」06年12月号

某シンクタンクの統計によると、ここ数年の間に日本の治安が「大変悪くなった」と答えた人は全体の36・4％を占め、「悪くなった」（53・1％）とあわせ、国民の9割が体感治安の悪化を訴えているという。

強盗や殺人などの凶悪事件や未成年者による犯罪の増加もさることながら、架空請求や振り込め詐欺、スキミングなど次々に登場する新手の犯行が恐怖感を生み出しているようだ。

かつて犯罪の根底には、痴情や怨恨など、被害者と加害者の間に何らかの接点が存在した。が、現在は、両者につながりがないことの方が多い。裏を返せば、それだけ純粋な金目的の犯罪が増加したということに他ならない。

「実際のところ、割り切ってしまえば、犯罪ほど利益率のいいビジネスはないんですよ」

そう語るのは里中佑樹（仮名）、32歳。自らの手を汚すことなく、客が希望する額に応じた犯罪を計画し、やり方を教え、報酬を得ているという人物だ。

「リスクを限りなくゼロに近づけ、ハイリターンを求めたら、この形になったんですよ。言ってみれば【犯罪プロデューサー】ってとこでしょうか」

経済規模5千746億円以上ともいわれる犯罪ビジネスの裏で暗躍する男の仕事とは？

大学院出ただけで世の中渡っていけない

犯罪をプロデュースする男と聞けば、凶悪で冷酷な人間を思い描くかも知れない。が、約束のファミレスに現れた里中は、元サッカー日本代表の宮本恒靖氏に似たイケメンで、女子校の人気教師と言った方がピッタリくる風貌を持ち合わせていた。

「いや、実際、02年まで学習塾をやってたんですよ」


自販機荒らしの認知件数は年々減少してるというが…

某国立大教育学部の大学院まで出たという里中は卒業後、地元関西で学習塾を立ち上げた。学生時代に思い描いていた教育方法を実践し、父兄の評判も上々。徐々に生徒数も増え、銀行から借りた開業資金の5百万も滞りなく返済が進む。すべては順調だった。

ところがオープン3年目、人生を180度転換させるトラブルが里中を襲う。

「経営が軌道に乗って、どっか隙があったんでしょうね。『半年で借金を完済できますよ』なんて売り込んできた業者の口車に乗って、英語教材の委託販売に手を出してしまったんです」

言われるままに在庫を抱え、懸命にセールスしたが、まったく売れない。結果、借金は減るところか1千万近くに膨れあがった。

そこにタイミングよくかかってきたのが『クレジットカードを現金化しませんか』という勧誘電話だ。藁にもすがる思いで訪ねた里中に業者は言った。カードを作って紛失したことにしましょう、と。「私名義のカードで業者が金券などを買いあさり、私はカード会社に盗難届を出す。で、買った商品を買い取り屋で現金化する単純な手口ですよ」

100万近い金を作れたはずが、里中の取り分はたったの30万。事情を知らず喜ぶ彼に、買い取り屋がポロっと漏らした。

『オレたちは教材業者とグルなんだよ。あんた、大学院を出たらしいけど、世の中はそれじゃ渡っていけねぇんだよ』

詐欺師たちにカモられ、普通なら怒り出すところだが、里中は転んでもタダでは起きない。

「悔しいと思う以上にこんな世界があったのかって、好奇心を刺激されたんですよ。でも、よくよく考えれば業者の顔も事務所もバレてるから、もし私が警察に駆け込めば摘発されかねない。自分ならもっとウマクできるんじゃないかって考え始めたのが今の仕事のきっかけなんです」

料金先払いで金儲け情報を販売

手始めに里中は、トバシのプリペイド携帯と架空口座を用意し、インターネットのアングラサイトで『情報』を売り始めた。

《本日、20万円以上必要な方、ご連絡ください》

掲示板で呼び込んだ客とフリーメールでやりとりし、取りっぱぐれ防止のため、相手が希望する額の20％を先に徴集。入金確認後、カード詐欺の方法を証拠が残らないよう口頭で伝えることにした。

「ただ、内容は具体的ですよ。よくある『金儲け情報』と差別化を図るため、相手の職業や年齢にあったカードの選び方や、買うべき商品、換金する店、紛失届を出すタイミングまでをコト細かに教えました」

もっとも、あくまで里中の仕事は情報販売。ログが残るメールの題名は《金儲け情報》で統一し、電話口でも『こんな方法もあります』と、決して指示はしてないというスタンスを崩さなかった。

なるほど、よくできた話に思えるが、疑問もある。金に困った人間に、たとえ20％でも先払い出来る余裕などあるのだろうか。

「確かに先払いと聞いた時点で逃げる客もいます。けど、1時間足らずで最低30万が手に入るって説明すれば、残りの半数は親や友だちから無理してでも借りてくるんですよ」

アングラサイトに書き込みを続けている里中に、そのうち予想もしない人間がコンタクトを取ってきた。裏社会の人間だ。

「《何やってんの?》みたいな探りから始まって、情報交換に発展したり、客になってくれたり。で、だんだん、《金に詰まってて口が堅いのいねーか?》《もっと金になる仕事はないか》なんて話がくるようになったんです」

自分の仕事が一定の評価を得ていることは素直にうれしい。人脈を拡げたら、売上げ増にもつながるだろう。が、相手は裏社会の人間。関われば厄介な事態に巻き込まれるやもしれない。進むか引くか、決断の必要に迫られた里中は、果たして学習塾を畳み、裏の仕事を選んだ。04年秋のことだった。

《急な金策、お助けします》《5百万まで相談乗ります》

カード詐欺だけではない【犯罪塾】の開設に向け、里中は3人のメンバーを集めた。学生時代の後輩（26歳）と、元大使館員の中国人（20代）、そして42歳の元銀行マンだ。

「後輩ってのは、2コ下のゼミ仲間なんですけど、学校出て教師になったはいいが早々辞職した男で、きっと興味を示すだろうと声をかけてみたんですよ」

二つ返事で承諾した後輩が連れてきたのが、使い込みが発覚し、国に帰るに帰れない中国人青年だった。

「エール大学まで出て、日本語も英語もペラペラ。本当なら、国を動かす人材なんでしょうね。元銀行マンの男も不祥事を起こして辞職したんですが、三十代で副支店長候補だったヤリ手です。仲間には恵まれましたね」

結集した4人の英知はすぐに動き出した。国内外の犯罪データを調べ、手口を分析。入手可能な金額ごとにノウハウをまとめ上げていく。

《急な金策、お助けします》

《500万まで相談乗ります》

これを『闇の職安』など、裏の求人／求職サイトに書き込むと、途端に客が殺到した。

「希望額が100万までならそれまで同様、メールで様子を見て、入金があれば情報を教えるって具合に対応します」

具体的なメニューには、カード詐欺の他、自販機荒らしが加わっていた。

「実は自販機を誤作動させる方法があるんですよ。詳細は勘弁して欲しいんですが、金券ショップ屋の自販機って知ってます？　新幹線切符が買えるの。あれなら軽く20万は入ってますから、5台やればすぐ100万になる」

10万や20万なら、改造スタンガンを使う。放電端子に取り付けたループ状の銅線を札の読み取り口に挿入し、スイッチオン。ショートした自販機は、バールでトビラをこじ開けても警報音が鳴らない。

「タバコは千円札で買うケースが多いんで、結構、入ってるんですよ。おまけにＪＴの自販機って、カギだけですから。その点、ジュース類は小銭ばかりの上、カギの他に金属の格子みたいなのが組み込んであって開けにくいんです」

道具を提供すれば、万一の場合、共犯となる。よって、改造方法は教えても、必要なアイテムはすべて客に自ら用意させた。

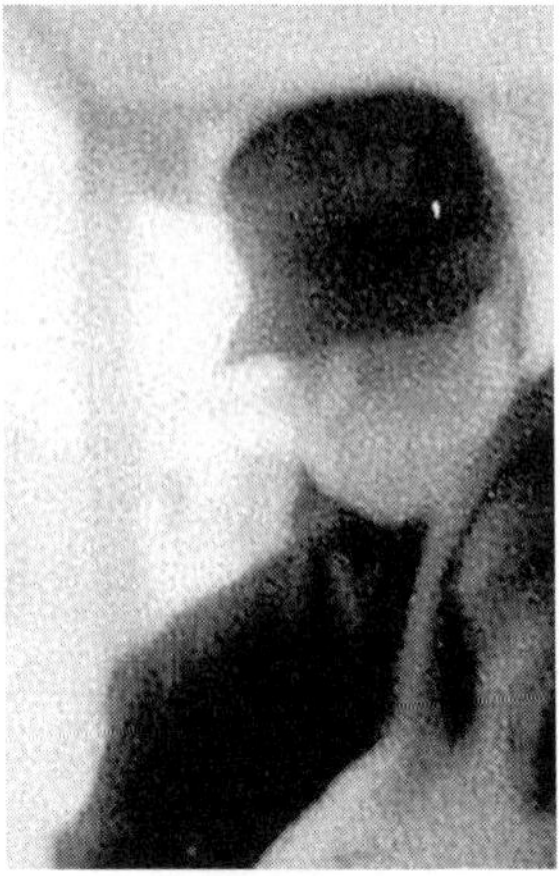

《××商店街にはＪＴの自販機が5台あります。深夜1時と3時にパトロールが来るから、余裕をみて1時半から2時半までの間に実行すればいいでしょう。逃げる際は、防犯カメラのない○○通りへ。万一、職質されたときに不審がられないよう札だけ盗って財布に入れて置くのが通常です》

オプションとして、細かい指示を出すこともあった。が、それでもドジを踏む客もいる。

「欲をかいちゃうんですよ。小銭まで全部盗ろうとして時間がかかり過ぎ、パトロールの警官に見つかって現行犯逮捕。私のことを話したかどうかはわかりませんが、もし話したところで、客は私たちの本名も住所も知りませんし、メルアドや携帯番号も頻繁に変えてる。関わりを立証するのは難しいでしょうから警察は相手にしないと思いますよ」

ATM強盗の狙い目は田舎のスーパー

現在、メインの客筋は、運転資金が必要な中小企業の社長と、手っ取り早く起業資金を稼ぎたい20～30代だという。額にして500万以上。10日で1千万作れないと会社が倒産してしまうと泣きついてくる客も少なくない。

「そんな場合は、ATM強盗ですね。同じように困ってる3人を組ませて、作戦を授けるんです」

この場合も、手数料は20％。親戚や知人に土下座するなり、死にもの狂いで金を作ることで、客も犯罪に手を染める覚悟ができると里中は言う。

「話が決まったら、まず2人を採石場などに通わせるんです。重機やトラックを扱えないと話にならないですから」

バイト代はいらない、なんなら多少の手数料を出すと現場監督と交渉し、大型車の運転を覚えさせる。車の免許を持ってれば、2、3日で動かせるようになるそうだ。

その間に、里中チームはあらかじめピックアップしておいた場所に赴き、自分たちの目でターゲットを選ぶ。

「郊外のショッピングセンターや大型スーパーの駐車場に置かれたATMを狙うんです。ほら、田舎って週末になるとそういう施設にドっと繰り出すじゃないですか。しかもATM（現金自動預払機）と言いながら、客は引き出すだけ。だから金曜の夜には2、3千万の金が入ってるのがザラなんです」

これに、①逃げるのに不自由しない幅の道がある、②逃走用車両を停めておいても不自然に思われないスペースがある、という条件が加わる。

ショベルカーなどの重機もできれば近くで調達したいが、パトカーに出くわさない限り、単に道を走る重機をとがめ立てする者はいない。大抵の町には工事中の現場があるため、その点はさほど心配はいらないのだとか。

ターゲットが決まれば、何日か張り付いて警備態勢をチェック。実際に犯行時間に逃走ルートを走り、納得がいけば準備完了だ。

犯行に5分以上かかったらあきらめましょう

「こういうケースでは逆に、キッチリ客と会って計画を伝えます。一緒に現地に出かけ逃走ルートを走りながら覚えさせるんですよ」

——この工事現場は午後5時に作業が終了し、後かたづけが済めば無人になりますんで、重機とトラックが調達できます。

——はい、ターゲットはこのスーパーです。駐車場に地銀のATMがありますね。これをやります。

——午後8時に閉店しますが、12時までは警備員がいますし、深夜1時

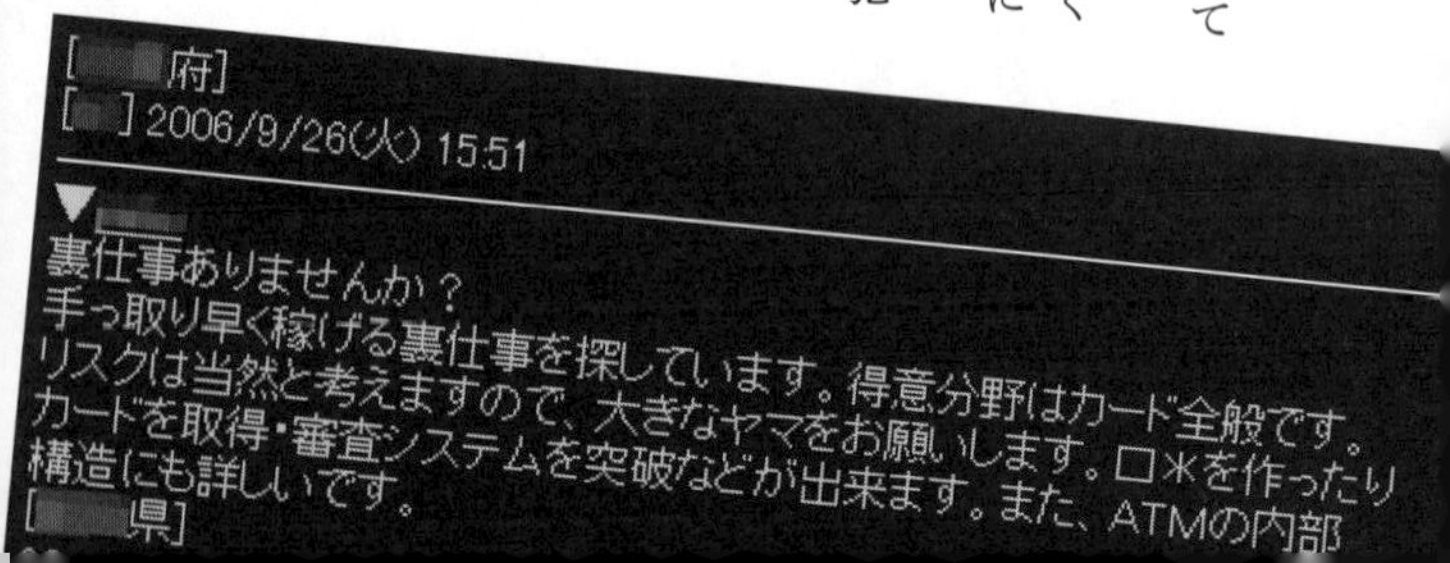
[[redacted]府]
[[redacted]] 2006/9/26(火) 15:51
▼[redacted]
裏仕事ありませんか？
手っ取り早く稼げる裏仕事を探しています。得意分野はカード全般です。
リスクは当然と考えますので、大きなヤマをお願いします。口＊を作ったり
カードを取得・審査システムを突破などが出来ます。また、ATMの内部
構造にも詳しいです。
[[redacted]県]

〜2時にかけてパトカーが回って来ますんで、実行するのは深夜3時過ぎがいいでしょうね。

―実験の結果、警備会社からは20分、最寄りの交番からも10分ほどかかりました。

―重機で建物を壊したらATMごとトラックに乗せ、ひとまず逃げます。5分もあればできるはずですが、もしそれ以上かかってしまったらあきらめましょう。ターゲットはいくらでもありますから大丈夫です。

―で、この道をこう走り、この公園の駐車場で用意しておいた車に乗り換える。車は盗むなり安い中古車を買うなりしてくださいね。

―ここまでくれば一安心ですが、監視カメラに記録されてしまいますから高速は使わないでください。国道にもNシステムが付いてましたんで、左の県道を行きます。

―わかりましたか？ あ、メモはしないで全部、頭に叩き込んでください。じゃ、もう

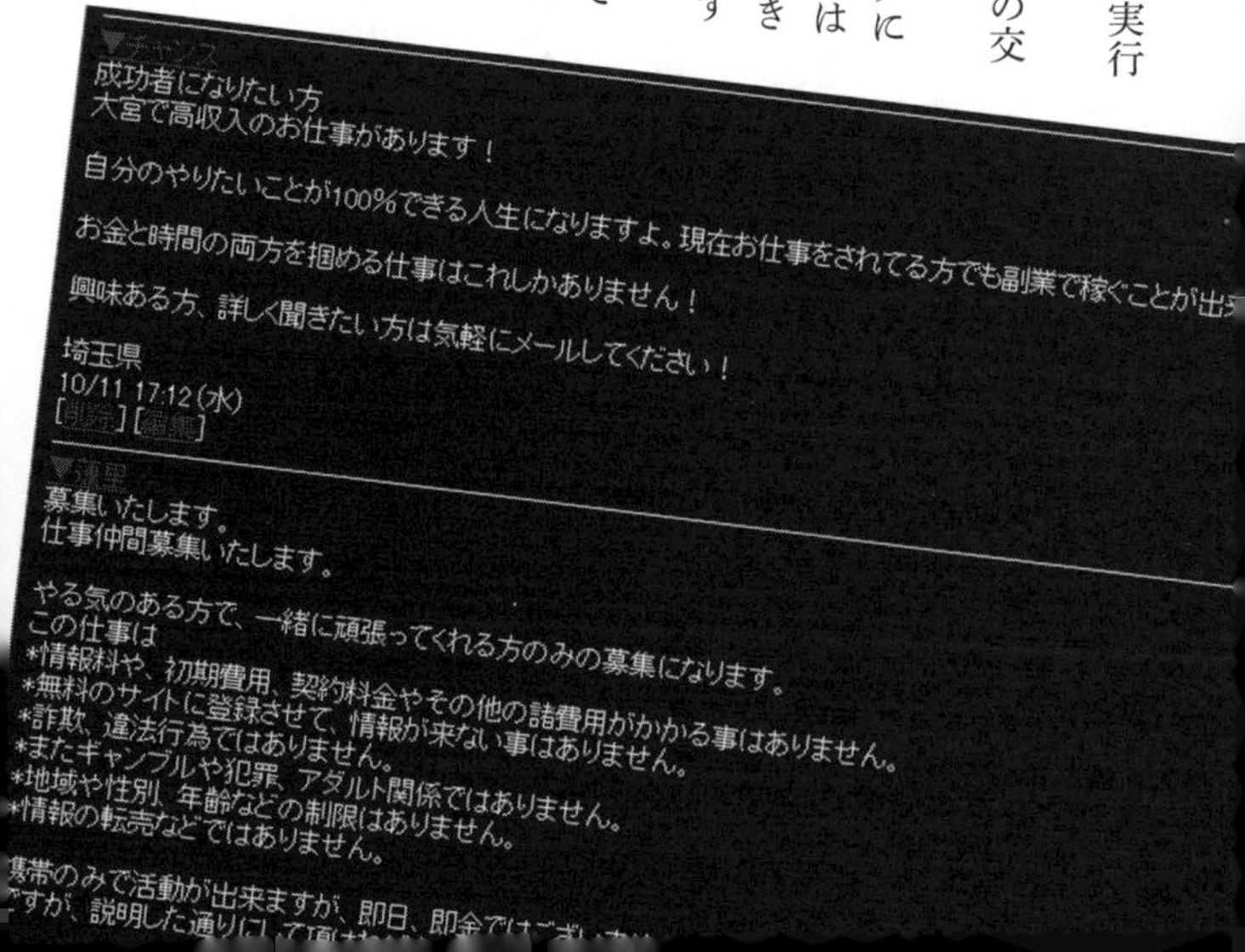
成功者になりたい方
大宮で高収入のお仕事があります！
自分のやりたいことが100%できる人生になりますよ。
お金と時間の両方を掴める仕事はこれしかありません！現在お仕事をされてる方でも副業で稼ぐことが出
興味ある方、詳しく聞きたい方は気軽にメールしてください！
埼玉県
10/11 17:12(水)
募集いたします。
仕事仲間募集いたします。
やる気のある方で、一緒に頑張ってくれる方のみの募集になります。
この仕事は
*情報料や、初期費用、契約料金やその他の諸費用がかかる事はありません。
*無料のサイトに登録させて、情報が来ない事はありません。
*詐欺、違法行為ではありません。
*またギャンブルや犯罪、アダルト関係ではありません。
*地域や性別、年齢などの制限はありません。
*情報の転売などではありません。
携帯のみで活動が出来ますが、即日、即金ではございません
ですが、説明した通りにして頂ければ

一度、最初から走ってみましょうか――。

その他、服装や用意する道具。現場近くのコンビニに入って防犯カメラに映らないこと。犯行時にタバコを吸うと、通行者が不審に思って見に来る可能性があることなど細かい注意点も上げるが、あくまで里中は計画を教えるだけ。

「ATMに関しては失敗はないですね。お蔭でリピーターが多くて。3人に2人は、またお願いしますって言ってきますよ」

職員自ら現金を運ぶ信用金庫なら

ATM強盗の他、里中の会社はなんと、現金輸送車の襲撃も扱ったことがある。

「元銀行マンがいますから、その辺の情報は詳しいんですよ」

例えば、ある信用金庫は、金庫に2億までの現金しか入れておかないこと、という内規がある。そこで信金は、週末になると2億を超えた分の現金を近くの郵便局に預け、月曜の朝に取りに来る。そこを狙ったのだ、と里中は言う。

しかし、無人のATMと違い、現金輸送車は専門の訓練を受けた警備会社職員が運転しているはず。にわか強盗団には、ハードルが高いような気がするが…。

「その信金、郵便局への持ち運びを警備会社に頼まず、職員がやってたんです。モデルガンを用意して、銃口を向けたら万歳しちゃいましたよ」

同じ市内に3店舗を構えるパチンコチェーンの現金輸送車を襲ったこともあるという。

「法律では、パチンコ店と景品交換所は別会社じゃいけないと定めてあるのに、大抵は名義を別にしてあるだけ。だから、開店前に前日の売り上げをそのまま景品交換所に運んでるところがほとんどなんですよ」

パチンコ店の売り上げが1日平均2～5千万ほどで、景品所に置かれる金は5百～1千万。そのチェーン店は、売り上げの余剰分を1人の人間が回って集め、最後に本店で警備会社の輸送車に渡していた。

「本店に戻ってきたところを狙ったわけです。1人が運転手兼見張り役で、1人がナイフを持って脅し、残りの1人が現金を奪う。確か、3500万ほど盗れたんじゃなかったかな」

3人が当初希望していた額は、1千万×1人、500万×2人。つまり里中が得た手数料は400万でしかない。

準備にかなりの手間をかけているのだから、追加で報酬をもらってもいいように思うが…。

「それをやれば犯罪教唆になっちゃいますよ。あくまで私たちは情報を提供するだけ。奪った金は客のものなんですよ」

あのテーマパークを何とかできないか

この4年間に、里中がこなした依頼は200件ほど。そのうち失敗したのは4件だという。

「現行犯で捕まった自販機荒らしと、カード詐欺でも1人、捕まりましたね」

ホストに貢いで借金を背負ったキャバクラ嬢に、カードの保険金詐欺の方法を教えた。里中の指示どおりに動き30万ほどの現金を得た彼女は、欲に目をくらませた。

財布ごと落としたと自分で届けたクセに、翌日もカードを使い、その場で警察を呼ばれたのだ。結局、親が金を払って起訴猶予になったという。

「あとは、これも自販機荒らしの一種なんですが、以前、パソコンでスキャニングした偽造紙幣を本物と認識しちゃう機種があったんですよ。なんで、テグスを付けたニセ札をお札の挿入口に入れ、読み取ったらテグスをグイっと引っ張って札を取り出し、返却ボタンを押す。と、本物の万札が出てきたんです」

この方法を教えた客が、偽造紙幣を悪用した。エンコー相手の支払いに使い、その女性が使った店でニセ札とバレたのだ。結局、女性に携帯のメールアドレス

05年、茨城のスーパー駐車場で起きたATM強盗では3千万が奪取された

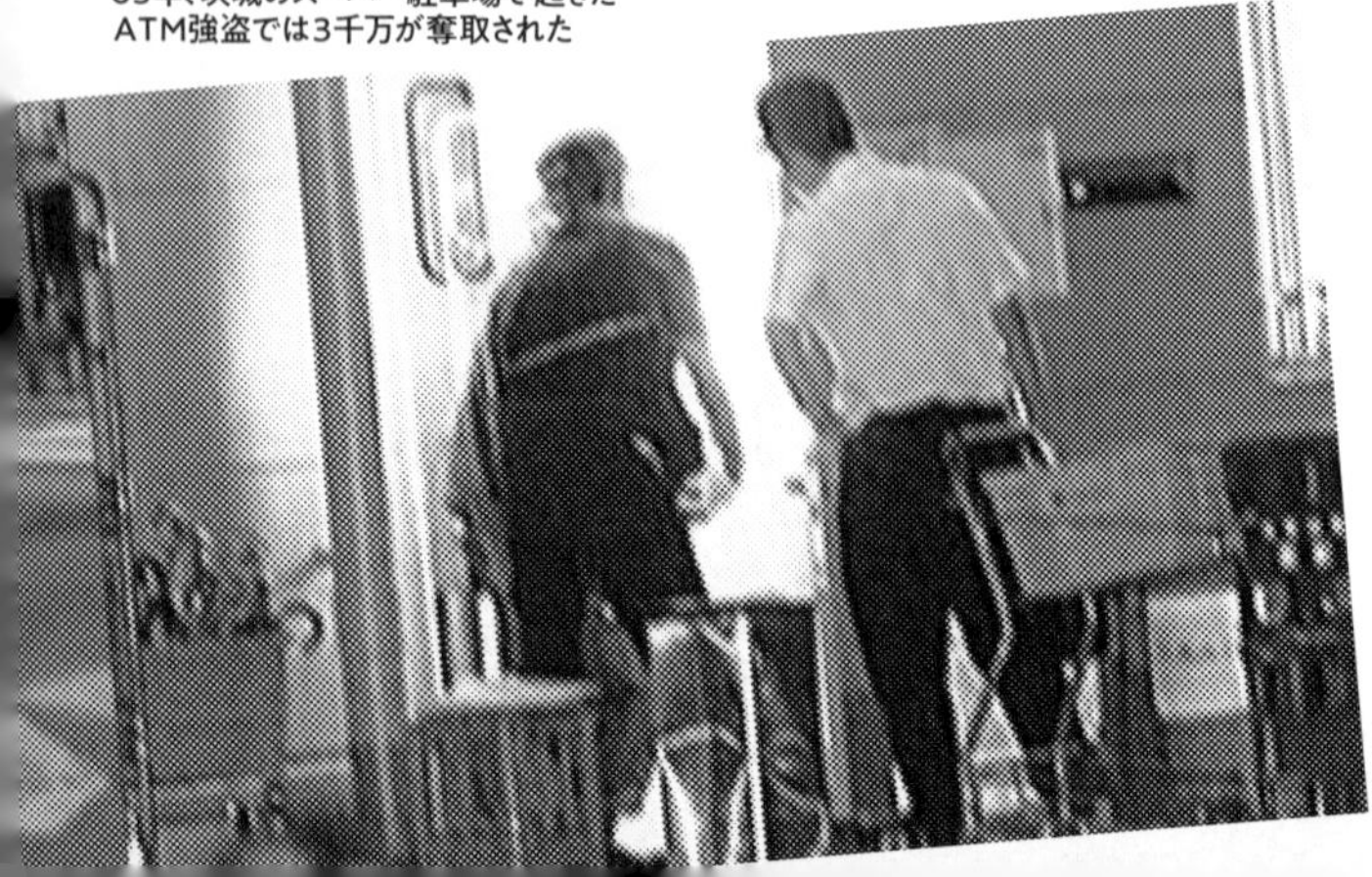

を知らせていたことから足が付き、逮捕となった。

「もう1件については詳しい話はできないんですが、まあ、一種の拉致監禁です。ある組織関係の方から紹介された客で、1度、景品交換所をやったんですよ。でも、4、5千万の借金を抱えてたらしく、もっとデカイ金が欲しいって頼まれたんです」

　里中の口振りからすると、成功した中にも、口外できない有名事件が数々あるのかもしれない。

「今の年収ですか？　どうでしょう、2、3千万ってとこですか。ネットの依頼を月に3件ぐらいこなし、時間があるときは株をやってます。この前の紀子様ご出産の際は、ベビーフードの和光堂と育児用品を扱うピジョン株で460万儲けましたよ」

　借金はとっくに完済。都内に分譲マンションを持ち、デイトレーダーとして税務署に申告もしているという。

「私が提案するのは、保険で補償されるものばかりなんですよ。犯罪とはいえ、被害者がいない。悪いことだとは思いますが、今は犯罪計画を立てるのが楽しくて」

　映画を見たり小説を読んでヒントを得る。街に出ても、考えるのはそのことばかり。

「コンビニのATMが気になって、1日向かいの喫茶店に居座り、利用者数をカウントしたこともあります。105円の手数料を払って下ろすんだから、1千円ってことはないでしょ」

平均1万円として、日に300人が利用すれば、最低でも300万以上の現金が補充してある計算になる。

オフィス街の店舗になると、1千万近い金が入ってることも珍しくない。現在、ターゲットに定め動いているそうだ。

「そんなちっぽけな話じゃなく、ほら、千葉のテーマパーク。あれをなんとかできないかと。だって、あそこで毎日、いくらぐらいの金が動いてると思います？　14億ですよ」

里中によると、夢の国を体現したテーマパークには、高さ3メートル×幅6メートルほどの地下道が何本か通っているという。客のイメージを壊さないよう、スタッフが移動に使ったり、ゴミやレストランなどの食材も、そこを走る電気車で運ばれているのだとか。

「ショップでも券売機でも、あんなに混んでいるのに釣り銭が足りないなんてこともない。不思議でしょ。地下道を使って補充してるんですよ。

売り上げも、閉園後、地下道を使って本社に運搬される。で、毎朝、みずほ銀行に預けられてるわけです。絶対、どこかに穴はあると思うんですが…」

端整に思えた顔が、なんだか幼く感じる。瞳をキラキラ輝かせながら夢を語る里中は、まるでテレビゲームにハマった子供のようだ。

平成の裏仕事師列伝

犯罪プロデューサー それから

喰うに困らないだけの金を蓄え仲間は離散したが、嘗役《なめやく》を味方に月200万

取材+文＝中本杏子
フリーライター

1年足らずの間に、日本の『犯罪地図』は大きく変わった。ところかまわず発生していたATM強盗に対策が講じられ、逮捕者が続出。工事現場で重機を盗もうとした段階で捕まる者も少なくない。

また、里中が集客に使っていた裏の求人&求職サイトも、関連事件の増加に伴い警察の監視が強化された。

犯罪をプロデュースするなど、しょせんは泡沫《うたかた》ビジネス。きっと客足が鈍り、廃業しているだろう。

そんな予想をよそに、里中は今も裏家業を続けていた。

「いやあ、確かにポテンシャルは落ちました。取り締まりが厳しくなったとかじゃなく、ハングリー精神がなくなったせいなんですよ。もう喰うに困らないだけの金は稼いじゃいましたから」

預金額が億を超えた時点で、まず中国人が離脱。裏のルートに金を積んで帰国し、今は手広く事業を展開しているらしい。

里中の後輩もＩＴ関連事業を立ち上げ、元銀行マンも帰郷した。この夏には耕し始めたばかりの畑で穫れたと、茄子を送ってきたそうだ。

「私も株の方が好調で、そっちに時間を取られるようになりましたし、裏サイトが当局に睨まれてる状況でしょ。いったんは足を洗おうと思ったんですよ。けど、リピーターさんがなかなか辞めさせてくれなくて。そんなとき嘗役《なめやく》に出会ったんですよ」

嘗役とは、作家・池波正太郎作の『鬼平犯科帳』で使われる言葉（池波正太郎の造語か？）で、ひとり諸国を歩き、自分が属する盗賊一味に適当な商家や民家を探しまわる人間を言う。

「ある裏組織の方に、おかしなヤツがいるからって紹介されたんです。たぶん、その人はやっかい払いをしたかったんですよね。気難しいし、頑固だし。けど、よくよく話を聞くと、このオヤジが面白い人なんですよ」

自分の家系図を調べてみたところ、祖先は島津藩の藩士ながら、代々裏で泥棒をやっていた形

跡が見つかった。なのに明治維新のどんでん返しで曾祖父は警察組織に潜り込み、父親も警察官を拝命していた。

自分も同じ道を歩こうとしたが色弱で不合格になり、ならばいっそのことご先祖様にあやかろうと、某大手警備会社お抱えの工事会社に勤務。こっそり嘗帳を付けているのだそうだ。

「嘗帳というのは、嘗役がターゲットとした商家の見取り図や家族構成などを記載したノートのことなんですが、そのオヤジも、自分が工事した会社や家の情報を細かく残してるんですよ」

里中がチェックすると、見取り図を始め、個人宅なら家族構成、勤務先。会社の場合は就業人数に営業時間、決算日。どんな種類のセキュリティがどの位置に設置されているか、防犯カメラや鍵の種類。交番と警備会社からの距離までが丹念に書き込まれていた。

だからといって、里中が無条件にオヤジを信用したわけではない。嘗帳に書かれた場所に何度も足を運び、ときには中に侵入して確かめた結果、信頼に足ると判断。以後、犯罪プロデュースの依頼には、嘗帳に載っているターゲットを紹介しているそうだ。

「実際、人手が足りなくて困ってたんですよ。前と同じレベルで情報を取ると、私1人じゃ日数かかりますからね」

例えば、300万をほしい客がいたとする。嘗帳の中から額が合いそうなターゲットをチョイスして方法を指南する。

「ATMのように、建物ごとガンと力業で行くのと違って大抵は侵入盗ですから、それなりのチームが必要なんですよ」

侵入には、防犯対策も含めた見取り図さえあればなんとかなる。無人のときを狙い窓ガラスを破れば中には入れる。

だが、狙うのは百～千万単位の現金が期待できる企業や個人宅だ。入ったところで簡単に金品が盗めるわけじゃない。様々なセキュリティが講じてあるからだ。

「まずは警備の解除ですよね。どの会社と契約してて、どんなタイプのセンサーだとかはわかってますから、解除法は教えられるんです。コードは何番だとか、このカギを使えばいいとか。けど他にも、どのガラスには針金が入ってるから避けなくちゃいけないとか、カメラがどの位置に設置してあるとか、防犯対策を専門に処理する人間が必要なんですよ」

さらには金庫を持ち出す者、その他の金品を探す者。場所によっては、ガスバーナーで部屋のドアを焼き切らねばならないケースもあるし、見張りを兼ねた運転手も欠かせない。

こうした計画を順序立てて説明し、客本人に準備をさせる。

「んですけど、実はリピーターの中に電気系統に明るい人やバーナーが使える人がいまして、何かあったら声かけてくれって言われてるんですよ」

客が自力でメンバーを集めてくるならそれでいいが、心当たりがない様なら里中がリピーターを紹介する。

報酬は、客から必要額の20％。世話したリピーターからは1回につき10万ずつを前払いでもらい、嘗役のオヤジと折半してるそうだ。

それでも月々の稼ぎは２００万を超えるという。

「監視が厳しいので、携帯の裏サイトに夜中だけ書き込むとか、そのぐらいなんですけど客は来るんですよ。よっぽど必死な人じゃないと私のところまでたどり着けませんから、プロデュースした案件については前より成功率は高いんじゃないですかね」

まるで他人事のように話す里中に、罪悪感はないのか。以前、聞いたことを敢えて再び尋ねてみた。

「うーん、どうなんでしょう…。金銭的には保険会社がカバーしてくれるでしょうし…。盗まれる側にもそれなりの落ち度があったんだし…」

ひょうひょうと語っていた里中が初めて口ごもった。彼がこのビジネスから足を洗う日は近いのかも知れない。

平成の裏仕事師列伝……28

ラブホテル売買ブローカー

取材＋文＝横山大輔
フリーライター

1回の取引で手数料が1500万円

月刊「裏モノJAPAN」08年9月号

これほど美味しい投資先は他にない

銀行預金にほとんど利子が付かなくなった現在、『投資』と聞いて皆さんは何を思い浮かべるだろうか。株式、投資信託、外貨預金、公社債、そして今話題のＦＸ（外国為替証拠金取引）といったところか。

公社債は比較的手堅いが、大化けもしない。株はリスクが高すぎる。マネー雑誌をいくら読んでも、安全確実な投資はない。

そんな中、我々個人と違って巨額の資金を動かせる人間だけに参加が許された投資先がある。

ラブホテルだ。

通常、不動産投資といえば、最もリスクの高いイメージがつきまとう。賃貸マンションなら借り主の突然の退去や家賃の滞納、土地は地価下落が恐ろしい。

が、ラブホテルは基本的に利用料収入が原資で、高い回転率が維持される限りリスクはない。

いや、物件しだいでは、これほど美味い投資先は他にない。と、彼は言う。

田中二朗（仮名）、43歳。長年、ラブホテル売買の仲介を手がけてきた男である。

本職は貿易業だ。詳細は書けないが、『日経ビジネス』『週刊ＳＰＡ！』『読売ウィークリー』等からの取材を受けたこともあるという。

田中が《副業》として、ラブホテル売買の仕事を始めるキッカケとなったのは、大学時代に在籍していた某格闘技サークルの後輩、井上（仮名）からの紹介である。

バブル最盛期だった20年前、人気の就職先は都市銀行などの金融関係で、田中本人も、その知り合いも大半が有名銀行に入った。が、井上の就職先は信販系のオリックス・アルファだった。

「周りから散々バカにされてたよ。ところが今は、都市銀行は不良債権処理の過程で多くの行員を子会社へリストラし、運良く残れた人間だってメガバンク同士の合併でとても安泰と言える状態なんかじゃない。一方で井上は、オリックス・アルファで着実に出世して、今じゃ執行部の一人として名を連ねている。実はヤツこそが一番の出世頭だったんだ」

オリックス・アルファは、ラブホテルへの数少ない融資先として業界では知らぬ者がいないほどの存在だ。

「8年ほど前に井上から、ラブホテルを扱ってみないかって話がきたんだ。オレは新卒で入った銀行を5年ほどで辞めて今の会社を起業したんだけど、人脈が広いってのを見込んだんじゃないかな」

リフォーム代が払えない物件が出回る

「売りに出されるホテルは共通点がある」と田中は言う。

新築当時、ピカピカだったラブホテルも3〜4年経つとどうしても傷みが目立つようになる。客室の床がブカブカになり、水回りや電気系統にガタがくる。女性が生理中でも平気で行為に励むカップルもいるから、シーツを替えてもベッドや床に染み込んだ汚れが取れなくなることも珍しくない。

「それに建物の外装も汚れが目立つようになるし、客室内に設置するテレビやカラオケ、空調設備なんかも最新の物に入れ替えないと客から敬遠される。そんな諸々のリフォーム費用が1軒あたり7千万から8千万円。現オーナーに金がなくてその費用を捻出できないホテルが市場に出まわるのさ」

売りに出されるラブホテルなんて、オーナーであった親が死んで相続税支払いのためにやむなく売却せざるを得なくなった物件か、風営適正化法に違反し、営業停止処分を食らって経営を維持できなくなったホテルだとばかり思っていたが、実態はあくまでも収益ベースのビジネスライクな理由のようだ。

では、逆にラブホを購入したい人間は、どこで情報をキャッチすればいいのか。ラブホテルはビジネスホテルや旅館と違い、旅館業法のほかに風営法上の許可を必要とする、いわば大っぴらにできない不動産だ。もちろん、一般の賃貸情報誌のような類は存在しない。

「ネットを探せば、レジャーホテルという名称でいくつかの物件情報を見つけられるけど、それはごく限られた情報でしかないね」

田中の話では、最も効率的な方法として、一つはオリックスの富裕層向けの資産運用サービスに問い合わせてみること。もう一つは渋谷や池袋などラブホテルの多い地域で、ビルの売買を多く扱っている不動産業者に飛び込んで、売りに出てる物件がないか直接尋ねることだという。

「その不動産業者から、俺のようなブローカーにたどり着くってパターンはあるだろうね」

田中がカバンの中から数枚のリストを取り出した。関東、関西、九州を中心に、全部合わせて100件以上はあるか。

「これ、全国の売りに出されてるラブホテルのリストなんだけど、一般の不動産屋はこんなの持ってないぜ」

ビジネスホテルの2倍は儲かる

ところで、ラブホテルに投資した場合、その利回りはどの程度だろうか？　利回りとは、投資に対する利益の回収割合のことで、利回りが高ければ、回収割合が多く、低ければ回収割合が少ないことを意味する。仮に投資元本1千万円に対し年間100万円の収益があれば利回り10％となる。

田中の話では、人件費や水道光熱費、物件取得のためのローン金利や税金を控除して、平均して12%~15%、中には繁華街のど真ん中に位置し、平日でも回転率が高いと18%~23%という超優良物件も存在するのだそうだ。

ワンルームマンション投資の利回りが賃料ベースで15%程度。そこから修繕費や固定資産税を控除したものと比較すると、こんな有利な不動産投資はラブホテルをおいてほかにない。

その秘密は、ラブホテル特有の「休憩」というシステムにある。例えばビジネスホテルの場合、1泊で7千円~9千円と1日で1回転しかできない。ところが、ラブホテルなら2~3時間の休憩で4千円~5千円取れて週末や休日には1日で3回転~4回転するので、ビジネスホテルの1・5倍~2倍儲けることができるのだ。

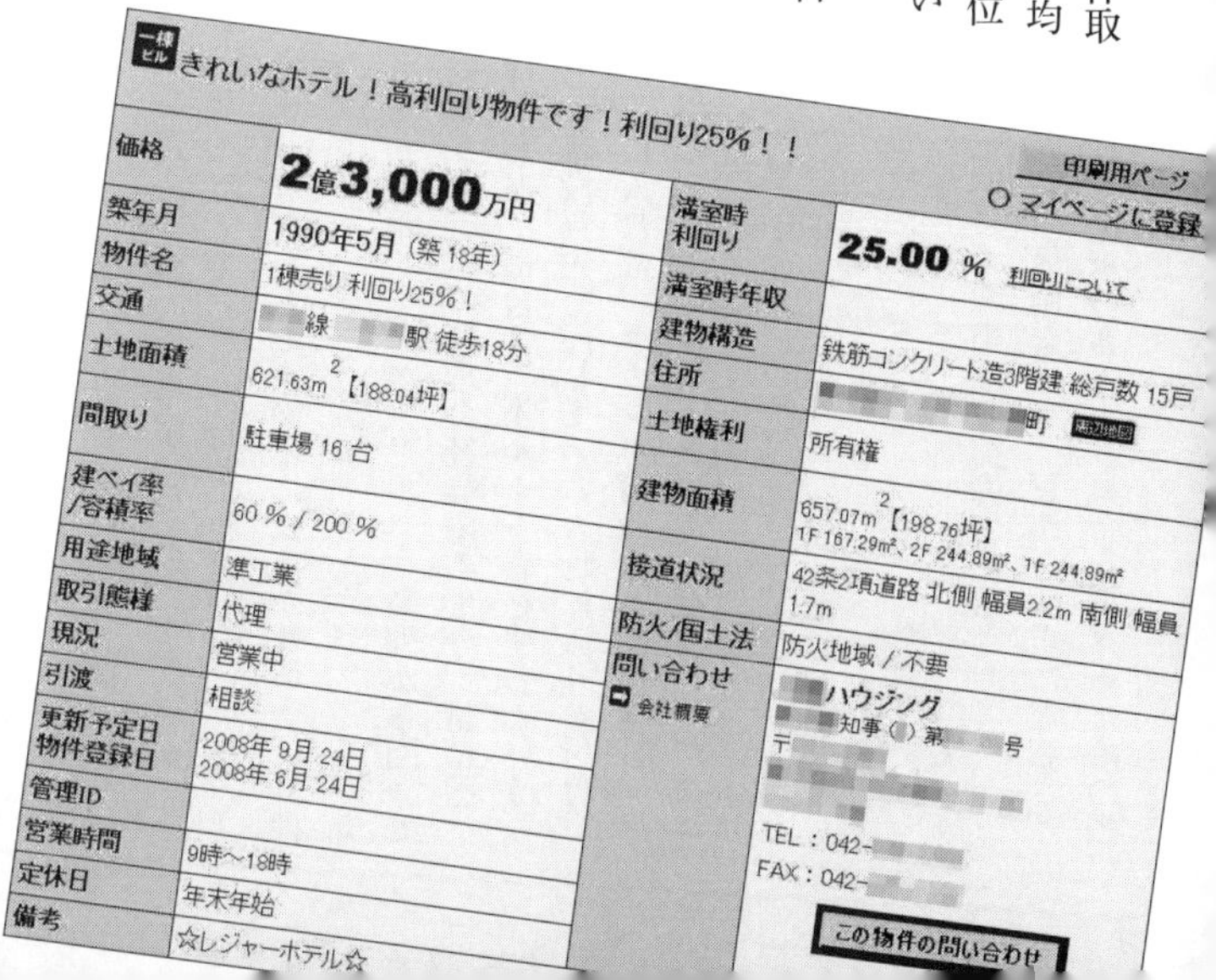
一棟ビル きれいなホテル！高利回り物件です！利回り25%！！

印刷用ページ
マイページに登録

価格	2億3,000万円		
築年月	1990年5月（築18年）	満室時利回り	25.00 % 利回りについて
物件名	1棟売り 利回り25%！		
交通	[redacted]線[redacted]駅 徒歩18分	満室時年収	
土地面積	621.63m^2【188.04坪】	建物構造	鉄筋コンクリート造3階建 総戸数 15戸
		住所	[redacted]町 周辺地図
間取り	駐車場 16 台	土地権利	所有権
建ペイ率/容積率	60 % / 200 %	建物面積	657.07m^2【198.76坪】 1F 167.29m^2、2F 244.89m^2、1F 244.89m^2
用途地域	準工業	接道状況	42条2項道路 北側 幅員2.2m 南側 幅員1.7m
取引態様	代理	防火/国土法	防火地域 / 不要
現況	営業中	問い合わせ 会社概要	[redacted]ハウジング [redacted]知事（[redacted]）第[redacted]号 〒[redacted] TEL：042-[redacted] FAX：042-[redacted] この物件の問い合わせ
引渡	相談		
更新予定日 物件登録日	2008年 9月 24日 2008年 6月 24日		
管理ID			
営業時間	9時～18時		
定休日	年末年始		
備考	☆レジャーホテル☆		

この収益力に着目し、最近では経営権を小口化して販売する「ラブホテル・ファンド」なるものすら出現している。1口50万、100万円といった単位で個人投資家から資金を集め、年5・5％ほどの利回りを上げるもので、海外の投資家筋がこのファンドを組むことさえ珍しくない。

「ただ、何億もの物件を購入してくれる買い手を探すわけだからそう簡単にはいかないよ。30件から40件内覧してやっと1件決まる程度だ」

田中の元に集まる売却予定の物件情報は、前述のようにオリックス・アルファ系列から回ってくるほかに、ラブホテルに設置されている全自動料金システムの管理会社経由のもの、富裕層への資産運用を手掛けているオリックスの証券部門経由など、都合3、4ルート存在するという。

田中は、自身のコネクションを活かして億単位の資産投資先を探している人物に渡りを付け、興味を示した客にお勧めの物件を内覧させる。客が気に入れば、ローンが組めるよう斡旋し、息の掛かったラブホテル専門の内装・外装工事業者も紹介して、新装開店まで責任を持ってフォローするという段取りだ。

潜入、張り込み、時には「作文」も

当然ながら、買い主にとって最大の関心事は、そのホテルの本当の収益力である。

「間違って閑古鳥が鳴いているようなカス物件を紹介したら信用を失う。だから慎重になるさ。初めて扱うホテルのときは必ず客のフリして潜入するし、週末の客の入り具合を調べるための張り込みだってしょっちゅうやってるよ」

金曜日や土曜日の夜ラブホテル近くに車を停め、出入りするカップルの数をカウントし、休憩が何組、宿泊が何組と地道に調査するらしい。

最終的に投資家を納得させるのは、そのホテルの金の動きをまとめた収益計算書である。どこのラブホテルにも、月ごとに客数、売上、人件費、水道光熱費、ヤクザへのみかじめ料などの必要経費、その結果、利益はいくら残ったか集計した一覧表がある。税務署やローン会社に見せるための表向きの決算書とは別に二重帳簿を作っているところも決して珍しくない。あと一押しで取引がまとまりそうな客には「ここだけの話」と称してその収益計算書を開示するのだ。

1日でも早くホテルを売りたい現オーナーは、最初の1人目や2人目の内覧客にはその書類を見せる。が、30人、40人と内覧には来ても結局取引はまとまらず見るだけで帰ってしまう実態を知るに至って、開示を渋り出す。

「そりゃあそうだろ。税金対策で過小評価してるんだから、それを持って税務署にでもタレ込まれたら大変なことになる」

ところが、田中の長年の勘から、コイツは買ってくれそうだと思ったときは、何としても現オーナーを説得して収益計算書を開示させ、その内覧客にいかに儲かるホテルかを印象づける。

「もちろん、収益計算書は事前に俺が目を通すけど、その数字がイマイチだった場合は俺が《作文》して、取引をまとめたことも過去に何件かあったよ」

田中が言う「作文」とは、不自然に思われない程度に収益計算書の数字を書き換え、収益力の高い物に改ざんしてしまうことだ。業界では決して珍しいことではない。

オリックスの査定が取り引きの基準

実際にラブホテルを買うのは、医者や土地成金、パチンコ屋経営者など《高額所得者》以外に特に傾向はない。

「ただし、ヤクザはほとんどいない。面白いところでは芸能人もいるね」

歌手の前川清氏が自らの資金を投じて一時ラブホテルを経営していたのは有名な話。その他、時折テレビに出ている元野球監督は、現在、ラブホの実質的オーナーだという。

「その元監督は賢いよ。不動産登記簿にも営業許可書類にも監督の名前は一切出てこないよう会社組織でやってる。おそらくその会社の株式を取得し、会長として役員報酬をもらう形にしてるんだろう」

ラブホテル経営は、世間からいかがわしいものと思われやすく、知られることを望まないビジネスだ。だから法的に営業許可を取っていたとしても、銀行は絶対に融資してくれない。以前なら東京相和銀行（経営破綻し、東京スター銀行に事業譲渡）のように融資する銀行もごく一部にあったが、現在のメガバンクにおいては皆無らしい。

「だから、オリックス・アルファは貴重なんだよ」

田中によると、オリックス・アルファの融資金利は5・5%～6%だから銀行より高い。しかし、同社のラブホテル担保査定は定評があり、あらゆる取引の基準となっているほどだという。

「いくら現オーナーが『あのホテルは5億で買ったんだから最低でも4億で売りたい』と言っても、オリックス・アルファの査定が3億だったとしたら、せいぜい1割増しの3億3千万が取引価格の上限だよ」

田中のリストを元に、法務局で某ラブホテルの登記簿謄本を取って調べてみると、オリックス

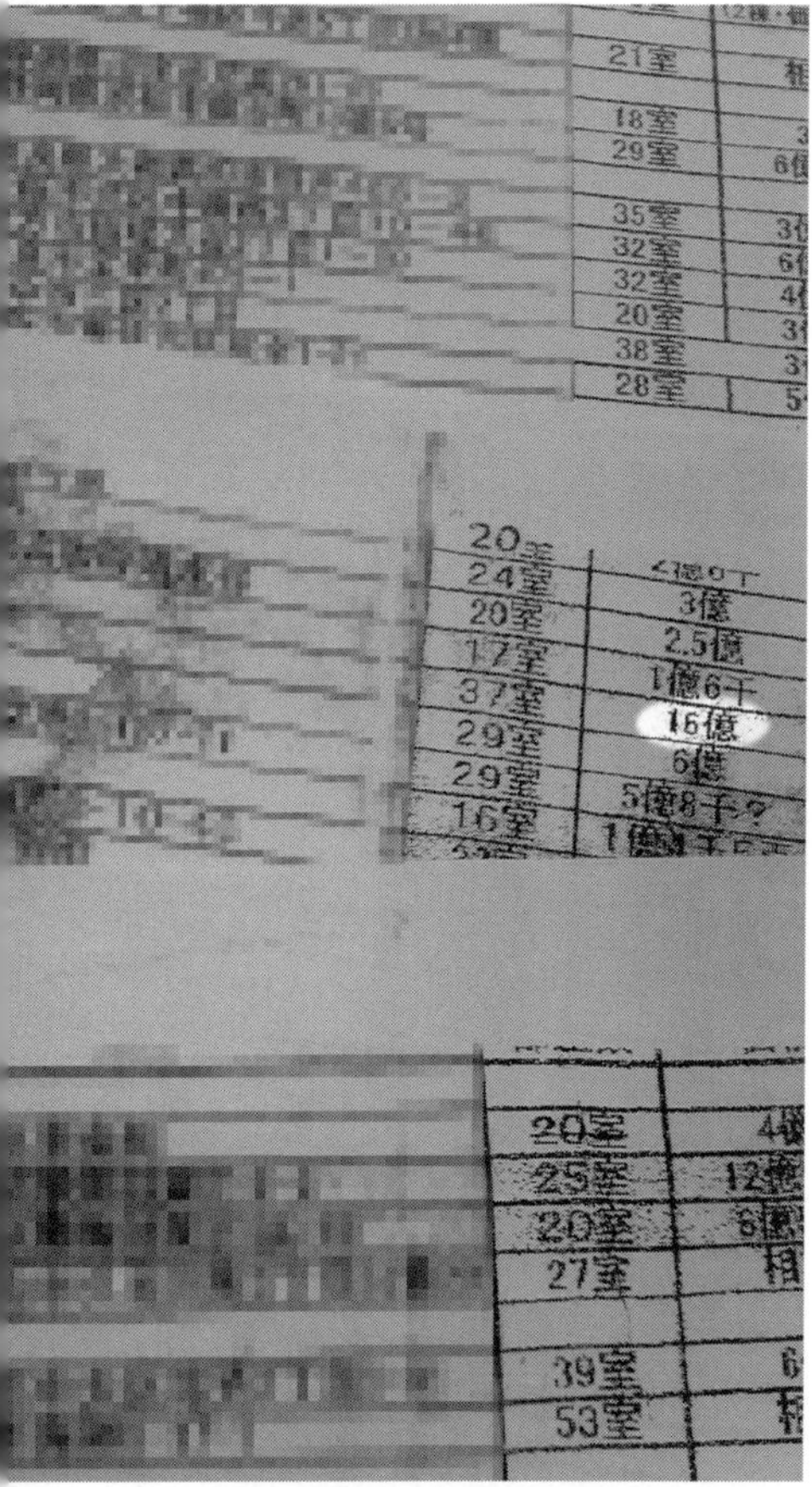

田中がとあるルートから受け取ったラブホテル情報のリスト。最高で16億の物件も。欄外には、地回りのヤクザが絡んでいるかどうかをA～Cランクで評価したオリジナルの査定欄もあったが、本人の意向で出せない

の他にも、名前を聞いたこともない信販会社や信用組合など、いわゆる街金系の金融業者が名を連ね、ホテルを担保に融資していた。やはりテレビでCMを流しているようなメガバンクや金利の低い誰もが知ってるような銀行にとって、ラブホテルはアンタッチャブルな世界なのだろう。

　余談ながら、この業界で語り継がれている裏話がある。町田インターを下りて3分のところに位置する超高級ラブホテル売買の話だ。

「そのホテルは休憩で1万円以上、宿泊になると3万何千円って金額を平気で取る超高級物件だったんだ。その割には結構客の入りも良くて儲かっていたらしい。そこに、あるアジア系の金融機関の支店長が食指を動かしたんだよ」

　事の次第はこうだ。そのホテルが確実に儲かることを知っていた支店長は、奥さんを代表者とする会社を設立し、ホテルを買い取って経営権を手に入れることを目論んだ。

　支店長である彼の手元には、在日同胞から預かった何十億円という現金がある。その中から十数億円を流用し、ラブホテル経営で私的な財テクを図ったのだ。いくら儲かる可能性の高い事業とはいえ、立派な業務上横領である。

「ところが、年末にそいつのいる支店に本部の監査が入ることになった。監査が入れば、十何億もの帳尻が合わないことがすぐに発覚してしまう。そこで、『とにかくすぐ現金化してくれ』と大急ぎで売りに出されたんだよ」

　尻に火が付いた支店長の思いが通じたのか、同ホテルはわずか2ヶ月ほどで買い手が現れ、14億で片が付いたという。日陰の業界ゆえ、こうした黒い噂が絶えないのも厳然とした事実なのだ。

ダミーの《あんこ》と「手分かれ」交渉

ここで、簡単な試算をしてみよう。5億円のラブホテルが売りに出され、田中の仲介で買い手が見つかり取引が成立した場合、彼の元に入る手数料はいくらになるのか。

宅地建物取引業法に基づく国土交通省告示に定めがある。仲介不動産業者が受け取れる報酬の上限は『(取引価格の3%＋6万円)＋その消費税相当分』である。当時の消費税は5%。したがってこのケースでは1千5百81万3千円が上限。仮に田中が個人的に買い手を知っており、たった一人で売り主と買い主を引き合わせることが出来れば双方から同額の手数料をもらえる(これを不動産業界の用語で「両手」と言う)が、滅多にあることではない。

現実に多いのは、むしろ逆のパターン、業界用語で「手分かれ」と呼ばれる複数の業者が関与するケースだ。先ほどの例で、売却の話をA不動産が受けたが、自社だけでは客を探しきれず、同業者のB建物に助力を頼む。B建物は懇意にしているCハウジングに声をかけ、そこが客を連れてきた場合を思い浮かべてほしい。

法律上、A〜Cの3社合計で「3%＋6万円＋消費税」という仲介手数料の上限を超えてはならない。よってA・B・Cの3社が協議の上で報酬分配比率を決める。ラブホテルのような高額物件ともなると「手分かれ」で得られる報酬も決してバカにならない。

「だから、この世界では売り主と買い主の間に4社、5社なんてのも日常茶飯事なんだ。悪質な業者になると取引がまとまった途端、ダミーの《あんこ》を連れてくるしな」

「あんこ」とは売り手側業者と買い手側業者の間に入る中間業者のことで、大福やおまんじゅうの餡から来たと言われる業界用語だ。前述のように、取引に関与していれば「あんこ」業者にも報酬の一部が分配される。田中は、過去にこれで失敗したことがある。

「例えば、A~Cの3社が6千万円の手数料を均等に2千万円ずつ案分しようとするだろ。ところが、その段階になってC社が『今回の取引ではDという男に世話になった。客が付いたのもDのおかげだから彼にも少し報酬を分配してやってくれ』なんて言い出すんだよ」

そのとき「今さら何を言うんだ。それはお前の取り分の2千万円の中から出してくれ」と言えるか、それとも「仕方ない。Dさんも入れた分配比率を決め直すか」となるかは、その場にいる者同士の力関係の世界だ。もちろん、Dに話が聞きたいということになるが、そこは手慣れたも

のであらかじめ手配してあったダミーを寄越す。

「Dが『知り合いに無理を言って買ってもらったんだ』とか『私が工事業者を手配し、地回りとの交渉窓口にもなってやっと決まった話だ』と取引成立への貢献度を説明し、全員が納得すれば、自分たちの報酬を削ってあんこのDにも分配することになる」

結局このケースではA〜Cの3社が500万円ずつ報酬を削って、途中で現れたDに1千500万円もの手数料を支払ったそうだ。

ホテルの買い時は4、10、11月

「本音を言うと、あんこも含めてみんなで分ける仲介手数料なんてたかが知れてるんだ。俺は宅建の免許を持ってないから、ダミーとして契約書に名義を使わせてくれる正規の不動産業者を頼まないといけないしな。旨みがあるのはむしろ、俺が紹介してやるラブホテル専門の内装、外装業者からのリベートさ。総工事費が5、6千万円だとしても、その10%は抜かせてもらう。それに新装オープンとなれば、プラズマテレビ、コンドームの自販機、シャンプー、ベッドなんかの客室備品を全部入れ替えることになるだろ。それを全部俺の会社を通してやれば、ゴッソリ利益を抜けるわけよ」

田中はおおよそ、1年に3、4回の取引を成功させており、6千万円からの収入を得ている。

「ホテルの書き入れ時は、ゴールデンウィークと6月中旬から9月初旬、そして年末年始と相場が決まってる。だからホテルの買い時は4、10、11月なんだよ。まとまる取引はどうしてもその時期に固まるね」

ただ、最近はその傾向にも陰りが見えてきたと、田中は言う。

「行政にとってのラブホテルは、市民に良からぬ影響を与える、なるべくなくしたい存在。だから、各自治体ではロビー面積とか食堂設備を設けろとかラブホテルを建てられないような条件を作って規制するんだよ。新規建設はもう無理だろうな」

その結果、ラブホテルを経営したい業者は《ラブホテル風》の「なんちゃってラブホテル」を建てるか、既存の中古物件を買うかしか選択肢がない。

「そのぶん希少価値は上がるから、あと数年は何とか市場は持つだろ。でも、俺も儲けた金で何か別の商売に鞍替えしているだろうけどな」

平成の裏仕事師列伝……29

保険金立て替え屋

拘留中の皆様、ご家族様 金がなくとも娑婆に出られます

取材＋文＝種市憲寛
裏モノJAPAN編集部

月刊「裏モノJAPAN」08年3月号

逃げたら損、と感じるだけの金額

ある日突然、自分の身内が逮捕されたら——自分がどんなに真面目に生活していても、親や子供、兄弟がパクられたら、よほど疎遠でもない限り、無縁ではいられない。面会や差し入れなどは、当然、身内の仕事ということになるだろう。

物理的においても精神的においても、かかる負担は少なくなく、同時に一刻も早く、本人を自由にさせてやりたいという思いにも駆られるだろう。10日程度のブタ箱入りで不起訴のまま釈放されるならいいが、起訴されたら拘置所で長期間の勾留を余儀なくされる。

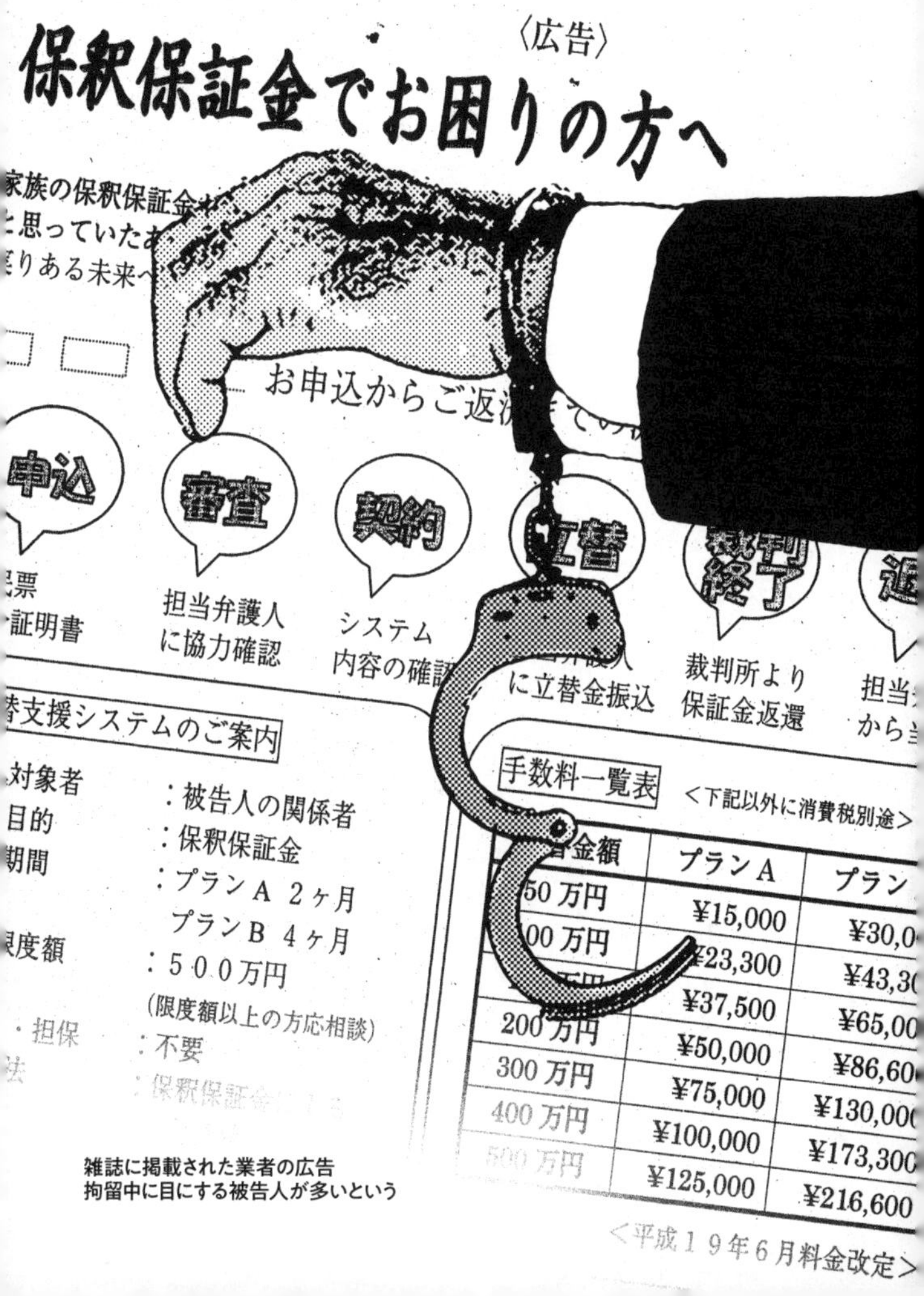

雑誌に掲載された業者の広告
拘留中に目にする被告人が多いという

そこで、考えるのが《保釈》である。これは公判へ必ず出頭する代わりに、その間、被告人の身柄を自由にする制度だ（日本の刑事訴訟法では起訴後のみ認められている）。

当然、条件があって、殺人や強盗などの重罪は適用外。身元がしっかりしており、同時に報復や逃亡、証拠隠滅の恐れがないと判断された上で、保釈保証金（以下、保釈金）を納付するのが条件だ。

保釈金は、本人が逃げたら損をすると感じるであろう額が設定され、被告人の経済状況などによって様々。ホリエモンは3億で保釈され係争中（08年当時）。イトマン事件の許永中は6億で自由を手に入れたが、保釈中に逃亡し、全て没収されている（保釈金は刑が確定すれば、有罪無罪を問わず全額返却される）。

むろん、一般人とは桁が違うが、それでも、窃盗や傷害などの比較的軽い罪であっても、最低100万～300万円程度の現金が必要。決して安くはない。

「しかも一括払いですからね。そんな大金をポイっと出せる人はなかなかいない。ならば、ウチが立て替えで支払いましょう、と。貸すのではなく、あくまで立て替えです」

古川龍乃介（仮名37歳）は、とある地方都市で保釈金の立て替え業を営む人物である。元々アメリカで始まったシステムだが、日本でも年々増えつつある新たな金融サービスだ。

古川の本業は闇金である。事務所に数名のスタッフを抱え、法外な利子で貸し付け、取立てにはヤクザまがいの脅しも辞さないイケイケの裏金融屋だ。

「十分食えてますけど、いつ摘発を受けるかわからない。だったら、別の収入源を作っておこうって狙いもありました」

約1年前に保釈保証業を立ち上げ、現在までに約150件の保釈申請を通らせてきたという古川に、保釈金ビジネスの実態を取材した。

100万の立て替えで手数料が5万円

まずは、古川の元に来た依頼の一つを例に、仕事の流れをみていこう。

被告人は暴行傷害事件を起こした男性で、依頼人はその妻のAさん（26歳）だ。Aさんの夫は、たまたま入ったキャバクラで酔って店員とケンカ。無関係の客にまで暴行を加え、その場で逮捕された。初犯だったが、相手に全治2カ月の重傷を負わせ、起訴は免れなかった。

夫はサラリーマン。とりあえず詐病を使って休ませているが、起訴後、拘置所でも勾留されることになれば、解雇も考えられる。焦ったAさんは、担当の弁護士に保釈申請を依頼する。と、弁護士曰く、申請は通る可能性は高いが、最低200万の保証金が必要とのこと。それを現金で工面できるかと逆に聞かれ、Aさんは答えに窮する。貯金はほとんどなく、親や親類には事件のことを知られたくない。かといって、サラ金から借りるのも恐い。

困り果てた彼女に、弁護人が紹介してくれたのが、古川の運営する「財団法人　保釈保証協会（仮名）」だった。

――ここに頼めば、保釈金の立て替えに応じてくれるかもしれない。一度、問い合わせてはどうか――

手数料がかかるらしいが、払えない額ではない。Aさんは藁にもすがる思いで、古川のもとに電話をかけた。

「弁護士がウチを紹介してくれた理由は後で説明しますけど、身内が逮捕されて動転しているときに、弁護士が紹介してくれた業者なら安心ですよね。こっちは田舎なので、サラ金で借りるのを恐がる人が多いんです。金に困ってたら誰だって飛びつきますよ」

依頼人から電話をもらった古川は、まずはスタッフの1人を彼女の自宅に向かわせる。

「依頼人の自宅を確認しておけば、相手の経済状況を確かめることができるし、立て替えた後のトンズラを防げますから」

スタッフは、依頼人の自宅で、改めて被告人や事件の詳細を聞いて書き留め、保釈金立て替えのシステムを説明。同時に依頼人や被告の勤め先を聞き、在籍確認も取っておく。

保釈金の立て替えは2ヶ月契約が基本で、手数料は100万円の立て替えで5万円。さらに100万円増えるごとに2万円ずつ

保釈請求書

被　告　人　[redacted]

右の者は覚せい剤取締法違反被告事件について公訴を提起されたが、左記のとおり保釈を請求する。

[redacted]年[redacted]月[redacted]日

弁　護　人　[redacted]

[redacted]地方裁判所[redacted]支部　　御中

弁護士の作成した保釈請求書の写し さらに身元引受書のほか、家族、知人などの嘆願書も添付すれば、保釈の可能性はグンと増える

記

一　被告人には罪証隠滅のおそれはない

1　本件公訴事実は、被告人が自宅において覚せい剤を自己の左腕部に注射したというものである。被告人は一〇月一日に逮捕された際に自己の尿を任意提出しており、捜査機関はこの尿を押収しその内容物についての鑑定を既に実施している。この証拠物を被告人が隠滅したり、その内容に改変を加えることは不可能である。

2　検察官は、[redacted]の右公訴事実に添う供述を既に確保している。これに対して被告人は、自ら覚せい剤を注射した事実はない旨、一貫して主張している。

このように被告人の供述と[redacted]の供述との間に食い違いがあるが、だからと言って、被告人が意図的に虚偽の供述をしていると決めつけることは許されない。[redacted]は覚せい剤の常用者であり、被告人が[redacted]と交際しているに違いないという嫉妬妄想に駆られて、衝動的に被告人を警察に連れていったのであって、[redacted]の供述はそもそも信用できない。被告人こそ真実を述べているのである。

いずれにしても、被告人と[redacted]との間に敵対的な関係があることは明らかであっ加算される（つまり101万円でも200万円でも手数料は7万円）。

　裁判が長引き2カ月以上かかるようなら、契約延長の手続きに入り、3ヵ月目の再契約で元の料金に100万円につき1万円ずつ加算。例えば、保釈金180万円の場合、最初の手数料7万円に2万円を足して合計9万円となる。

　Aさんがスタッフの説明に納得、契約書にサインをし、2ヶ月分の手数料を支払うと、その場で保釈申請書と身元引受書を書いてもらい、戸籍謄本と共に裁判所に提出する。

「保釈申請の許可がおりるかどうかは、これまでの経験でだいたいわかります。どう見ても下りない場合は、最初から弁護士が止めますよ。このケースは無事に許可がおりて、保釈金の額は180万円に決まりました」

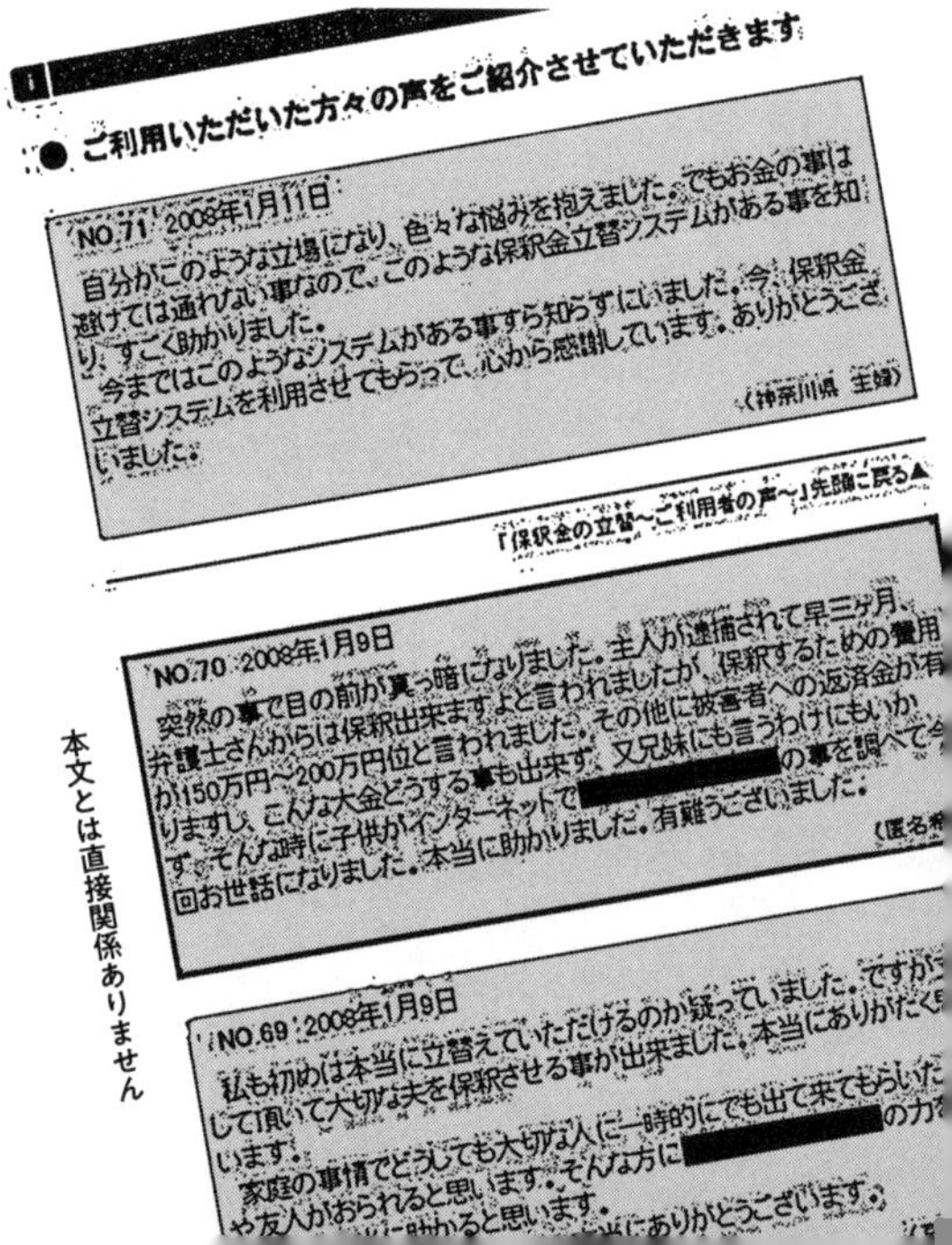
ご利用いただいた方々の声をご紹介させていただきます
ご利用いただいた方々の声
NO.71 2008年1月11日
自分がこのような立場になり、色々な悩みを抱えました。でもお金の事は
避けては通れない事なので、このような保釈金立替システムがある事を知
り、すごく助かりました。
今まではこのようなシステムがある事すら知らずにいました。今、保釈金
立替システムを利用させてもらって、心から感謝しています。ありがとうござ
いました。
（神奈川県　主婦）
「保釈金の立替～ご利用者の声～」先頭に戻る▲
NO.70 2008年1月9日
突然の事で目の前が真っ暗になりました。主人が逮捕されて早三ヶ月、
弁護士さんからは保釈出来ますよと言われましたが、保釈するための費用
が150万円～200万円位と言われました。その他に被害者への返済金が有
りますし、こんな大金どうする事も出来ず、又兄妹にも言うわけにもいか
ず、そんな時に子供がインターネットで[redacted]の事を調べて今
回お世話になりました。本当に助かりました。有難うございました。
（匿名
NO.69 2008年1月9日
私も初めは本当に立替えていただけるのか疑っていました。ですが
して頂いて大切な夫を保釈させる事が出来ました。本当にありがたく
います。
家庭の事情でどうしても大切な人に一時的にでも出て来てもらいた
や友人がおられると思います。そんな方に[redacted]の力を
本当にありがとうございます。

本文とは直接関係ありません

古川がその金を裁判所に納めると、翌日、Aさんの夫は目出度く釈放（保釈金の納入は担当弁護士に渡すか、依頼人と共に裁判所に持ちこむか、直接振り込むかのどれかを依頼人に選んでもらう）。1ヵ月後の初公判を経て、逮捕から3ヵ月目にあたる2回目の公判で執行猶予つきの判決が下った。むろん、同時に、古川の元に180万円が返還されている。

依頼はすべて弁護士を介して

少々古いデータになるが、00年度の司法統計年報によれば、1年間に地裁に勾留された被告人の総数は約5万4千人。そのうち、約30％の1万6千人が保釈請求している。

では、残り70％は保釈制度自体を知らなかったか（裁判所が被告人に告知する義務はない）、罪状などからあきらめたか。過去に詐欺容疑で逮捕経験を持つ古川は「常識として知ってました」と言い、同じ金融業として、保釈金の立て替え業者についても数年前からリサーチしていたという。

「正確な数字はわかりませんけど、5年ぐらい前から保釈金の額が上がったんですよね。おかげで、出たいけど出られない人が増えて、その分、こうした商売にもニーズがあるだろうなと。具体的には資産が1億を超えた辺りから構想を練り始めました」

古川はまず、闇金とは別の事務所をウイークリーマンションに設置し、応接セットとパソコン、さらに電話回線を3本引いた。従業員は闇金のスタッフの中からマトモそうな見た目の2人をチョイス。さらに、冬眠中の貸金業登録番号を旧知のヤクザから安く譲り受けている。

「業務内容の名目は、あくまでお金の貸し付けじゃなくて立て替え。登録なしでも営業できるかもしれないけど、それでは信用がついてこない。登録証は事務所の壁に目立つように貼り付けてます」

一番の問題は顧客集めだった。現在、ネットでは似たような業者がHPを開き客を募っているが、古川は一切、媒体を使わない。被告人やその親族の立場を考えたら、弁護士を介して仕事を取るのが最も効率的だと考えたからだ。

「そこで、まずは知り合いの弁護士に相談を持ちかけました。この先生、以前、闇金の取り立てで債務者に無茶したら、事務所に乗り込んできた人で、それがきっかけで親しくさせてもらってたんです」

弁護士には国選、私選の2種類あるが、前者の場合、報酬は10万円程度の報酬しか出ない。最初の依頼は、その知り合いの弁護士が国選で付いた被告人の家族からのものだった。弁護士にとっては、ほとんど金にならない事件。保釈申請の手続きも面倒なのが本音である。そこを一手に引き受けてくれる古川のような業者は、逆にありがたい存在とも言えた。

こうして、古川はその弁護士を足がかりに、刑事事件の得意な弁護士を紹介してもらったり、県内や近県の弁護士会や弁護士事務所を片っ端から訪問、名刺と簡単な業務内容の書かれたチラシを配って回った。もし保釈したいけど、金がない人がいたら紹介してください、というわけだ。

「結果、今だと依頼を回してくれる弁護士を20人くらい確保してますね。問い合わせが月に50件程度あって、仕事として成立するのが約20件。まぁ副業にしては、そこそこじゃないんでしょうか。近隣3県でも、こんな商売やってるのはウチだけですし、とにかく誠実に対応させてもらってますから、これくらいの数字をキープできてるんだと思いますね」

仕事を始めて1年。これまで古川が立て替えた保釈金の最高額は、強盗の共犯で450万円だ。被告人は、悪友に頼まれ運転手兼見張り役として犯行に加担した男性で、依頼人はその家族だった。

「ガソリンスタンドの所長です。共犯だし社会的な信用もある立場だったので保釈申請が通ったんでしょう。450万円で保釈されて、判決までに5ヶ月と少しかかりました。手数料は都合54万です。これで控訴でもしてくれたら、延長延長でもっといけたはずなんですが、執行猶予がつきましたからあきらめるしかないですよ。ただ、通常、判決が覆りそうな懸案のときは、控訴した方がいいですよって説得しますね」

逃亡した被告人は公判前に捜し出す

依頼人との契約は、前出のAさんのケースのように、判決確定と同時に立て替えた保釈金が古川の元に戻った時点で終了するが、被告人の中には保釈中に逃げたり、再び悪事を働き保釈金を没収されてしまう例もたまにある。古川にとっては一大事だ。そもそもが、金がなくて借りにきた相手。取り立てるのは容易じゃない。

「逃亡を防ぐために、依頼人との契約の時点で、もし被告人本人と8時間以上連絡が取れなくなった場合はすぐに連絡を寄こすように言ってありますが、逃げるヤツは保釈直後に逃げるんです」

一例を紹介しよう。被告人は33歳の男性。出会い系サイトで知り合った女性の家で、酒を飲んだうえ性交を迫ったところ女性が騒いで抵抗、隣の部屋の住人がドアを叩いたこともあり、慌てて逃亡する。が、翌日には女性が訴え、結局、携帯番号から足が付き強制猥褻の容疑で逮捕された。

「これも弁護士から回ってきた案件で、依頼人は男の両親です。事件は未遂に終わってるし、起訴されるか微妙なケースです。で、母親と一緒に面会に行って本人の話を聞いたら、相手が19歳で、下着も脱がしたっていう。それでも謝罪文書いて10万でも払っておけば、示談成立ってことで釈放されたのに、本人は逆に女が部屋に入れたんだからと開き直ってる。おかげで、起訴間違いなしって確信持ててましたけど、本当バカですよね」

依頼人の両親曰く、息子は地元では大きな会社にやっと転職できたばかり。勤め先には事情を知らせず、体調不良で本人に替わって欠勤届を出している。執行猶予が付くことを期待した上で、なるべく早く外に出し、職場に復帰させてやりたい――。

古川は両親と契約を交わし、保釈申請を経て、保釈金１９０万を裁判所に納付。被告人も無事に保釈されたが、

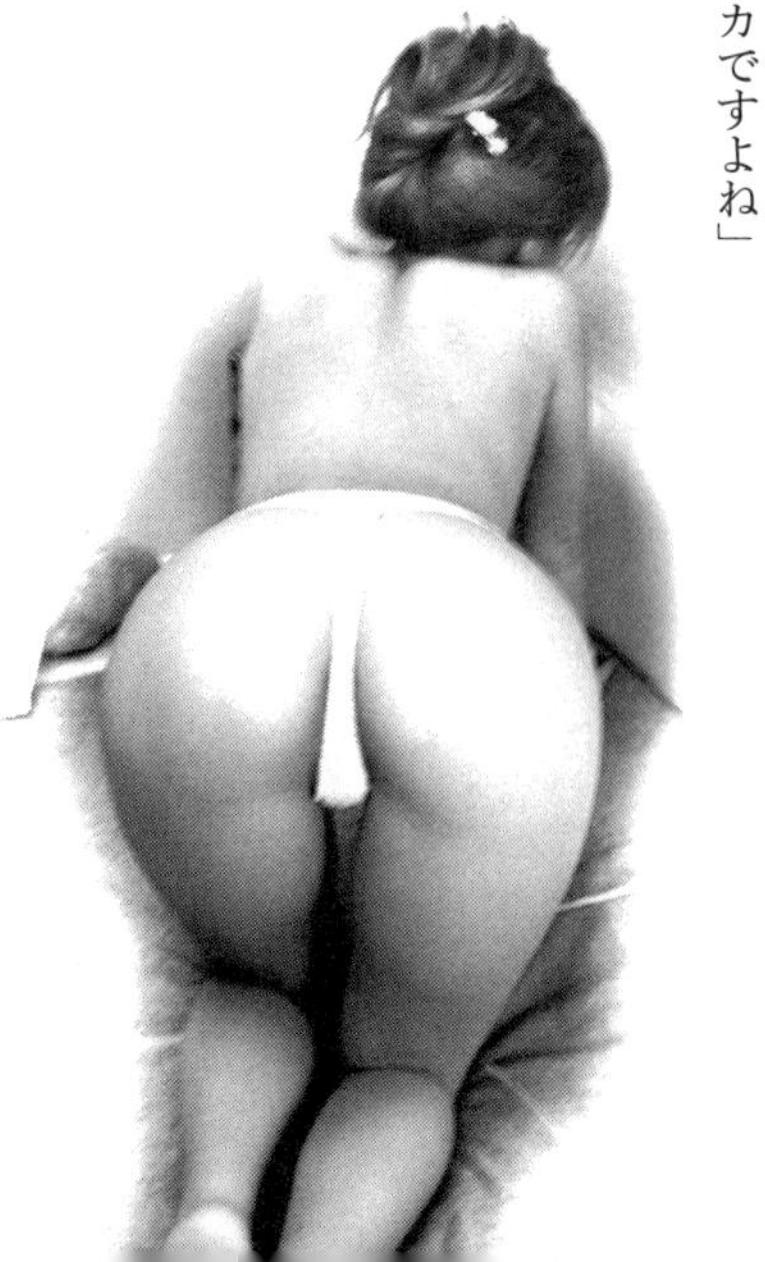

その翌日、古川の元に両親から連絡が入った。

「息子が家に戻ってこないんです。電話しても繋がらなくて」

何でも、被告人は釈放された当日は家でゆっくり過ごし、翌日会社に出勤。その帰りにトンズラしてしまったらしい。

古川はしっかり監視していなかった依頼人に非があることをきっちりとわからせた上で、説明を続ける。こちらから警察に通報することはない。独自のルートで初公判までに見つけだす。当然、調査費用も請求する。

「依頼人に異論のあろうはずがありません。もし当局にバレたら、確実に実刑になるし、保釈金も全額被らないといけない。というか、一番困るのは、立て替えたコッチなんで必死ですよ」

古川の本業は闇金なだけに、人探しのノウハウはいくつか持っている。サウナや雀荘などを回ったり、知人のヤクザや新聞拡張団などに特徴を伝え、見かけしだい連絡くれるように頼んだり。

このときは、本業である闇金の客が大いに役立った。

「その客の保証人が携帯会社の調査部に勤めてまして、逃げた野郎も同じ会社の携帯を使ってたんです。もちろん、電話しても出やしないんだけど、その保証人に調べさせて、野郎の今いる基地局がわかった。地図を調べたら、農家ばっかりの場所にパチンコ屋が一軒ある。速攻でスタッフを向かわせたところ、案の定、パチンコ屋の向かいの蕎麦屋でメシ食ってました」

捕まえた本人に話を聞くと、留置所の中で仲間内から「お前は実刑だ」と脅しをかけられ、恐くなって逃げたのだという。

「逃げたら、もっと罪が重くなるのに、何もわかってない。結局、家族から調査費20万円を徴収して、二度と逃がさないよう管理するよう厳重注意して終わりにしました。判決？　きっちり執行猶予が付いて、今も同じ会社に勤めてますよ」

妻をソープで働かせ160万円を回収

古川が抱えた案件で、被告人が逃げたケースは他に3件。うち2件は前例同様、自ら探し出したが、どうしても見つからないことが一度だけあった。

被告は、窃盗傷害で起訴された31歳の男。依頼人は26歳の妻。１６０万を立て替え、保釈になった途端、家からいなくなり、以後まったく足取りが摑めなくなった。そのうち、警察にも知られ、指名手配がかかり保釈金も没収。最悪のケースである。

「こうなると、やっぱり奥さんに返してもらうしかありません。最初は、駄目元で親や親戚に借りるよう説得するんですが、予想どおり、ぜんぜん相手にしてもらえない。で、サラ金に行かせたんだけど、この奥さん、すでに何社からツマんでて、もう借りられない状態だった。そこまで調べ切れてなかったこっちも甘かったですね」

もはや打つ手なしと判断した古川は妻を闇金の事務所に連れて行く、強面で迫る。話は簡単だ。男ならタコ部屋にでも突っ込んで肉体労働で返してもらうけど、女じゃそういうわけにもいかない。男より稼げる方法があるんだから、ヤルしかないだろう？

「その女、今でも知り合いのソープで働いてますよ。寮に住んで毎日送り迎え付きだから、悪い話じゃないでしょ?」

肝心の160万は、店からバンス(前借り)で回収した。後は、彼女が働き、返済していくだけだ。

「非道っちゃ非道かもしれない。でも、うちも慈善事業じゃありませんから、泣き寝入りするわけにはいかない。もともとの原因は、夫なんですよ。本当、口を酸っぱくして言いたいですね。保釈されたらバカな考えは起こすなって」

被害者側から見れば、金の力で勾留を解く保釈は、感情を逆なでする制度でしかないのかもしれない。が、冤罪や軽い罪で逮捕された人間にとって、監獄生活の苦しみから救ってくれる保釈金立て替え屋は、ありがたい存在とも言えるだろう。

ただ、保釈金立て替え業者の中には、悪質で詐欺まがいの組織も存在する。身に覚えのある人間は、シャバにいるうちに、安心できる業者を探しておいて損はない。少なくとも、古川が運営する組織は、逃亡さえしなければ安心できそうではある。

平成の裏仕事師列伝……30

ミステリーショッパー

取材＋文＝仙頭正教
裏モノJAPAN編集部

一般客を装った覆面調査員のお仕事

月刊「裏モノJAPAN」08年1月号

調査の大半はコンサルタント会社で

夜。牛丼を食べに近所のチェーン店に入る。並盛りを注文する。店員が無愛想な声で「並一丁」と厨房に声をかける。

間もなく運ばれてきた牛丼がぞんざいにテーブルに置かれる。心なしか肉の盛りが少ないようだ。

それでも腹が減っているからガツガツ食う。代金を払う。店員は「ありがとうございました」の言葉もない。なんだ、この態度。

冬服を買いにショップへ出向く。気に入った黒のセーターがあった。が、誰かが試着したので

本多本人。25歳で起業し7年。自身が、百戦錬磨のプロ中のプロである

あろう、棚に乱れたままの姿で並べられている。下段の緑のセーターも然り。なぜ直さない？店長、どんな教育してんだ？

皆さんも、経験がおありだろう。飲食店や小売店に入り、店員の不愉快な対応や、サービスの怠慢に気分を害されたことが。

文句は言わずとも、イメージは当然悪くなる。結果として、二度と足を運ばなくなることだってあるだろう。

一方、店にとってみれば大きな損失である。客が離れる、購入意欲を失う。イコール利益が減る。大問題だ。

もちろん、経営側はわかっている。現場でのサービスが徹底されているかを気にかけている。レストランやフィットネスクラブに、『ご意見箱』があるのも、見えざる客の本音を知りたいからだ。ただ、その程度では生ぬるい。実態把握には、客を装い、現場を調査するのが最も効果的。ミステリーショッパー・リサーチ（以下ＭＳ調査）、いわゆる覆面調査の手法だ。

ＭＳ調査の歴史は古く、その起源は約１００年前に刊行された『ミシュランガイド』に始まる。調査員が世界中のホテルやレストランへ実際に足を運び、一般客同様のもてなしを受け、甲乙をチェックしたガイドブックだ。

真の格付けを定めたとして『ミシュラン』は大きな話題を呼び、以降、この覆面調査はサービス評価の手法として世界中に広まっていく。

当然、日本も例外ではない。企業は主に経営コンサルタント会社（以下コンサル会社）に調査を依頼し、上がってきたデータを元にサービス改善に努めてきた。

現在、コンサル会社は、依頼内容に応じて、自社が抱える一般人のモニター（主にネットで募集。登録制）を選抜、彼らに調査表を送っている。

□入店しやすい雰囲気か
□丁寧な接客が身に付いているか
□身だしなみをきちんとしてるか
□店内の表示物は見やすいか
□商品を積みすぎていないか

モニターがこれらの項目に準じて店舗をチェックし、リポートを提出（1回のバイト代は3千円程度）、コンサル会社が集まったデータを集計後、依頼主に報告するという流れだ。
ここで着目したいのが、素人モニターの眼力である。一般消費者の素直な意見は企業の欲するところ。しかしながら、素人だからこそ、重要な部分を見落とす可能性も少なくはない。また、コンサル会社は元来、総合的な経営アドバイスを生業とするため、MS調査の後、経営者セミナーや詳細なリサーチに手を延ばそうとする。企業側にとって、費用は調査代だけで済まない場合も多いのだ。
そんな中、今から7年前、日本で初めてMS調査の専門会社を立ち上げた男がいる。本多正克、

本多が経営するMS会社のサイト
http://www.mysteryshopper.jp

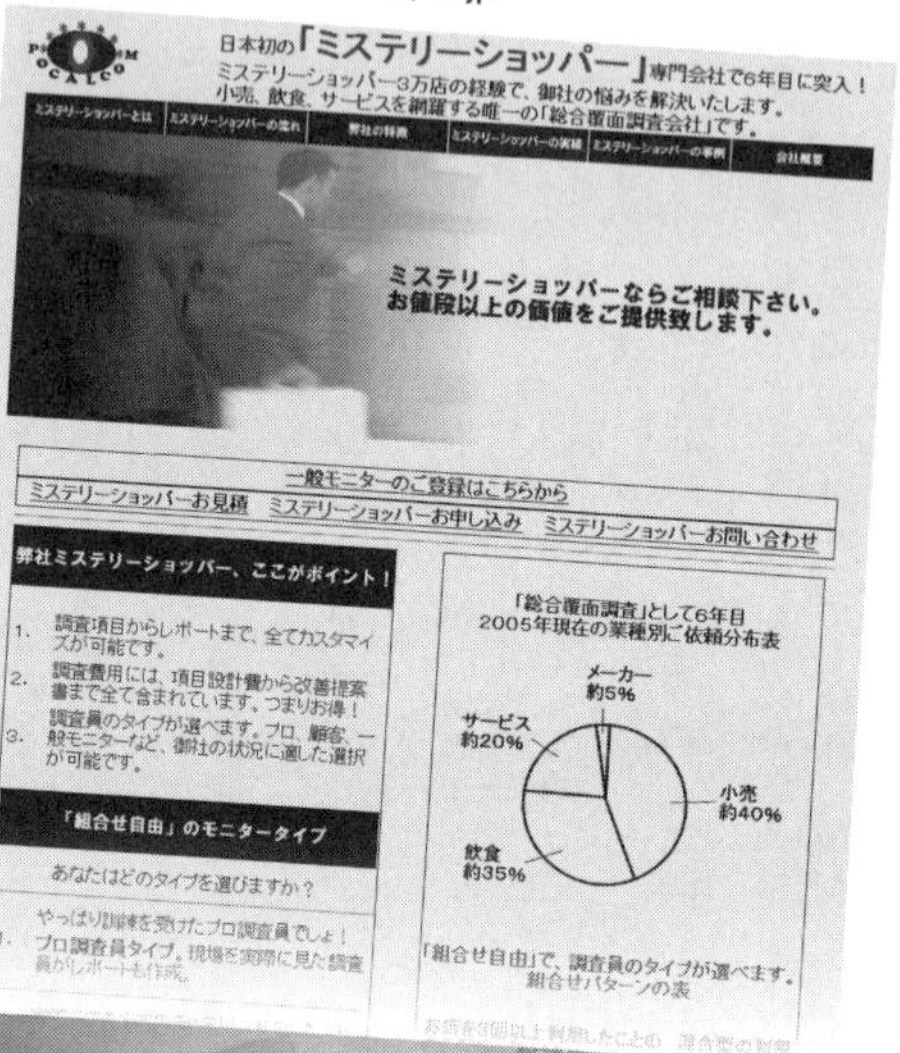

ミステリーショッパーとして著作も数冊刊行している

32歳。サービス評価のテクニックを身につけた35人の《プロ調査員》を編制、他にも一般登録モニター約2万5千人を抱え、毎月約１４００店舗以上をチェックする、有限会社『ポーカルコム』の代表である。

東京・六本木の事務所で、本多に覆面調査の実態を聞いた。

店を見る目がある、と褒められたのがキッカケ

95年春。本多は20歳でアメリカの大学に留学した。元来興味があったマーケティングを学ぶためだ。

あるビジネスヒントが浮かんだのは、授業を終えた帰り道、本屋で日本のファッション誌を眺めていたときだった。

「月を追うごとに、アメリカ製の高級バスケットシューズ（以下バッシュ）が大きく扱われているんです。この希少モデルを探して日本に送れば、渋谷や原宿の靴屋が、いい値段で買い取ってくれるんじゃないかと」

大学での専攻も影響して、本多にとってビジネスのハードルは決して高くない。さっそく、雑誌に広告を載せていた日本の靴屋に片っ端から電話をかけまくり、2店と話をつける。

当時は、90年代後半に日本で起こるバッシュブームの先駆けのとき。たった1足の取引から始まった輸出業は3ヵ月後に30足に。最盛期には、5万で仕入れた靴が10万で買い取られ、1カ月の売り上が100万を超えた。本多の持つ先見性ゆえの結果であろう。

そんなある日、仕入れ先の靴屋で、今の仕事のキッカケとなる出来事が起こった。

「店主に言ったんです。この店、若者の好みのモデルをわかってないし、アイテムも手に取りに

くい。店の照明をもっと明るくした方がいいんじゃないかって。どうにも気になっちゃったんですよね」

マーケティング論ではなく、すべて消費者の目線で感じた率直な意見だった。我ながら「素人が偉そうに」とも思った。

しかし、翌週、店に足を運ぶと、彼の忠告どおりにディスプレーが一新されている。さらには売り上げが伸びたと、店主から感謝の電話もかかってきた。

「嬉しかったのは、店を見る目があるって褒められたことです。コンサル会社に頼んでいたけど、あんな専門家よりキミの目の方が確かだったって」

この言葉で、本多の心が動く。ＭＳ調査はすでに授業でも学んでいた。スパイのような仕事にも前々から興味もあった。

自分でもできるんじゃないか。ビジネスとして成立するのではないか。思いは日増しに大きくなっていく。

試しに、学校の担当教授に相談を持ちかけたところ、予想以上の答えが返ってきた。

アメリカの経済白書は、日本より10年早い。今、アメリカで流行るＭＳ調査も、近い将来、日本で専門会社ができるほどニーズが高まるに違いない——。

教授は、まずは、なるべく多くの飲食店や小売店を回って目を養うべきともアドバイスをくれた。本多にとっては、大きな後押しとなることばだった。

考えが甘過ぎだって鼻で笑われました

時を同じくして、バッシュの売上げが下降線を辿っていたこともあり、本多は決意を固める。毎日のように小売店に足を運び、大学の休暇にはヨーロッパにも飛んだ。教授の教えどおり、眼力を付けるためだ。

「流行っている店にはどこに秘密があるのか。雰囲気作りのコツは何か、新規客とリピーターでは、接し方が違うのか。1年で1千軒以上は行きました」

本多曰く、例えば接客態度を見る際、押さえるべきは3点。挨拶や身だしなみなどの『基本接客』、忙しい時でも回りに目を向けられるような『おもてなし力』、客の要望を理解したうえで商品を勧める『営業力』だ。

「例えば、車屋で営業力を診断する場合、『A社の車に7年乗ってたんだけど壊れたんです』と言ってみる。そこで『あぁ、あそこの車ですかぁ…』と言葉を濁したら、マイナス評価ですね。客というのはちょっとでも否定的なことを言わると、心が離れてしまうものなんです」

他にも、店巡りで編み出したセオリーは多い。人間は注文したメニューを平均7分以上待たされるとイラつき始める。購入意欲のありそうな客が入ってきた場合は、約30秒以内に声をかけないとヤル気がない店と思われる等々、サービスチェックのポイントは確実に自分のものになっていた。

00年、留学を終えて帰国。実家兼事務所で、本多は有限会社を登記し、ミステリーショッパー業を立ち上げる。もちろん、調査員は本多1人だけだ。

「言ったように、この時点で、大半の企業が大手のコンサル会社に調査を頼ってました。そこに入り込んでいけるのか。不安がなかったと言えばウソになります。でも、自分の見る眼には自信があったし、なんせ日本では初のミステリーショッパーです。必ずや、仕事は取れると思ってました」

しかし、起業とは、想像以上にシビアなものだ。本多もすぐに壁にぶち当たった。

「飛び込み営業で、とにかくいろんなサービス企業に足を運びましたが、まったく相手にされませんでした。商工会議所の経営相談窓口では、考えが甘過ぎだって鼻で笑われましたね」

むろん、それで挫ける男ではない。本多はHPを立ち上げ、客を募った。『経営』『改善』『マーケティング』『コンサルタント』『覆面調査』等々、グーグルやヤフーで経営改善関係絡みのキーワードを検索した際、上位にヒットするようにシステムを組んだ。

HPには、自費出版したビジネス書をトップページに掲載した。信用付けの単なるハッタリだが、とにかく仕事が欲しかった。

1人の女性調査員に髪を切り続けさせる

耐えに耐えて8カ月目、ようやく依頼が舞い込んだ。客は、百貨店などに15店舗をチェーン展開する某蕎麦屋。ここ数年、売り上げが下がっている。自分たちでも努力したが回復する兆しがない。どこに原因があるのか、調べてほしい。蕎麦屋の担当者は渋い顔で言った。

「実費は別に6万で請け負いました。相場の4分の1以下でしょうね。とにかく初仕事ですから、実績を上げることを最優先に考えました」

本多の覆面調査は、依頼主と打ち合わせながら『挨拶はしたか』『器はよごれてないか』『看板は見えやすいか』などのチェック項目を作成。そのリストを手に、1店舗につき3回足を運び、点数とコメントを付けるという方法だ。

件の蕎麦屋に関しては約80項目の調査用紙を作成、調査に3週間かけ、最終的に、店の雰囲気の古さを売り上げ低下の最大要因としてリポートを提出した。

「百貨店に入ってるテナントは、大半がリニューアルを図ってるのに、お客さんの店は、どうにも野暮ったい。これじゃあ若い客は来ませんって報告しました。先方からの評価は上々でしたね。その後、年3回の定期調査契約を結んでいただけましたから」

次は、北関東に7店舗を構える携帯の安売りショップから仕事が入った。依頼目的はやはり、売り上げ低下の要因解明である。

さっそく調査に乗り出した本多だが、この店、接客や店作りに、これといって悪い評価が見いだせない。近隣のライバル店が特にサービスがいいわけでもない。

だが、原因がわからずでは通用しない。悩みつつも調査を続け、ようやく答えが見えてきた。

「当時は『第三次携帯』と呼ばれた新しいモデルが出始めのころだったんですが、その地域はまだ次世代が繋がりにくかった。にもかかわらず、依頼主の店は新モデルをメインに店頭に並べてた。売れるわけがない。リポートには、今しばらく前のモデルを販売するよう提言しました」

丁寧なことばで応対しているか、身だしなみに問題はないか。
見るべきポイントはいくつもある

この後、依頼の数は少しずつ増えていった。大型書店、スーパー、居酒屋、カレーショップ、カラオケチェーン。業種も地域もバラバラだった。

「でも、1人で回りきるのは、せいぜい関東近辺です。九州や北海道まで、とても足を運べない。そこで、ネットを使って全国各地に登録制のモニターを集めました。その中から、見込みのありそうな人をチョイスして、専属の調査員に養成したんです。ノウハウは私自身が一緒に店舗を回って教えました」

専属のメリットは、サービスを見る鋭い目だけではない。

「あるとき、全国の商業施設に200を超えるテナントを持つ化粧品会社から依頼がありました。ただ、調査員を替えずに、同じ人間からの報告がほしいと。こんな仕事、コンサルタント会社には頼めないでしょうね。2ヵ月以上拘束できる人材なんていないだろうし、費用も膨大にかかる。でも、私の会社だと、それが可能なんです」

このように、同じ調査員からの報告が聞きたいという依頼は、たまにある。某美容室チェーンからの仕事は、1人の女性に店に通ってほしいというものだった。

仕事を受けた本多は、20代の専属スタッフを調査員に抜擢し、1週間ごとに1日2軒ずつ通わせることに。カット、パーマ、トリートメント、の繰り返し。日を追うごとに彼女はショートカットになっていった。

「苦労した甲斐あって、面白いコメントが拾えました。『この髪、どこで切ったんですか？　ちょっとアレですね』って。もちろん、お宅の他の店です、とは言えなかったそうですけど」

店員の接客態度を盗撮してほしい

――日経リサーチ特集『マーケティング最前線・注目を集めるミステリショッパーリサーチ』――

04年、起業後4年。本格的に仕事が軌道に乗り始めたころ、留学先の教授が予告したとおり、MS調査ブームがやってきた。経済誌では、『顧客接点の品質管理』が叫ばれ、同時にMS専門会社が現れ始める。

「ライバルの出現は、むしろ喜ばしいもんでした。あちこちの会社が営業活動をしてくれれば、それだけこの職種の宣伝になりますから。ただ、世間に広まったぶん、ちょっと変わった依頼も入るようになった。たぶんミステリーショッパーっていう、ちょっと怪しい名前のせいだと思うんですが」

その住宅販売会社からの相談は、自社の評価ではなく、ライバル店2社の営業力を調べてほしいというものだった。競合はどんな資料を使ってプレゼンするのか。設計図をどう引くのか。我が社をどう判断しているのか――。

調査は、実際に将来戸建ての購入を希望するモニター夫婦に行わせた。自宅にターゲットの2社を何度も呼び、見積もりを出させながら情報を引き出し、1ヵ月後に2社とも断った。さながら企業スパイだ。

「裏っぽい仕事は他にもありますよ。大手女性アパレルチェーン店からの依頼なんですが、デパートに入るテナントの一つでクレームが多発しているというんです。ここまではよく耳にする話なんですが、なんと、店員の様子を盗撮してきてほしいというんです。かなり躊躇しましたけど、トラブルが起きたら全て依頼主の責任という文書を取り交わして、引き受けました」

　鞄に隠しカメラを仕込み、男女ペアの調査員が現場に出向く。ＩＣレコーダを胸ポケットに入れた女性が店員に質問をしかけるオトリ役、男性は少し離れた場所からその様子をカメラに収める盗撮担当だ。

「映像を後で見ましたけど、クレームの原因はやはり店員の接客態度ですね。笑顔で説明してるんですけど、うちの女性調査員が買わないとわかった途端、無言になって、凄く恐い顔で彼女のことを睨んでましたから。あれじゃ、客も怒るでしょう」

　客からの依頼は種々様々で、それに応じた調査員が求められる。本多は現在、全国の登録モニターの質の向上に力を入れ、ニーズに応えようとしている。

「1年後には、もっと面白い話ができると思いますよ」

　読者の皆さんの中で、接客・サービス業に就いてる人がいたら、気をつけた方がいい。あなたが1人の客だと思い対応している人間が、実はミステリショッパーかもしれない。

会社自体が覆面調査員を雇うケースも。写真は、ドン・キホーテ新宿店で見つけた貼り紙

平成の裏仕事師列伝

2020年 3月26日　第１刷発行
2024年11月15日　第２刷発行

編　著　　鉄人社編集部編
発行人　　尾形誠規
編集人　　平林和史
発行所　　株式会社 鉄人社
〒162-0801 東京都新宿区山吹町332
オフィス87ビル 3F
TEL 03-3528-9801　FAX 03-3528-9802
https://tetsujinsya.co.jp/
デザイン　鈴木 恵（細工場）
印刷・製本　株式会社シナノ

ISBN978-4-86537-119-2　C0176

本書には差別的な表現が散見されますが、記事の性質上、
言い換えが困難であることと、並びに差別を助長するものではないと判断し、
そのままとしました

本書へのご意見、お問い合わせは直接、小社までお寄せくださるようお願いします。